Jochen Bittner
Zur Sache, Deutschland!

Jochen Bittner

ZUR SACHE, DEUTSCHLAND!

Was die zerstrittene Republik wieder eint

Bibliografische Information der Deutschen Nationalbibliothek

Die Deutsche Nationalbibliothek verzeichnet diese Publikation
in der Deutschen Nationalbibliografie; detaillierte bibliografische Daten
sind im Internet unter http://dnb.d-nb.de abrufbar.

© Edition Körber, Hamburg 2019

Umschlag: Groothuis. www.groothuis.de
Herstellung: Das Herstellungsbüro, Hamburg│buch-herstellungsbuero.de
Druck und Bindung: CPI – Clausen & Bosse, Leck
Printed in Germany

ISBN 978-3-89684-270-1

Alle Rechte vorbehalten

www.edition-koerber.de

Play the ball, not the man.
Englisches Sprichwort

Inhalt

Teil eins: Die Lage der Nation

Die nervöse Berliner Republik 11

Eine kurze Bilanz der Nach-Mauer-Zeit 17

Die fünf deutschen Spaltungen

  1. Von Globalisten und Nativisten
     Wie viel Entgrenzung darf sein? 29

  2. Die neue Ost-West-Teilung
     Frontstaat Deutschland 49

  3. Das beste Deutschland aller Zeiten?
     Die neue Verteilungsungerechtigkeit 62

  4. Weil es so einfach ist
     Identitäten als Ersatzschlacht 72

  5. Follow me
     Die Berliner Twitter-Republik 81

Das Land entgiften
Weil wir Wichtigeres zu tun haben 93

Teil zwei: Die heißen Eisen

Migration
Die Pflicht gegenüber Verfolgten und die Pflicht
gegenüber dem Land 105

Islam
Eben keine Religion wie jede andere 134

Integration
Linke und rechte Lebenslügen 156

Leitkultur
Das falsche Wort für die richtige Sache 166

Heimat
Es geht auch modern 186

Feminismus
Ja, aber bitte ein mehrheitsfähiger 197

Journalisten
Diskursermöglicher oder Diskursverhinderer? 219

Schlusswort 245
Danksagung 249
Anmerkungen 251

Teil eins
Die Lage der Nation

Die nervöse Berliner Republik

Jeder Ski-Anfänger[1] kennt diese Schrecksekunde. Beim Versuch, am Hang die Kurve zu nehmen, geraten die Beine aus der Spur, sie driften nach außen, der Oberkörper schwankt, und der Instinkt ruft: Oh, là, là, abfangen, sanft landen!

Ungefähr an diesem Punkt befindet sich ein Vierteljahrhundert nach ihrer Ausrufung die Berliner Republik. Der Name bürgerte sich ab Anfang der 1990er-Jahre ein, zur Beschreibung des Abschiedes von der Bonner Republik und als Aufbruchsmotto in ein neues Zeitalter des wiedervereinigten Deutschlands, das nun eine gemeinsame Hauptstadt hatte. Zunächst wurde er eher feuilletonistisch verwendet, oft verbunden mit der Hoffnung, der Umzug nach Berlin könne die Entstehung einer neuen nationalen Identität oder zumindest eines neuen Politikstils auslösen.[2] Hier soll der Begriff zeitlich beschreibend für das Deutschland nach dem Mauerfall verwendet werden.

Dieses Berliner-Republik-Deutschland erweist sich unsicherer, irritierbarer und, auf glattem Untergrund, instabiler, als viele seiner Bürger dachten.

Wenn der Boden unsicher wird, glauben Optimisten, lernt man den festen Stand. Aber bringt diese Gesellschaft überhaupt noch genügend Zusammenhalt für die notwendigen Balanceübungen auf? In den vergangenen Jahrzehnten sind immerhin zwei Dinge gleichzeitig passiert. Die Piste wurde immer holpriger, und die Glieder der Gesellschaft wurden einander immer fremder.

Die Deutschen, könnte man auch sagen, haben vor lauter Nervosität noch keinen gemeinsamen Fahrstil für das 21. Jahrhundert gefunden. Stattdessen klammern sie sich in einer Art Angstlust an Fragen nach ihrem ganz persönlichen Verbleib in der Gesellschaft. Ein gängiges Muster vieler öffentlich und privat ausgetragener Debatten, ob zur Migration, zum Islam, zum Deutschsein, zur Ökologie oder zum Frausein, ist es, dem Gegenüber zu unterstellen, dass es die eigene Erfahrungswelt völlig übersieht. Dieser Zusammenprall der Welten könnte fruchtbar für das Zusammenleben sein, denn er ließe sich zum gegenseitigen Erkenntnisgewinn nutzen. Aber der gemeinsame Geländegewinn ist häufig gar nicht das Ziel des Streits. Stattdessen geht es um Abgrenzung und Revierausdehnung. Wozu schwierigen Konsens suchen, wenn das Abstecken des Dissenses leichteren Applaus verspricht? **Persönliche Angriffe zu wittern, wenn sachliche Kritik gemeint ist, stärkt die Gruppenidentität.** Früher nannte man diese antiaufklärerische Haltung Stammesdenken. Dieses Denken ist zurückgekehrt, auf nationaler wie auf internationaler Ebene.

Ende November 2018 brach in Deutschland eine Debatte über den UN-Migrationspakt aus. Der Pakt verfolgt das Ziel, die Behandlung von Migranten weltweit zu verbessern, was durchaus bewirken könnte, dass sich dann weniger Migranten auf den Weg nach Europa machen würden. Der Pakt enthält aber auch einige zweifelhafte Formulierungen, aus denen erkennbar wird, dass Migration per se zu begrüßen sei und dass die Regierungen darauf hinwirken sollen, ihren Bevölkerungen diese Sichtweise schmackhaft zu machen. Zu Recht wünschten sich viele Bürger, über den Pakt besser informiert zu werden und seine Inhalte noch einmal gründlich zu diskutieren. Als Jens Spahn, damals einer der Anwärter auf den CDU-Vorsitz, sich dieser Forderung anschloss, warf ihm die SPD-Bundesjustizministerin Katarina Barley vor, »die inhaltliche Nähe zu AfD, Trump, Orban und Kurz« zu suchen.[3] Statt Debatte setzte es einen Stempel. Die Zuweisung zu einem Stamm, zu einer Gruppe (vermeintlich) gleich übel Gesinnter, ersetzte das Argument.

In denselben Tagen kündigte eine Gruppe Akademiker in Oxford an, eine Wissenschaftszeitschrift herauszubringen, die die Namen der publizierenden Autoren verschweigen soll. Ein solches *Journal of Controversial Ideas* sei notwendig geworden, so die Initiatoren, damit Forscher stress- und angstfrei Studien und Thesen veröffentlichen könnten, die vorhersehbar Empörung oder Aggression auslösen. Wer beispielsweise über biologische oder psychologische Besonderheiten von Ethnien oder Geschlechtern publizieren wolle, und sei es nur über die unterschiedliche Wirkung eines Arzneimittels, müsse mit heftigen Vorwürfen rechnen. Auch nur einen hauchdünnen Unterschied zwischen Mann und Frau aufzuzeigen, könne üble Konsequenzen haben.[4]

Nicht nur Deutschland ist erhitzt und nervös, so ziemlich die ganze Welt ist es. So wie sich die Berliner Republik in Mini-Nationen aufgespalten hat, mit jeweils eigenen Gruppenidentitäten, so verlangen auf der globalen Bühne immer mehr Gruppen, ja ganze Staaten nach neuer Anerkennung, weil sie fürchten, in den Wirren der Post-Mauer-Welt nicht ihren angemessenen Platz abzubekommen.

Wenn die Amerikaner ihr Land wieder »groß« machen wollen, wenn die Briten die »Kontrolle« zurückhaben möchten, wenn die Katalanen wähnen, losgelöst vom spanischen Zentralstaat erfolgreicher zu sein, wenn Russland wieder glaubt, seine Grenzen am besten verteidigen zu können, indem es sie ausdehnt, dann überlagern nationale Identitätsfragen nationale Interessen. Am Ende schadet diese Angstaggression der ganzen Weltgemeinschaft, sprich, auch denen, die um ihren Platz besorgt sind.

Ähnliche Denkmuster, einschließlich einer Dominanz der Emotion über die Rationalität, zeichnen sich innerhalb Deutschlands ab. Natürlich ist es nicht grundsätzlich falsch, Respekt zu verlangen, ob als Frau, als Einwanderer, als Ostdeutscher oder als Arbeiter, der seine politische Heimat verloren hat. Zu lernen, wie es ist, ein anderer zu sein, ist die Grundbedingung einer funktionierenden Demokratie. Allerdings geben immer mehr Bürger und Politiker zu oft der Verlockung nach, lieber die leichten Erregungs- und Betroffenheitsdebatten zu führen, als sich in schwierige Inhaltsdiskurse zu begeben. **Man könnte auch sagen, dass sich ein intellektueller Defätismus breitgemacht hat, in dem Identitätsfragen Inhaltsfragen ausstechen, nach dem Muster: Wer bist du, meine Wahrheit anzuzweifeln?!**

Angesichts eines Berges von Problemen und angesichts der Angst, im immer größer werdenden Chor der Interessenstimmen nicht genug Aufmerksamkeit zu bekommen, sind wir Deutschen sehr fleißig geworden im Empören – und ein wenig zu faul im Erforschen. In den sozialen Medien zeigen die Schärfe und die Kompromisslosigkeit der Auseinandersetzung bisweilen eine regelrechte Bürgerkriegsmentalität. Mit Leidenschaft geht es ums Ganze, mit Widerwillen um Details.[5] Gerade Amerika und Großbritannien sind abschreckende Beispiele dafür, wie tief es Länder zerreißen kann, die den Grundkonsens über ihre Identität verloren haben und die es Populisten erlauben, aus dieser Spaltung Nutzen zu ziehen.

»Schüler sowohl als Lehrer schlafen auf ihrem Posten ein, sobald sich kein Feind mehr blicken lässt«, schrieb der englische Philosoph John Stuart Mill.[6] Der Ausspruch bringt gut auf den Punkt, welcher Schlummerzustand sich in vielen westlichen Demokratien nach dem weltgeschichtlichen Wendejahr 1989 eingestellt hat. Die Selbstgerechtigkeit über den Triumph der liberalen Demokratie lähmte die Wachsamkeit über ihre Fundamente. Jetzt, da viele Bürger wieder Gefahren erblicken – Masseneinwanderung, Islamismus, den Verlust des Gewohnten –, sind einige Gesellschaften panikartig aufgeschreckt und haben den kühlen Kopf verloren.

Noch hat Deutschland die Gelegenheit, aus den Überreaktionen und Fehlern in anderen Ländern zu lernen. Noch haben sich viele Risse in der Berliner Republik nicht zu Brüchen ausgewachsen. Nutzen wir die Chance für ein versöhnlicheres Selbstverständnis, die darin liegt.

Dieses Buch ist der Versuch, mit einigen Debattenmustern zu brechen, die verlässlich nirgendwohin führen als in die Spaltung. Es ist ein Vorschlag für neue Denkschritte bei gerade jenen Themen, die das Land am schärfsten polarisieren. Die bescheidene Hoffnung lautet, einen Beitrag für ein zeitgemäßeres, inklusiveres deutsches Selbstverständnis zu leisten. Allen Empörten sollte man schon deswegen mit Skepsis begegnen, weil Empörung oft eine Entlastungsreaktion ist; man spürt zwar die eigene Verantwortung für Fehlentwicklungen, kann sie aber auf keinen Fall eingestehen, denn das könnte zum Ausschluss aus dem Stamm der Gleichgesinnten führen. Zwecks Zugehörigkeitsbeweis wird dann lieber umso lauter auf die Gegenseite eingeschrien. Was wiederum was erzeugt? Genau. Empörung.

Jeder neue Fahrstil beginnt mit einer sicheren Ausgangsposition. Wenn diese Gesellschaft ruhig durchatmet und etwas gründlicher in sich hineinhört, stellt sie vielleicht fest, dass sie gar nicht so viel trennt, wie sie denkt.

Also: *Ent*pört euch! Wir haben Besseres zu tun.

Eine kurze Bilanz der Nach-Mauer-Zeit

*In meinem Königreich musst du so schnell rennen,
wie du kannst, um am selben Fleck zu bleiben.*
DIE ROTE KÖNIGIN ZU ALICE IM WUNDERLAND

Was ist eigentlich passiert in den vergangenen 25 Jahren? Welche Risse schlummerten im Gefüge der Berliner Republik, und warum bedrohen diese Risse heute die politische Mitte? CDU und SPD, die traditionellen Volksparteien, erhalten in einigen Bundesländern nicht einmal mehr als Große Koalition eine Mehrheit. Bei der Bundestagswahl 1990 versammelten CDU/CSU und SPD noch 60,2 Prozent aller Stimmen auf sich. Im September 2017 waren es so wenige wie noch nie, 40,7 Prozent.

Die wiedervereinigten Deutschen stellen heute fest, dass sie längst nicht so zusammengewachsen sind, wie sie sich dies ab 1989 vorgestellt hatten. Im Gegenteil, eine Generation nach dem Mauerfall wird ihnen immer klarer, was sie trennt. Die wiedererwachte Ost-West-Teilung ist nur die deutlichste Form dieser Spaltung, aber sie ist nicht die einzige, die sich durchs Land zieht. Die Deutschen leben in einer Nation der unterschiedlichen Geschwindigkeiten. Eine »innere Elbe« trennt Alt und Jung, Stadt- und Landbevölkerung, Globalisten und Nativisten, Nach-vorne-Preschende und Zurückbleibende. Diese Spaltung spiegelt sich wider im Erfolg der Parteien am rechten und linken Rand, der AfD und der Linkspartei, auf die manche als Bremspedal gegen zu viel Gegenwartsbeschleunigung setzen. Die politische Mitte verliert an Kraft und Gewicht, sowohl in der gesellschaftlichen Debatte wie im Parlament.

Während Deutschland zum größten, reichsten und einflussreichsten Land Europas heranwuchs, vor allem zum Moderator zwischen anderen Ländern, hat es versäumt, sein eigenes Gleichgewicht zu schulen.

Bis zur Jahrtausendwende war diese Instabilität kaum zu bemerken. Dann jedoch begannen sich mehrere Modernisierungsschübe zu überlagern und sich teilweise gegenseitig zu verstärken: die Globalisierung, die (währungs-)politische Integration Europas, die Digitalisierung, ein weltweiter Wettlauf von Staaten und Individuen nach Anerkennung sowie die Massenmigration. Zugleich entpuppten sich wichtige Großversprechen, die die Regierenden – wie auch viele Journalisten – der Bevölkerung nach der Zeitenwende von 1989 gemacht hatten, als gelinde gesagt brüchig.

Die Globalisierung erzeugte eben nicht die Flut, die alle Boote gleich weit nach oben hob. Stattdessen bekamen einige Boote sehr viel mehr Auftrieb als andere. Der Euro, gedacht als Stärkung des europäischen Wirtschaftsraums gegen asiatische Konkurrenz, verführte die Regierungen einiger EU-Staaten und eine Menge Banken zu einer verschwenderischen Sorglosigkeit im Umgang mit anderer Leute Geld. Die Kosten dafür sollten später junge Südeuropäer zu tragen haben, die keine Jobs finden, irische Familien, die von Hypotheken erstickt werden, und griechische Rentner, die ihre Medikamente nicht mehr bezahlen können. Währenddessen bürgen Deutschland und andere EU-Länder zähneknirschend für Rettungsmilliarden, deren Bereitstellung unter Bruch des Verbots der Schuldenübernahme beschlossen wurde.

Als ein ähnlich unreifes Konstrukt wie die Eurozone entpuppte sich der Schengenraum. Der Wegfall der Grenzkontrollen zwischen den meisten EU-Staaten war weder hinreichend durch den Schutz der EU-Außengrenzen unterfüttert noch durch ein gemeinsames Migrations- und Flüchtlingsmanagement. Die mittel- und nordeuropäischen Länder hatten es lange Zeit vor allem den EU-Mittelanrainern überlassen, sich um Flüchtlinge und Einwanderer zu kümmern, in dem falschen Optimismus, man werde auf lange Sicht mit überschaubaren Zahlen zu tun haben.

Als einigermaßen zweckoptimistisch schließlich erwies sich nach dem 11. September 2001 das jahrelang herrschende Mantra vieler Politiker, Akademiker und Meinungsmacher, der islamistische Terrorismus habe nichts mit dem Islam zu tun.

Heute ist klar: Wenn das Jahr 1989 die Nach-Mauer-Epoche einläutete, fing diese Epoche schon wenige Jahre später an, zu Ende zu gehen, und zwar in drei Akten. Den 11. September 2001 in den USA und die folgenden Terroranschläge in Europa begriffen viele Menschen im Westen als Bestätigung von Samuel Huntingtons These vom »Kampf der Kulturen«. Plötzlich wurde die »flache Welt«, in der geografische Distanz kaum noch ein Hindernis darstellte (nach dem Titel eines Epochen-Buches des amerikanischen Journalisten Thomas L. Friedman[7]), zu einer ziemlich gefährlichen Ebene. Die anschließenden Interventionen in Afghanistan, Irak und Libyen haben dem Westen eben nicht mehr Sicherheit gebracht, sondern mehr Tote. Zu den gefallenen Soldaten in den Einsatzländern kamen ermordete Zivilisten in Europa. Dabei war die Bilanz aus deutscher Sicht noch glimpflich. Die Bundeswehr hatte in Afghanistan 57 Tote zu beklagen. Bei der britischen Armee waren es – bei einer kleineren Bevölkerung – mehr als zehnmal so viele, über 600. Und wofür diese Opfer? Aus dem Terrornetzwerk al-Qaida wurde über Umwege der »Islamische Staat« (IS), der eine Zeitlang tatsächlich Territorialform hatte *und* seine Mitglieder weltweit rekrutiert. Von allen europäischen Staaten wurden Frankreich und Großbritannien am schwersten von islamistischen Terroranschlägen getroffen. Auch dies sollte man sich rückblickend klarmachen, wenn man sich fragt, warum die Autorität der Eliten aus Sicht der Bevölkerung so angeschlagen ist, wie es etwa im Votum für den Brexit zum Ausdruck kam und in der Beinahewahl der Front-National-Führerin Marine Le Pen zur französischen Staatspräsidentin.

Als Nächstes diskreditierte die Finanzkrise ab 2008 den »Neoliberalismus«, oder präziser gesagt: Die Zauberlehrlinge der Börsen hatten bewiesen, dass sie ihren eigenen Finanzkapitalismus nicht begriffen haben. Im Irrglauben, man könne Profite von Produktivität entkoppeln, hatten sie Derivate auf Derivat-Derivate gestapelt. So wuchs ein Turm von Risiken, der keine Basis hatte und irgendwann zusammenbrechen musste. Den Schaden trugen Hunderttausende Hausbesitzer, vor allem in den USA, die nun sagenhafte Kredite für oft geringwertige Immobilien abstottern müssen. Viele

Europäer unterschätzen die psychologischen Effekte dieses Desasters, das an einen Kern des Selbstverständnisses der Amerikaner rührt, an den *American Dream*. Die Finanzkrise setzte auf ein ohnehin angeschlagenes nationales Selbstbewusstsein auf, weil die Militärweltmacht USA sich an Steinzeitfundamentalisten aufrieb. »Wir hatten das Gefühl, in zwei Kriege verstrickt zu sein, die wir nicht gewinnen konnten und die zu einem überproportional großen Teil von Soldaten bestritten wurden, die unsere Freunde und Nachbarn waren. Unsere Wirtschaft erfüllte nicht einmal das elementarste Versprechen des amerikanischen Traums«, schreibt der aus der Arbeiterschicht Ohios stammende James David Vance in seinem Buch *Hillbilly-Elegie* über die tiefe Krise der amerikanischen Gesellschaft.[8]

Der dritte Akt, der den Optimismus der Nach-Mauer-Zeit beendete, war die Massenmigration, die in die USA aus Richtung Südamerika einsetzte und ab 2015 aus dem Nahen Osten und Afrika nach Europa. Die Wanderung der Armen und Flüchtenden in den ohnehin nervösen Norden ließ alle drei Ängste, die vor kultureller »Überfremdung«, vor Terrorismus und vor einer fortgesetzten ökonomischen Talfahrt, kulminieren.

Während das alles passierte, wanderten immer mehr Bürger in die sozialen Netzwerke ein, woraufhin dort, um Thomas Hobbes zu bemühen, der Mensch des anderen Menschen Wolfsgeheul wurde. Der Leitwolf in den USA hieß Donald Trump, diejenigen in Großbritannien hießen Brexiteers. Das Misstrauen zwischen dem sogenannten Establishment und den Wählern grassierte nicht zuletzt wegen einer verbreiteten Nutzung der Online-Netzwerke in der angelsächsischen Welt früher und heftiger als in Deutschland – und es erstreckt sich auch auf Vertreter des Establishments untereinander. »Dieses Land hat genug von Experten«, kommentierte im Juni 2016 der damalige britische Justizminister Michael Gove einen Streit von Wirtschaftswissenschaftlern darüber, ob der Brexit der Volkswirtschaft schaden werde oder nicht.[9]

Im Grunde genommen ist die Methode Trump nichts anderes als der Appell, auf seine Instinkte zu hören statt auf Institutionen. Wer kennt das schließlich nicht: Wenn der Kopf überfordert ist – bei der Entscheidung, diesen Handyvertrag abzuschließen oder jenen, hierhin in den Urlaub zu fahren oder doch eher dorthin –, übernimmt im Zweifel der Bauch.

In Deutschland gab es früh auch so einen Moment des lauten, kollektiven Bauchgrollens, wenn zunächst auch auf anderer Ebene. Im Jahr 2010 wurde ein Buch, das sämtliche etablierten Medien zerrissen, das die Kanzlerin »nicht hilfreich« nannte und das führende SPD-Politiker nach einem Parteiausschluss seines Autors rufen ließ, zum erfolgreichsten Bestseller seit der Wiedervereinigung. Thilo Sarrazins teilweise biologisch argumentierendes Werk *Deutschland schafft sich ab* verkaufte sich mehr als 1,5 Millionen Mal. Der Verdacht liegt nahe, dass eine Menge der Käufer dieses Wutausbruchs nicht notwendig Sarrazins These, sondern die Pose des Autors als Rebell gegen den Mainstream belohnen wollten, dass sie also sozusagen Denkzettelkäufer waren. Im Rückblick war der Sarrazin-Moment ein Warnsignal, das zeigte, wie viele Deutsche Lust an der Provokation empfanden, weil ihnen der Meinungskorridor zu eng, die Auseinandersetzung zu politisch korrekt und die Eliten zu arrogant erschienen. Drei Jahre später sollte sich eine Partei gründen, die diese Bürger als Wählerpotenzial hob.

Bei der Wahl zum bayerischen Landtag im Oktober 2018, bei der die Alternative für Deutschland (AfD) aus dem Stand 10,2 Prozent der Stimmen erhielt, sagten nur 47 Prozent ihrer Wähler, sie hätten ihr Kreuz wegen der politischen Forderungen bei der AfD gemacht. 48 Prozent gaben an, sie wollten anderen Parteien einen Denkzettel verpassen.[10] Die AfD zieht zwei Bevölkerungsschichten an: jene Wähler, die Politiker vorziehen, die eher unvorsichtig sagen, was sie denken, statt solche, die dazu zu vorsichtig sind. Und dann gibt es die gefährlicheren Wähler, diejenigen, die hoffen, dass AfD-Politiker das denken, was sie sich selbst oft nicht zu sagen trauen.

Im Sommer 1989 rief der US-Politologe Francis Fukuyama das von Hegel in Aussicht gestellte Ende der Geschichte aus. Innerhalb von nicht einmal dreißig Jahren ist dieser Friedens-und-Wohlstands-Optimismus einem Antagonismus zwischen Staaten und Bürgern gewichen, wie es ihn seit dem Kalten Krieg nicht mehr gab. Nur dass dieser Antagonismus heute deutlich lauter und persönlicher ist, weil er einen jeden Tag vom Handydisplay anschreit. Immer mehr Deutsche tragen politische Aufladung buchstäblich am Körper. Die Privatsphäre ist politisch, der Twitter-Account ein öffentliches Parteibuch.

Was war es sicher und gemütlich in der Mauerwelt. Und wie langweilig. Im Vergleich zu den Wanderpfaden, auf denen sich Politik und Gesellschaft der alten Bundesrepublik bewegten, ist die Oberfläche, auf der die Berliner Republik gründet, glatt, uneben und schwer einzusehen. Jeder Bürger merkt: Es braucht neue Körperbeherrschung und Konzentration, um da nicht ins Rutschen zu geraten. Denn je schneller sich die Welt bewegt und je komplexer die Probleme werden, desto mehr geistige Flexibilität und desto mehr gedankliche Klarheit erfordert es, den richtigen Kurs zu steuern. Gleichzeitig wähnen viele Bürger diese Klarheit bei ihren Repräsentanten nicht in ausreichendem Maße vorhanden. Die Krux der Krise des Westens, so der britische Journalist Edward Luce, bestehe darin, dass »unsere Gesellschaften gespalten sind zwischen dem Willen des Volkes und der Herrschaft der Experten – zwischen der Tyrannei der Mehrheit und dem Club der eigennützigen Insider«.[11]

Deutschland ist noch nicht so weit abgerutscht wie andere Staaten. Aber auch in der Berliner Republik hat das Vertrauen vieler Bürger zu ihren Sherpas dramatisch gelitten, zu Politikern, Akademikern und Journalisten. Eben jene Repräsentanten, die so dringend gebraucht würden, um Orientierung und Entscheidungen zu liefern, das sind doch die, so grummelt es, die sich bei all den Großversprechen geirrt haben.

Im Juni 2018 kam eine internationale Studie, der Democracy Perception Index, nach der Befragung von 125 000 Menschen in 50 Ländern zu dem Ergebnis, dass Bürger demokratischer Staaten ihre Regierungen kritischer beurteilen, als Bürger autoritärer Staaten dies tun. In Demokratien, so die Studie, sei der Eindruck besonders verbreitet, die Regierungen handelten nicht im Interesse ihrer Bürger. Auch 64 Prozent der Deutschen sähen dies so, gegenüber nur 41 Prozent der Bürger in nichtdemokratischen Staaten.[12] Diese Ergebnisse sind mit gehöriger Vorsicht zu lesen. Schließlich muss man davon ausgehen, dass sich die Bürger in repressiven Regimen eher weniger trauen, Missfallen auszudrücken. Dennoch, selbst isoliert gelesen ist der Befund für Deutschland alarmierend.

Auch das Klima gegenüber Journalisten hat sich in den vergangenen zehn Jahren merklich verändert. Warum, fragte mich einmal ein wütender Leserbriefschreiber aus Ostdeutschland während der Krimkrise 2014, soll ich euch Wessi-Journalisten bei der Ukraine-Berichterstattung vertrauen, wenn ihr nicht mal Ostdeutschland verstanden habt? Solche Skeptiker haben einen Punkt. Allerdings gibt es zwei Möglichkeiten, darauf zu reagieren.

Die erste ist, die entstandenen Legitimitätsschäden der Repräsentation und der liberalen Demokratie auszubeuten und den Frust vieler Bürger in Zerstörungslust zu verwandeln. (Damit der Begriff der »liberalen Demokratie« keine wohlklingende Hülse bleibt: Eine liberale Demokratie ist eine Demokratie, in der garantierte Freiheiten unabhängig vom Mehrheitswillen gelten, in ihr bleiben die Meinungs-, Religions- oder Versammlungsfreiheit auch dann garantiert, wenn ihre konkreten Ausformungen den meisten Bürgern nicht gefallen.) Kaputter machen wollen, was angeschlagen ist: Sozialpsychologen nennen das den *Broken Windows*-Effekt. Ist an einem Haus erst einmal eine Scheibe eingeschmissen, sinkt die Hemmschwelle, noch mehr Fenster einzuschlagen und am Ende das ganze Gebäude zu zerstören.

Zerstörung und Abriss sind die schnellste und billigste Art von Opposition, und Schadenfreude ist ihr Antrieb. Anti-Establishment-Politik als Affekthandlung ist das Erfolgsrezept von Populisten, von Donald Trump, von Nigel Farage und von Recep Tayyip Erdoğan. Deutschlands New Kids On

The Block ist die AfD. Ihr Feindbild ist so klar, wie ihr Zukunftsbild unklar ist.

All diesen Schadensprofiteuren ist gemein, dass sie davon leben, dass die Probleme, die sie beklagen, ungelöst bleiben. Unglücklicherweise tragen viele ihrer Gegner (auch viele Journalisten) dazu bei, dass dies so bleibt. Statt die Populisten gelassen zu demontieren, werden sie dämonisiert, und immer wieder begehen ihre Widersacher dabei den Fehler, Populistenkritik auf Populistenniveau zu üben. Statt heiße Eisen gekonnt zu schmieden, nämlich sachlich und unaufgeregt, lassen sie sich von den Provokateuren zur Weißglut treiben. So haben dieselben Leute, die die herabsetzende und pauschalierende Bezeichnung »Nafri« für Nordafrikaner kritisieren, kein Problem damit, AfD-Wähler pauschal und herabsetzend als »Nazis« zu bezeichnen. Natürlich gibt es Nazis in der AfD. Aber solche undifferenzierten Reaktionen gelten wankelmütigen Wählern wiederum als Beweis dafür, dass sich *die* Elite auch nicht ausgewogener, fairer oder moralischer verhält, als die Renegaten es tun.

Tatsächlich steht die AfD beständig auf der Kippe zwischen der Protestpartei, als die sie entstanden ist, und einer Umstürzlerbewegung, die sich vor dem Zustrom von allerlei Verrückten nicht retten kann – und es offenbar auch gar nicht will. Was als ein zwar radikales, aber demokratisches Alternativangebot gegen den Elitenkonsens der Eurorettung begann, ist heute eine Partei, die keine Scheu hat, Rassisten und Verschwörungstheoretiker in Parlamente zu bugsieren. So bedient sich der thüringische AfD-Landesvorsitzende Björn Höcke eindeutig nazistischer Sprachmuster (»Tat-Elite«, »tausendjährige Zukunft Deutschlands«, der Wunsch, dass Deutschland »erwache«). Und wenn der Fraktionschef im Bundestag, Alexander Gauland, sich darauf freut, die SPD-Staatsministerin Aydan Özoğuz in Anatolien zu »entsorgen«, weiß er genau, was er da miteinander verbindet: den Wunsch, die gewählten Eliten auszutauschen, mit dem Wunsch, angeblich ethnisch »unechte« Deutsche wie Müll aus dem Land zu werfen. Trotzdem wird man die AfD nicht bekämpfen, indem man allen ihren Mitgliedern völkisches Denken vorwirft.

Viele CDU-Wähler unterstützen Angela Merkel nicht wegen, sondern trotz ihrer Flüchtlingspolitik. Warum sollten nicht auch viele AfD-Wähler die Partei nicht wegen, sondern trotz ihrer Gaulands und Höckes wählen?

Am Tag der Bundestagswahl 2017 sagte nur ein Drittel der AfD-Wähler, sie gäben der Partei wegen ihres Programms ihre Stimme. Fast zwei Drittel sagten, für sie sei die Enttäuschung über die anderen Parteien ausschlaggebend.[13] Die dringende Frage muss demnach doch lauten, was so viele Wähler enttäuscht und was sie von der Mitte entfremdet hat.

Damit sind wir bei der zweiten Möglichkeit, auf den Vertrauensverlust gegenüber der liberalen Demokratie und ihrer Repräsentanten zu reagieren. Sie wäre, eine ehrliche Fehleranalyse anzustellen und, in einem weiteren Schritt, Vorschläge für Reparaturen zu machen. Solange die Debatte darauf herumreitet, *wer* welche Schuld an welchen Versäumnissen trägt, und nicht, *was* getan werden sollte, so lange werden Populisten von dem inhaltlichen Stillstand profitieren.

Darum, wie mehr Bewegung in der Sache entstehen kann bei den heißen Identitätseisen, von Migration über Islam bis zum Feminismus, aber auch um die Verantwortung von Journalisten, soll es im zweiten Teil dieses Buches gehen.

Beginnen wir aber mit der Zustandsanalyse Deutschlands. Welche Unwuchten, welche Ungerechtigkeiten und welche untergründigen Spannungen haben Politiker und Journalisten zu lange übersehen und damit das Gift des Misstrauens in die Berliner Republik fließen lassen? Wenn die repräsentative Demokratie darunter leidet, dass viele Bürger ihr wenig Problemlösungskompetenz attestieren, ist eine (selbst-)kritische Diagnose gefragt. Wo also waren die Repräsentanten unsensibel, gutgläubig oder zu wenig selbstkritisch? Welche heraufziehenden deutschen Spaltungen haben sie zu lange übersehen?

Es sind mindestens fünf:
1. die Spaltung des Landes in Globalisten und Nativisten,
2. die Folgen der Ost-West-Teilung,
3. die ungerechte Wohlstandsverteilung,
4. die neue (Über-)Betonung von Identitäten und
5. der polarisierende Effekt der sozialen Netzwerke.

Welche Schäden diese Spaltungen anrichten können, ist in anderen Ländern teilweise schon deutlicher zu besichtigen. Um einen Maßstab dafür zu bekommen, wo Deutschland steht, muss man den Blick deshalb auch nach draußen richten.

Die fünf deutschen Spaltungen

1. Von Globalisten und Nativisten
Wie viel Entgrenzung darf sein?

Eine Zeitlang dachten die Europäer, vor einem tiefen gesellschaftlichen Konflikt wie in den USA geschützt zu sein. Ihr Sozialstaat, so die Annahme, puffere die Erschütterungen der Globalisierung, die in den Vereinigten Staaten ungebremst auf die Arbeiterschaft durchschlugen, einigermaßen ab. Mittlerweile ist wahrscheinlicher, dass die USA den Europäern nur zeitlich voraus waren. Früher als im Rest des Westens haben sich dort zwei soziokulturelle Lager verfestigt, die nicht nur unterschiedliche Werte und Interessen pflegen, sondern die ihre jeweiligen Welten auch voneinander bedroht sehen. Zugespitzt formuliert kann man sie als kosmopolitisch denkende Globalisten und eher national denkende Nativisten bezeichnen. Nativisten glauben, dass ihr Geborensein in einer Nation sie gegenüber Einwanderern bevorrechte (einige von ihnen benutzen die Selbstbezeichnung der »Schon länger hier Lebenden«). Globalisten betrachten das Land als Gesellschaft, die sich stetig verändert. Nativisten sehen es als Gemeinschaft, die es zu bewahren gilt.

Das erste europäische Land, das diese Polarisierung *made in USA* ereilte, war Großbritannien. Mit Wucht erfasste sie wenig später aber noch einen weiteren EU-Staat, von dem man es vermutlich als Letztes erwartet hatte.

Es war ausgerechnet Schweden, das wohlfahrtsstaatliche Konsens-Modell-Land schlechthin. Bis vor kurzer Zeit galt der Musterstaat nicht nur als sicherer Hort der Sozialdemokratie, sondern auch des Kosmopolitismus, also der Ansicht, nicht nur Bürger eines Landes, sondern Weltbürger zu sein. Dann, scheinbar über Nacht, trat mit den Schwedendemokraten (SD) eine radikale Gegenkraft als ernst zu nehmender Konkurrent auf die Bühne. Die Partei will die Einwanderung stoppen und Schweden, wie Großbritannien, aus der EU führen.

Für Deutschland sind diese Entwicklungen ein Alarmsignal, denn sie führen vor Augen, dass der Sozialstaat offenbar wirklich nur eine verzögernde Wirkung auf die Spaltungskräfte hat. Werfen wir deshalb einen kurzen Blick sowohl nach Norden als auch nach Großbritannien.

Schweden: Es trumpt in Bullerbü

Schweden – was für ein Land ist das heute? Im Sommer 2018 konnte man sich in ein und demselben Schweden, in ein und derselben Kleinstadt, in zwei völlig verschiedenen Welten wiederfinden.

Im Rathaus von Hässleholm sitzen in diesem Sommer zwei eingeborene Schweden, die sich vollkommen fremd sind – eine Sozialdemokratin und ein Schwedendemokrat. Die Anti-Establishment-Partei steht kurz davor, bei den nationalen Parlamentswahlen das beste Wahlergebnis ihrer Geschichte einzufahren. In den 1980er-Jahren waren die Schwedendemokraten noch eine Vereinigung von Neonazis. Dann begannen sie, Mitglieder, die sich rassistisch äußerten, aus ihren Reihen zu drängen und sich neu zu profilieren: als angeblich einzige Partei, die den Schweden die Wahrheit sagt über die wirtschaftlichen und kulturellen Schäden, die die Massenzuwanderung verursache. Alle anderen Politiker und die allermeisten Journalisten sind nach Ansicht der Schwedendemokraten »Lügner«, die das Land »zerstören« wollten. Dagegen wollen die Schwedendemokraten das Asylrecht für eine gewisse Zeit aussetzen und aus der EU austreten.

In der südschwedischen Kleinstadt Hässleholm haben die Schwedendemokraten gerade die Sozialdemokraten aus der Kommunalregierung vertrieben. Die konservative Partei, die Moderaten, brach im Februar 2017 das Tabu, nicht mit den Schwedendemokraten zu kooperieren. Im Gegenzug zu deren Zustimmung zum Budget der Stadt boten sie ihnen wichtige kommunale Posten an.

Allein im Jahr 2015 wurden in Schweden rund 163 000 Asylanträge gestellt. Auf die Einwohnerzahl von 10 Millionen heruntergebrochen, hat Schweden damit mehr als zweieinhalbmal so viele Flüchtlinge und Migranten aufgenommen wie die Bundesrepublik. Die Schwedendemokraten in Ämter zu heben, das sehen die einen als notwendiges Bremsmanöver, um ihre Stadt, ja ganz Schweden zu bewahren, wie es ist. Die anderen halten es für den Beginn einer Charakterveränderung einer ganzen Gesellschaft.

Lena Wallentheim, die geschasste Ratsvorsitzende der Sozialdemokraten in Hässleholm, sitzt in ihrem Büro und schüttelt den Kopf. Sie erkenne ihre Schweden nicht wieder, sagt sie. Wie könne man nur mit Leuten paktieren, die die Menschenrechte ignorieren und rassistisch denken, fragt sie. Sicher, die vielen Flüchtlinge, die ab 2015 kamen, hätten die Ressourcen der Stadt strapaziert, aber man habe das doch alles gut bewältigt. Wallentheim begreift nicht, wie man die moralische Pflicht zur Hilfeleistung relativieren kann. Was wäre denn, wenn in Europa wieder Krieg ausbreche, fragt sie. Erwarte man dann nicht auch von anderen Ländern, dass sie einen aufnähmen?

Eine Treppe weiter unten, im Erdgeschoss des Rathauses, stöhnt Patrik Jönsson über die Sozialdemokratin. Sie erkenne ihre Schweden nicht wieder? Das sei doch lächerlich, sagt er und macht eine Handbewegung zum Fenster. Draußen auf dem Rathausmarkt sitzt eine Gruppe dunkelhäutiger Männer. Nein, sagt der Schwedendemokrat, die Schweden erkennen ihr Land nicht wieder. Nicht die Bürger hätten sich verändert, sondern die Politiker. Die seien immer weiter nach links gerückt. Dann fängt Jönsson an, die Probleme aufzuzählen, die samt und sonders durch den Zuzug von Migranten und Flüchtlingen verursacht worden seien.

Seine Tochter, Studentin, finde in Stockholm keine Wohnung mehr. Wegen der Migranten. Krebskranke stürben, weil sie nicht rechtzeitig einen OP-Termin bekämen. Wegen der Migranten. Und die Kriminalität nehme drastisch zu. Gerade empfängt er die Nachricht auf dem Handy, dass in mehreren Städten über hundert Autos angezündet wurden. Oh ja, es sei sehr wohl etwas »zerstört« worden in Schweden, sagt Jönsson – der ungeschriebene Vertrag zwischen Bürgern und Staat, der Volksheim-Gedanke, der lautet: »Du hältst dich an die Gesetze und zahlst Steuern, dafür wirst du beschützt«.

Die Wahrheit ist komplexer. Wohnungsknappheit gab es wegen des streng regulierten Immobilienmarktes in Schweden schon vor der großen Einwanderung 2015, und die Krankenhäuser leiden weniger unter Betten- als unter Personalmangel, weil Pflegekräfte vergleichsweise schlecht bezahlt werden. Die meisten Wähler durchschauten die Vereinfachungen der Schwedendemokraten, glauben Politikwissenschaftler. Aber es störe sie nicht. Viele wählten die SD nicht, weil sie die Partei mögen, sondern weil sie sich eine Erschütterung der Eliten wünschen. Der eine Populismus, der des Schönredens, wurde in Schweden ersetzt durch einen anderen Populismus, den des Schlechtredens.

Großbritannien: Das Problem London

Der britische Journalist David Goodhart hat die vielleicht treffendsten Begriffe für das Gegensatzpaar gefunden, in das sich in unterschiedlichem Grade mittlerweile alle westlichen Gesellschaften teilen. Er spricht von *Somewheres* und *Anywheres*, von Menschen, die sich dem Ort verbunden fühlen, an dem sie meist ihr ganzes Leben bleiben, und denen, die sich überall zu Hause fühlen können, sei es in London, Brüssel oder New York. *Somewheres* leben eher abseits der großen Städte oder in Vororten, haben häufiger eine nicht-akademische Ausbildung und pflegen ein eher traditionelles Familienbild. *Anywheres* verfügen häufig über Hochschulabschlüsse, sprechen Fremdsprachen, und es zieht sie in die Städte, wo sie häufiger Kontakt zu ethnischen und religiösen Minderheiten haben. In Großbritannien, so Goodhart, übe die Metropole London eine starke Anziehungskraft auf (künftige) *Anywheres* aus, nicht zuletzt weil ein Job in der Hauptstadt als Karriereausweis gelte. Wer nicht in der Hauptstadt studiere oder später eine Stelle finde, so die Vermutung, habe es wohl nicht so richtig geschafft.

Diese Sogwirkung ins Zentrum, so Goodhart, führe nicht nur zu einer Entfremdung vieler Akademiker von der Lebenswirklichkeit ihrer Herkunftsorte, sondern oft auch zu einem Herabblicken auf die, die es nicht aus der Provinz herausgeschafft haben. Auch fehle es an Wertschätzung gegenüber Handwerksberufen – die sich in einer politischen Vernachlässigung der nichtakademischen Ausbildungswege niedergeschlagen habe. Als viele britische Handwerker erleben mussten, dass ihre Kunden nach der EU-Erweiterung polnische oder tschechische Klempner oder Tischler vorzogen, verstärkte dies das Gefühl der Herabsetzung. In der mangelnden Achtung des Wertekanons der *Somewheres* durch die *Anywheres* sieht Goodhart eine wichtige Erklärung für das Brexit-Votum: Das Referendum im Juni 2016 war eine Gelegenheit, denjenigen, die sich für etwas Besseres hielten, ihren Kosmopolitismus um die Ohren zu hauen.[14]

Es ist kein Wunder, dass dieser Graben auch zwischen Jung und Alt verläuft, zwischen jenen, die mit dem Internet aufgewachsen sind wie mit fließend Wasser, und jenen, für die ein App-Download eine Herausforderung bleibt. Hätten nur junge Leute abgestimmt, bliebe Großbritannien in der EU. Laut einer YouGov-Umfrage kurz vor dem Referendum sagten 64 Prozent der 18- bis 24-Jährigen, sie seien gegen den Brexit. Unter den 50- bis 64-Jährigen gaben das nur 35 Prozent an. Allerdings gingen viele junge Briten am 23. Juni 2016 nicht zur Abstimmung.

Die Digital Natives sind zu jung, um die Vor-1989-Welt

idealisieren zu können. Sie kennen nur die globalisierte Welt. Sie fühlen sich deshalb auch oft habituell nicht den konservativen Parteien zugehörig, deren prominente Vertreter ein wenig analog erscheinen. In Großbritannien glauben heute nur noch 15 Prozent der unter 25-Jährigen, dass die konservativen Tories Leute wie sie repräsentieren. Die Frage *Leave* oder *Remain*, Bleiben oder Gehen, ist deshalb nach Ansicht des ehemaligen Strategiechefs des britischen Premierministers, Lord Cooper of Windrush, die Chiffre für eine Weltanschauung geworden: »Bist du ein Nationalist oder ein Internationalist, offen gegenüber Einwanderung, Diversität und Multikulturalismus, oder glaubst du, diese Dinge sind eine Bedrohung? Es gibt eine hohe Wahrscheinlichkeit, dass jemand, der den Brexit befürwortet, die Homoehe, strengeren Umweltschutz und Rehabilitierungsansätze bei Verbrechern ablehnt. Der Grund, warum die Frage (des Brexits, JB) so spaltend geworden ist, lautet, dass es nicht bloß darum geht, ob es eine gute Idee ist, die EU zu verlassen. Sie ist Teil einer breiteren Weltsicht.«[15]

Hillary Clinton, die demokratische US-Präsidentschaftskandidatin, sagte während einer Wahlkampfveranstaltung 2016 in New York: »Man könnte die Hälfte der Trump-Unterstützer in den ›Topf der Beklagenswerten‹ stecken, wie ich es nenne. Rassisten, Sexisten, Homophobe, Ausländerfeinde, Islamfeinde, was Sie wollen.« Einigen von diesen Leuten sei »nicht mehr zu helfen«. Clinton entschuldigte sich später zwar für ihre »grobe Verallgemeinerung«, bedauerte aber die Wortwahl von den »Beklagenswerten« auch nach ihrer Niederlage nicht.[16] Das Eigentor, von Wählern als *Deplorables* zu sprechen, ist das vielleicht bekannteste Beispiel für die emotionale Schwäche vieler Linker gegenüber Rechtspopulisten:

Sie neigen dazu, ihre Wähler gleich mit zu verteufeln. Das heilt die Gräben nicht, es vertieft sie.

Die Diagnose für Deutschland

Deutschland hat kein kosmopolitisches London, und es hat auch keine linksliberale Ostküste wie die Vereinigten Staaten. Seine Geschichte als kleinstaatlerischer Flickenteppich und sein Föderalismus haben das Land – bisher jedenfalls – davor bewahrt, in ein Zentrum und in eine Provinz zu zerfallen. Gute Universitäten gibt es nicht nur in Berlin, sondern auch in München, Tübingen, Jena oder Göttingen. Und deutsche Handwerker genießen, nicht zuletzt wegen der international geschätzten dualen Ausbildung, ein vergleichsweise hohes Sozialprestige.

Die Entwicklungen der USA, Großbritanniens und Schwedens sollten der Berliner Republik trotzdem mahnend vor Augen stehen. Die sozialen Blasen sind auch in den vergangenen 25 Jahren in Deutschland gewachsen; jedenfalls sind sie sichtbarer und damit politisch wirksamer geworden. Jedes Smartphone mit Twitter-App ist auch ein kleines Röntgengerät, das die Befindlichkeiten Tausender bisher einander unbekannter Bürger ausleuchtet. Wie lautet also die vorläufige Deutschland-Diagnose?

Die Bundesrepublik hat, erste Erleichterung, noch kein Zentrum mit Wagenburgmentalität. Aber Berlin hat natürlich eine deutlich andere Anziehungs- und kulturelle Prägekraft als Bonn. Die neue Hauptstadt wurde ab 1990 für viele Abiturienten zu einem noch größeren Sehnsuchtsort, als Westberlin es während der deutschen Teilung für viele war. Plötzlich gab es eine »richtige« Hauptstadt, in der sich alle versammelten: nicht nur Parlamentarier, Ministeriale, Diplomaten, Journalisten und Lobbyisten, sondern eben auch »Kreative«, Kneipengründer, Künstler, Musiker und Literaten. Wer nach Berlin gezogen war, blickte nicht selten mit einer Mischung aus Mitleid, Sündenstolz und frisch erworbener Weltläufigkeit auf die zurück, die anderswo abgeblieben waren und von denen man glaubte, dass sie von den wichtigen Trends, wenn überhaupt, erst einige Jahre später etwas mitbekamen.

Es dauerte nicht lange, bis die Klischeebildung zurückschlug. Der Sojalatte trinkende, vegane Internet-Start-up-Unternehmer mit Hipster-Bart, der seinen Kinderwagen in einen Bioladen im Prenzlauer Berg schiebt, wurde den Skeptikern des Berlin-Hypes zum Sinnbild für eine selbstgefällige und wenig produktive Weltverbesserungskaste mit unterentwickeltem Realitätssinn.

In einer Studie über Werte und Konfliktlinien in der deutschen Wählerschaft kamen die Soziologin Rita Müller-Hilmer und der Politologe Jérémie Gagné Anfang 2018 zu dem Ergebnis, dass auch in der deutschen Mitte das Gefühl mangelnder Wertschätzung durch Arbeitgeber und Gesellschaft deutlich zugenommen habe. Trotz der guten wirtschaftlichen Lage des Landes waren im Vergleich zu einer Vorstudie von 2006 Gefühle von Ohnmacht, Frustration und Enttäuschung insgesamt gewachsen. Die Gesellschaft sei zunehmend gespalten zwischen *Zufriedenen* (43 Prozent der Wahlberechtigten), *Verunsicherten* (32 Prozent) und *Enttäuschten* (25 Prozent). Die *Zufriedenen* bestehen demnach einerseits aus Kosmopoliten, die die Chancen der Globalisierung und die Vorteile der neuen Technologien für sich nutzbar machen können, andererseits aus Teilen der älteren Generation, die die Leistungsversprechen eingelöst sehen. Die *Verunsicherten* hingegen sehen das Versprechen, dass Leistung zu Wohlstand führt, durch die Globalisierung und die neuen Technologien gefährdet. Sie haben Angst, das zu verlieren, was sie haben. Die *Enttäuschten* schließlich sind desillusionierte Arbeitnehmer, die den Zustand der Gesellschaft insgesamt ebenso bemängeln wie ihr persönliches Schicksal. Sie sind getrieben von Ungerechtigkeitsgefühlen und dem Eindruck, politisch kein Gehör zu finden.

Das Thema, das die Gesellschaft am meisten polarisiert habe, seien Flucht und Migration gewesen, so die Studie: »Ganz besonders ist dabei umstritten, ob Zuwanderung prinzipiell eher als Bereicherung oder als Bedrohung anzusehen ist. (…) Auch im Hinblick auf europäische und internationale Solidarität stehen sich jeweils Teile der deutschen Bevölkerung diametral gegenüber. Insgesamt variiert besonders stark die Akzeptanz, andere am nationalen Wohlstand teilhaben zu lassen. Die Enden des Spektrums stellen dabei die *Kritische Bildungselite* für den libertären Pol sowie das *Abgehängte Prekariat* für den autoritären Pol dar.« Das »Oben« der Gesellschaft macht laut der Studie 37 Prozent der wahlberechtigten Bevölkerung aus, das »Unten« 15 Prozent.[17]

Gute Politik könnte die Spannung zwischen diesen Milieus verringern, etwa indem sie echte Gerechtigkeitsdefizite benennt und sie von übertriebenen Ungerechtigkeitsgefühlen trennt. Voraussetzung dafür wäre allerdings ein Minimum an Respekt und Wertschätzung in jede Richtung, von den Repräsentanten gegenüber den Repräsentierten und umgekehrt. Daran mangelt es in der Berliner Republik ebenso bedenklich wie an einer Übersetzungsarbeit zwischen den sich zunehmend unterscheidenden Welten. Deutschland zerfällt immer mehr in Subnationen, die sich jeweils für die eigentlichen Vertreter des Volkswillens und damit für die maßgebliche Gruppe halten.

»Die Stadt entscheidet über das Land. Ist das eigentlich noch demokratisch?«, fragte mich einmal ein Landwirt im nördlichen Schleswig-Holstein. Die Stadtbewohner nähmen die Welt doch nur aus ihrer Perspektive wahr, als abgasgeschwängert und überfüllt. Deshalb, so sieht er das, wählten so viele aus schlechtem Gewissen die Grünen. Und die befeuerten dann »dieses Misstrauen und diese Unterstellungen« gegenüber Leuten wie ihm, eine verdächtige Sicht auf Landbewohner, die sich in immer schärferen Vorschriften äußere. Wenn er zum Beispiel ein Desinfektionsspray auf eine Schürfwunde an einem seiner Tiere aufsprühen wolle, müsse er dazu seit Kurzem den Tierarzt holen. Da fragt er sich, für was für einen Menschen diese Gesetzgeber ihn eigentlich hielten. »Ich habe meinen Beruf gelernt, und ich will meinen Tieren nichts Schlechtes.«

Natürlich entscheidet die Stadt nicht blind und selbstgerecht über das Land. Gewählt wird schließlich überall, und fast 70 Prozent aller Deutschen leben in Orten mit weniger als 100 000 Einwohnern. In Berlin und Brüssel ist der Bauernverband zudem eine starke Lobby. Allerdings bleibt die Frage berechtigt, ob nicht gerade an Gesetzgebungsorten, zunehmend auch in Berlin, eine Sozialdynamik herrscht, die die Vielfalt der Lebenswelten im Land noch angemessen widerspiegelt. Ob, anders gesagt, Politiker, Journalisten und Akademiker sich noch genug Mühe geben, das Land, das sie repräsentieren, das sie abbilden und deuten sollen, jenseits ihres eigenen Gravitationsfeldes gründlich genug zu erforschen. Und ob sie kritisch genug sind gegenüber sich selbst.

Eine Umfrage der Forschungsgruppe Wahlen aus dem Jahr 2014 zeigte zum Beispiel, dass die Wählerschaft der Grünen, also der Partei, die am häufigsten auf die Umweltschäden durch Flugreisen hinweist, am meisten fliegt. In der Untersuchung gaben 32 Prozent der SPD-Anhänger an, im Jahr zuvor mit dem Flugzeug unterwegs gewesen zu sein, bei den CDU/CSU-Wählern waren es 36, bei den Anhängern der Grünen 49 Prozent.[18]

Eine ökologische Avantgarde, seien es Politiker, Lobbyisten oder Publizisten, ist wichtig, aber zu ihrem Bewusstsein sollte gehören, dass es gefährlich ist, teilblind zu werden gegenüber der Gesellschaft. Ende 2018 brachen in Frankreich die sogenannten Gelbwesten-Proteste los. Sie hatten sich an der Erhöhung der Benzinsteuer entzündet, die zur Finanzierung der Energiewende dienen soll. Eine Erklärung für die Wut lautete, dass sie aus einer kulturellen Kluft rühre, aus einem klassenähnlichen Unterschied zwischen jenen Franzosen, die privilegiert genug seien, um dem Umweltschutz Zeit, Aufmerksamkeit und Geld zu widmen, und jenen Franzosen, die nicht in dieser glücklichen Lage seien.[19]

Gedanklicher Kollektivismus ist in jeder Gruppe eine Gefahr. In der EU-Hauptstadt Brüssel etwa begreifen sich nicht nur viele Diplomaten, sondern auch Verbandsrepräsentanten und sogar Journalisten weniger als nationale oder wirtschaftliche Interessenvertreter oder, im Fall der Reporter, als distanzierte Beobachter, sondern auch als Botschafter und Fackelträger einer immer engeren europäischen Integration. Sie »verbrüsselten«, wie ich dies nach meinen Jahren als Brüsseler Korrespondent der ZEIT einmal nannte, das heißt, sie passten sich dem gängigen Narrativ an, schlicht oft weil sie zu einer Gruppe gehören wollten, die sich mehrheitlich für die europäische Integration begeistert. Die Berliner Republik sollte sich davor hüten, ähnlich zu »verberlinern«. Repräsentanten werden auch gewählt, um die Lebenswelt derer mitzuflektieren, die sie in die Hauptstadt entsandt haben. Wenn der Eindruck aufkommt, sie wollten stattdessen großstädtische Lebenswelten und Werteordnungen als Ideale definieren, leidet das Vertrauen in die Repräsentation.

Neben der Gefahr der weltanschaulichen Homogenität von Entscheidungsträgern, die sich in wohl jedem Land finden lässt, gibt es in Deutschland noch eine besondere Gefahr, die die Spaltung zwischen Globalisten und Nativisten befördert, statt Versöhnungsmöglichkeiten zu eröffnen. Es ist der schnelle Nazivorwurf. Wie schnell er entsichert wird, zeigte sich exemplarisch an der Kontroverse um einen Text des AfD-Chefs im Herbst 2018.

Am 6. Oktober 2018 veröffentlichte die *Frankfurter Allgemeine Zeitung* einen Gastbeitrag von Alexander Gauland, in dem er erstens eingestand, ein Populist zu sein. Der Zustand der westlichen Gesellschaften, so Gauland, habe nach einer »Fundamentalopposition« verlangt, und diese »musste notwendig populistisch sein«. Zweitens beschrieb er den aus seiner Sicht grundlegenden gesellschaftlichen Konflikt als neuen Klassenkampf. Im Zuge der Globalisierung, so Gauland, habe sich eine »neue urbane Elite« gebildet, die »kulturell und politisch den Takt« vorgebe. Diese »globalistische Klasse« lebe fast ausschließlich in Großstädten, spreche fließend Englisch, und wenn ihre Mitglieder zum Jobwechsel von Berlin nach London oder Singapur ziehen, fänden sie überall ihresgleichen, in jeder Kultur.« »Der Regen, der in ihren Heimatländern fällt, macht sie nicht nass. Sie träumen von der *one world* und der Weltrepublik.« Auf der anderen Seite stünden einfache Menschen und eine Mittelschicht, die ein Leben lang »den Buckel krumm gemacht haben und heute von einer schäbigen Rente leben müssen«. Zugleich seien das die Menschen, für die Heimat immer noch ein Wert an sich sei, und eben den sähen sie durch Einwanderung bedroht.[20]

Sofort entbrannte in den sozialen Netzwerken eine heftige Debatte. Sie drehte sich allerdings nicht um Gaulands Thesen, sondern ausschließlich um die Frage, ob die *FAZ* diesen Artikel hätte veröffentlichen dürfen. »Montag wird das *FAZ*-Abo gekündigt. @faz #AfD #Gauland #opportunismus #verkaufszahlen #einfachnurrechts #endegelände«, twitterte der Vorsitzende des Paritätischen Wohlfahrtsverbandes, Ulrich Schneider. Der Tweet bekam über 2000 Likes, was für das deutsche Twitterversum eine beachtliche Zahl ist. Viele weitere Nutzer stimmten zu, sie meinten, die Zeitung hätte Gauland keine »Plattform« für seine »Propaganda« bieten dürfen. Wenig später schrieb der Journalist Jonas Mueller-Töwe ebenfalls auf Twitter: »Der Stand der Debatte 2018 in Deutschland: Paraphrasierte #Hitler-Reden werden in der #FAZ gedruckt. Wegen Pluralismus und so.« Mueller-Töwe stellte zwei Screenshots dazu. Der eine zeigte einen Teil des Gauland-Textes, der andere den Auszug einer Rede, die Adolf Hitler am 10. November 1933 vor Arbeitern in Siemensstadt gehalten hatte. In dieser Rede heißt es: »Es ist eine kleine wurzellose internationale Clique, die die Völker gegeneinanderhetzt, die nicht will, daß sie zur Ruhe kommen. Es sind das die Menschen, die überall und nirgends zuhause sind, sondern die heute in Berlin, morgen genauso in Brüssel sein können, übermorgen in Paris und dann wieder in Prag und Wien oder in London, und die sich überall zu Hause fühlen (Zuruf aus dem Publikum: »Juden!«). Es sind die einzigen, die wirklich als internationale Elemente anzusprechen sind, weil sie überall ihre Geschäfte betätigen können, aber das Volk kann ihnen gar nicht nachfolgen, das Volk ist ja gekettet an seinen Boden, ist gekettet an seine Heimat, ist gebunden an die Lebensmöglichkeiten seines Staates, der Nation. Das Volk kann ihnen nicht nachgehen. Der Bauer, der ist auf seinem Boden festgelegt. Der Arbeiter, er hängt an seinem Werk. Wenn es zugrunde geht, wo wird ihm geholfen?« [21]

Die Parallelen zum Gauland-Gastbeitrag sind in der Tat bemerkenswert. Aber für was genau ist das ein Beleg? Dafür, dass Gauland denkt wie Hitler und dass er handeln würde wie Hitler, wenn er die Gelegenheit dafür bekäme? Der Brite David Goodhart stellte Gaulands Analyse bereits zwei Jahre zuvor an, deutlich elaborierter. Sicher, es macht einen Unterschied, ob ein Sozialforscher vor der Radikalisierungskraft des Globalisten-Nativisten-Schismas warnen will oder ob ein Politiker sie als Schreckbild an die Wand wirft, um Empörungswähler zu gewinnen. Nur, die Analyse als solche kann kein Argument sein, um jemanden in die Liga von Menschheitsverbrechern zu verweisen. Wer vorschnell persönliche Höchsturteile fällt, dem geht es nicht um eine Auseinandersetzung, sondern darum, die sozialen Kosten für bestimmte Meinungsäußerungen so weit in die Höhe zu treiben, dass ihre Urheber dreimal darüber nachdenken, ob sie sich äußern. Die AfD betreibt umgekehrt dasselbe Spiel. Sie versucht, den Diskurs in ihrem Sinne zu verengen.

Die »Alternative für Deutschland« ist gefährlich, weil sie die Spaltung der Gesellschaft nicht beheben, sondern vergrößern will. Ebenso wie die Schwedendemokraten teilt sie das Land in Freunde und Feinde, und einige ihrer Mitglieder wie Björn Höcke scheuen nicht vor dem Schulterschluss mit vorbestraften Neonazis zurück.[22]

Wenn ihre Vertreter reden statt schreiben, nennen sie (hier der AfD-Sprecher Jörg Meuthen) Andersdenkende so: »Postkommunistische Vaterlandsverräter«, »bestens alimentierte Hofschranzen« (der Kanzlerin), »Multikulti-Utopie-besoffene Gutmenschen«. Mit solchen Leuten lohnt in der Tat kein Dialog, denn sie haben mehr Interesse an Erniedrigung als an Erkenntnis.[23]

Trotzdem lässt es sich nicht leugnen, dass die Botschaft der Populisten einen wachsenden Teil der Bevölkerung anspricht. Es ist nicht zu ändern, dass manche Menschen aus den falschen Gründen recht haben können, befand der antikommunistische Intellektuelle Arthur Koestler einmal.

Wenn dem so ist, ist es die Aufgabe aller verantwortungsvollen Demokraten, den falschen Fragestellern die richtigen Fragen zu entwinden, statt die oft falsche Antwort »Nazi!« zurückzubrüllen.

Laut einer Studie der Bertelsmann-Stiftung von 2016 sehen 45 Prozent der Deutschen die Globalisierung als Bedrohung. Die Deutschen liegen damit im Mittelfeld. »In Österreich und Frankreich betrachtet sogar eine Mehrheit der Befragten Globalisierung als eine Bedrohung (55 Prozent, 54 Prozent)«, schreiben die Autorinnen der Studie. In Italien, in Spanien und im Vereinigten Königreich ist der Anteil der Menschen, die Globalisierung als eine Bedrohung sehen, etwas niedriger (39 Prozent, 39 Prozent, 36 Prozent). Diese

Angst-Bürger versammeln sich zu einem erheblichen Teil hinter rechtspopulistischen Parteien.

In Deutschland haben laut der Studie 78 Prozent der Anhänger der AfD Angst vor der Globalisierung. In Frankreich trifft dies auf 76 Prozent der Wähler des Front National (FN) zu, und in Österreich denken 69 Prozent der Anhänger der Freiheitlichen Partei Österreichs (FPÖ) so. Als Hauptgrund für ihre Befürchtungen nannten die Befragten die Migration.[24] Offenbar betrachten diese Wähler Migration als kulturellen Hausfriedensbruch und erkennen, dass die »Verwirklichungschancen« (Amartya Sen) für die global Fitten und für jene, die eher einem Ort und eher traditionellen Werten verhaftet sind, auseinanderstreben. Ein Teil der Gesellschaft, könnte man auch sagen, hat den Eindruck, dass man von ihm erwartet, ins Systems zu passen wie eh und je, während das System für ihn immer weniger passt.

Zudem definieren beide, Nativisten und Globalisten, ihre Moralität unterschiedlich. Nativisten fühlen sich von dem Anspruch der Weltbürger überfordert, moralisch möglichst so zu handeln, dass man sämtlichen Menschen auf dem Globus gerecht wird. Sie fordern moralisches Verhalten vor allem innerhalb des Nationalstaats. Globalisten hingegen neigen zu der Ansicht, Europa habe mehr historische Schuld gegenüber anderen Erdteilen auf sich geladen, als es jemals wiedergutmachen könne. Auch deshalb bestehe eine andauernde Pflicht zur Hilfe über das im Nationalstaat geltende Maß hinaus.

Wenn Verantwortung so weit reicht, wie nicht nur die individuelle Wirkung reicht, sondern auch die der Vorfahren reichte, dann kennt die Verantwortung in einer globalisierten Welt keine Grenzen. Man darf nicht mehr nach Mallorca fliegen, aber auch nicht mehr im eigenen Garten grillen, weil beides dem Klima so schadet, dass in Afrika Kinder verdursten? Die Migration ist die Quittung für Gräueltaten deutscher Kolonialisten in Kamerun? Was für ein Moralstress! Wie schön wäre es doch, die Vorzüge der Globalisierung von 2018 in der politischen Wohnzimmeratmosphäre von 1978 genießen zu können. Oder wie es Robert Musil einmal formulierte: »Fortschritt wäre wunderbar, wenn er einmal aufhören würde.«

Anfang 2018 waren beide Lager, Globalisten und Nativisten, in ein und derselben Bundesregierung angekommen. Die Bundeskanzlerin, Teile der CDU und die SPD bilden innerhalb der Großen Koalition das internationalistische Camp. Der neue Bundesinnenminister Horst Seehofer nutzte seinen Umzug von München nach Berlin, um sich zur Stimme der *Somewheres* zu machen, mit der Unterstützung seiner CSU-Landesgruppe.

Es konnte nicht lange dauern, bis die Welt- und Wertebilder kollidieren würden. Im Sommer des ersten Koalitionsjahres forderte Seehofer, alle Migranten, die bereits in einem anderen EU-Land Asyl beantragt haben, an der deutschen Grenze zurückzuweisen. Die Kanzlerin widersprach ihm, sie strebte eine europäische Gesamtlösung an. Das sei eine Illusion, konterte der bayerische Ministerpräsident Markus Söder. Er verkündete, »die Zeit des geordneten Multilateralismus« gehe in Europa und der Welt zu Ende und werde »etwas abgelöst von Einzelländern, die auch Entscheidungen treffen«.[25] Der Kulturkampf, der in langen Sitzungen im Kanzleramt ausgetragen wurde, führte fast zum Koalitionsbruch. Am Ende standen ein Kompromiss mit einer Menge Absichtserklärungen und drei Verlierer: die Bundeskanzlerin, die ihre Autorität angeschlagen sah; die CSU, der wegen des Seehofer'schen Machostils ein Teil der Wähler davonlief; und die repräsentative Demokratie, weil das, was während dieser heißen Sommerwochen in Berlin zu besichtigen war, den Bürgern zeigte, dass der Konflikt, der das Land spaltet, von seinen wichtigsten Politikern nicht gelöst, sondern angeheizt wurde. Bei der Bundestagswahl 2017 hatte die AfD 12,6 Prozent der Stimmen bekommen. Ein Jahr später, nach diesem Sommertheater, lag sie in Umfragen bei 18 Prozent.

Man könnte einwenden, dass es eine solche tiefe Konfliktlinie wie jene, die die Berliner Republik durchzieht, in westlichen Nachkriegsgesellschaften nicht zum ersten Mal gibt. Die 68er-Bewegung löste in Westeuropa und den USA nicht nur einen mentalen Bürgerkrieg aus; der Konflikt über den Umgang mit dem Nazierbe, den Kriegsverbrechen in Vietnam und der Verantwortung für die Dritte Welt mündete auf beiden Seiten in Gewalt und polarisierte die Gesellschaften nachhaltig.

Eine denkbare Empfehlung für die heutige Lage lautet deshalb, gelassen zu bleiben und auf die Integrationskraft der liberalen Demokratie zu vertrauen. Ebenso wie es in den 1970er- und 1980er-Jahren gelungen sei, die extreme Linke zu deradikalisieren und einige ihrer legitimen Forderungen in den Mainstream zu integrieren, könne man heute mit der extremen Rechten verfahren, glaubt der bulgarische Politikwissenschaftler Ivan Krăstev. Habe man vor vierzig Jahren nicht Leute wie Joschka Fischer für Kräfte gehalten, die dem kapitalistischen, demokratischen Westen den Garaus machen wollten?[26]

Das ist einerseits richtig. Andererseits: Wenn es sich heute um eine Konterrevolution zu 1968 handelt oder auch um eine kulturelle Revolte eigener Art, findet sie unter gänzlich anderen Rahmenbedingungen statt. Da ist zum einen, wie beschrieben, die Komplexität und Überlagerung von politischen Entwicklungen. Da ist aber auch eine umgekehrte Generationen-Aggression: 1968 rebellierte ein Teil der jungen Bevölkerung, die damals in der Mehrheit war, gegen die Alten. Heute rebelliert ein Teil der älteren Bevölkerung, die diesmal in der Mehrheit ist, gegen die Jungen (1968 waren laut Statistischem Bundesamt 57,6 Prozent der Deutschen unter 40 Jahre alt, im Jahr 2017 waren es nur noch 43 Prozent).

Außerdem verläuft die Konfliktlinie nicht nur quer durch westliche Gesellschaften, sondern auch mitten durch die europäische Staatengemeinschaft. West- und Osteuropa stehen sich als globalistische beziehungsweise nativistische Gesellschaftsentwürfe gegenüber, und Deutschland, wie gleich eingehender beschrieben werden soll, ist wieder Frontstaat dieser Teilung. Und zugleich ihr Spiegelbild.

Ein weiterer Unterschied ist: Die 1968er-Revolte fand im analogen Zeitalter statt. Heute ist potenziell jeder Handybesitzer Wutsender und Wutempfänger. Und zu guter Letzt spielt sich der heutige Konflikt nicht vor einem Eisernen Vorhang ab, hinter dem es den Menschen in Nicht-Demokratien sichtbar schlechter geht. Heute hat die liberale Demokratie Konkurrenz durch andere Systeme, die keineswegs so unattraktiv erscheinen wie die Völkergefängnisse des kommunistischen Totalitarismus.

Der Eiserne Vorhang ist ersetzt worden durch einen Seidenen Vorhang, hinter dem eine Verlockung schimmert: ein bisschen weniger politische Freiheit für viel mehr kulturelle Sicherheit.

2. Die neue Ost-West-Teilung
Frontstaat Deutschland

Jahrzehntelang galt das Gesetz des politischen Westwindes: Alles, was in den USA entstand, wehte irgendwann auch herüber nach Deutschland. Mittlerweile gibt es auch einen politischen Ostwind. Vieles, was jenseits der Elbe gedacht wird, fällt etwas später auch in Deutschland auf fruchtbaren Boden. Wer die neue deutsch-deutsche Teilung verstehen will, reist deshalb am besten ein bisschen weiter als bis nach Dresden, denn von außen erscheinen die Unterschiede noch klarer.

An einem Nachmittag im Herbst 2017 hat Vladimír Špidla reichlich Zeit für ein Gespräch im neobarocken Prager Regierungssitz am Moldauufer. Der ehemalige tschechische Ministerpräsident und Ex-EU-Kommissar weiß, dass es die letzten Tage sind, die er als Berater für die Mitte-Links-Regierung arbeiten wird. Nach Ungarn und Polen steht auch in der Tschechischen Republik ein Mann vor der Regierungsübernahme, der den Einfluss der »Internationalisten« und der Brüsseler Eurokraten auf sein Land brechen will. Er mobilisiert die Wähler, indem er Angst schürt. Angst vor dem »Grenzöffnungsirrsinn« einer Angela Merkel. Angst vor Terroristen, die aus dem Westen nach Tschechien einsickern könnten. Und die Angst, dass die regulierungswütige EU es den Tschechen demnächst verbieten könnte, sich Waffen zu kaufen.

Im August 2016 zeigte die viel gelesene Wochenzeitschrift *Reflex* als Titelbild eine entrückt schauende Kanzlerin Merkel in einer Zwangsjacke, dazu die Überschrift: »Angel, vom Teufel besessen«. Die größte Boulevardzeitung des Landes, *DNES*, machte mit Schlagzeilen wie »Spannungen an der Grenze« auf, darunter Fotos von wütend dreinblickenden Afrikanern. Die Zeitung gehört Andrej Babiš, dem Oligarchen, der wenige Tage nach dem Gespräch mit Špidla als Ministerpräsident im Prager Regierungssitz einziehen sollte.

In der Tschechischen Republik, dem einst dem Westen so sehnsuchtsvoll zugewandten Land von Václav Havel, hat die EU heute die niedrigsten Zustimmungswerte aller Visegrad-Staaten[27]; 41 Prozent der Tschechen sind mit der Mitgliedschaft in der EU unzufrieden.

Was ist hier passiert, Herr Špidla? Der Sozialdemokrat lächelt müde. Er denke in letzter Zeit oft an ein altes französisches Lied, sagt er, das so gehe: »Ich stritt mich mit meiner Frau. Dann kam die Revolution. Ich streite mich immer noch mit meiner Frau. Ich will noch eine Revolution.«

Postrevolutionäre Ernüchterung ist sicher ein Grund für den neuen Ost-West-Konflikt, der Europa trennt. Was sich viele selbstzufriedene Westdeutsche lange Zeit aber auch nicht klargemacht haben, war, dass die Menschen nach dem Mauerfall 1989 nicht nur Freiheit und Wohlstand wollten, nicht bloß neue Autos und Häuser, sondern dass es ihnen auch um Anerkennung ging. Die Bewohner von Prag und Chemnitz wollten ebenso als Europäer gelten wie die von Paris und Köln. Haben sie diese Anerkennung wirklich bekommen? Aus Sicht vieler Menschen östlich der Elbe eben nicht.

Statt ein neues Europa mitgestalten zu können, fand man sich als Zuschauer am Spielfeldrand wieder, so schildert die ehemalige slowakische Premierministerin Iveta Radičová ihre Desillusionierung. »Überall sahen wir nur Unterschiede, Unterschiede, Unterschiede. Und wir fragten uns: Was verbindet uns Europäer denn eigentlich?« Kaum waren die Bürger der ehemals kommunistischen Staaten Teil des Westens geworden, stand dieser auf einmal weniger für das Freiheitsversprechen des vergangenen Jahrhunderts als vielmehr für all die Komplexitätszumutungen des neuen. Mitglied der EU beziehungsweise der Bundesrepublik zu sein und Sicherheiten trotzdem bedroht zu sehen – für viele war das ein Schock, der noch lange nicht verdaut ist. Das Resultat war frustrierende Überforderung, bis »aus naiver Bewunderung des Westens vielerorts radikale Ablehnung wurde«, wie es der Direktor des Prager Goethe-Instituts, Berthold Franke, formuliert.[28]

Umgekehrt haben viele in Mittelosteuropa und in Ostdeutschland zu wenig getan, um die Zumutungen der neuen Freiheit in Gestaltungschancen zu verwandeln. Das verbreitete Misstrauen aus der kommunistischen Zeit sei nie durch einen kooperativen Gesellschaftsgeist ersetzt worden, bilanziert Vladimír Špidla. Die Grundvermutung, mit der fast zwei Generationen von heutigen Europäern aufwuchsen, war die, dass die Regierung lügt. Und seinem Nachbarn traue man besser nie so ganz, er könnte schließlich für die Staatssicherheit arbeiten. Im Rückblick auf die vergangenen drei Jahrzehnte scheint es, als hätten sich die ehemaligen Ostblockländer zwar den Parlamentarismus übergestreift, es aber versäumt, sich um die Verankerung der gesellschaftlichen und psychologischen Voraussetzungen der liberalen

Demokratie zu bemühen. »Als die Tschechen und die Ungarn Sicherheit hatten, sehnten sie sich nach Freiheit; als sie Freiheit hatten, sehnten sie sich nach Sicherheit«, formulierte es der britische Historiker Timothy Garton Ash einmal.

Die Wiedervereinigung Deutschlands war erst ein romantischer, dann ein technischer Prozess. Nach den euphorischen Wochen des Mauerfalls richtete sich der politische Fokus auf Infrastrukturprojekte und auf Transfers von West nach Ost. Im Nachhinein ist es vielleicht keine Übertreibung zu sagen, dass das Zusammenwachsen der beiden Teile Deutschlands lange Zeit einer Subjekt-Objekt-Ordnung folgte und keine Subjekt-Subjekt-Beziehung war. Immaterielle Aspekte wie Würde oder Anerkennung, insbesondere die Anerkennung, wie viel Wandel die Ostdeutschen zu durchleben hatten, kamen zu kurz.

Die Osmose-Wirkungen der vergangenen dreißig Jahre haben wenig an der Bilanz geändert: Im Maßstab der vergangenen 75 Jahre betrachtet, gehört Ostdeutschland in vielerlei Hinsicht eher zum Nachkriegs-Osteuropa als zum Nachkriegs-Westeuropa. Beide Seiten Europas haben zuerst die Fähigkeit zur Anpassung an den Westen überschätzt – und später den Willen dazu. Auf große Hoffnungen folgte Desillusionierung, auf die Desillusionierung ein Gefühl von Deklassierung. Und dann fing der Westen auch noch an, auf den Osten einzuprügeln, weil er Flüchtlinge nicht genauso bereitwillig aufnahm wie der Westen.

»Die Revolution kam, und ich stritt mich immer noch mit meiner Frau.« In die Erfahrungen vieler Ostdeutscher übersetzt, heißt das: Wir gingen 1989 auf die Straße, riskierten Freiheit und Gesundheit, und was bekamen wir? Einen

Haufen neuer Probleme. Für einige Ostdeutsche lautete die Antwort, noch eine Revolution lostreten zu wollen, eine, an deren Ende diesmal nicht nur die Regierung Merkel gestürzt würde, sondern alle »Volksverräter«. Der Galgen mit Namensschildern von Sigmar Gabriel und Angela Merkel, den der Teilnehmer einer Pegida-Demonstration im Oktober 2015 durch Dresden trug, war der drastischste Ausdruck dieser Wut.

Man kann auf diesen Furor mit Gegenfuror reagieren. Damit regt man sich aber nur über die Symptome eines Missstandes auf. Die Ursachen der Ost-West-Spaltung bleiben davon unberührt. Bohren wir also noch ein wenig tiefer.

Die innerdeutsche Grenze fiel in dem Moment, als sich der Westen selbst entgrenzte. Was viele Westdeutsche schon als Modernisierungsstress erlebten, war für viele der neuen Europäer ein doppelter Kulturschock. Osteuropa und Ostdeutschland waren auf die Veränderungen, die mit der Globalisierung hereinbrachen, nicht nur schlechter vorbereitet als Westeuropa. Viele Ostdeutsche hatten nach dem Mauerfall auch das Gefühl, genug Wechsel für ein Leben erlebt zu haben. Diese besondere biografische Empfindlichkeit haben westliche Politiker und Journalisten von Anfang an nicht ausreichend nachempfunden. Sie schlossen allzu oft von ihrer Lebenserfahrung und Prägung auf die der neuen Bundesdeutschen. Dieser Fehlschluss äußerte sich unter anderem in einem Interview des damaligen Bundesfinanzministers Wolfgang Schäuble zur Migration, in dem er Anfang 2016 sagte:

»Wir wussten, dass es vielen Menschen auf der Welt viel schlechter geht als uns. Uns war auch klar, dass sie wissen, wie man zu uns kommt. Jetzt haben sich viele auf den Weg gemacht. Unser Interesse muss jetzt sein, die Krisenregionen im Nahen und Mittleren Osten und in Afrika zu stabilisieren, damit die Welt nicht noch mehr aus den Fugen gerät. Das ist unser Rendezvous mit der Globalisierung – ob uns diese Begegnung nun gefällt oder nicht.«[29]

Schäuble hätte, wie der Sozialwissenschafter Timo Lochocki treffend feststellt, besser von den *West*deutschen gesprochen, denn: »Die Ostdeutschen hatten dieses Date (jedenfalls eines, das mit den Effekten der Globalisierung vergleichbar war, JB) bereits 25 Jahre vorher. Und es lief für viele nicht so gut.«[30]

Natürlich war es keine böse Absicht, den Osten voreilig mental dem Westen einzugemeinden. Die Deutschen sind schlicht Opfer ihres Optimismus geworden. Die Freude über die Wiedervereinigung und die Romantik der Vorstellung, dass jetzt zusammenwachse, was zusammengehöre, hat den Blick für die kulturellen Unterschiede der beiden Landesteile verstellt. In gewisser Weise steht die Ernüchterung zwischen Ost- und Westdeutschland deshalb für die Nichteinlösung überzogener Erwartungen der gesamten Post-1989-Welt. Diese Erwartungen lauten, dass der Mauerfall ein globales Miteinander einläuten würde, wie es sich Schiller in seiner Ode »An die Freude« ausgemalt hatte; was der Mode Schwert geteilt hatte, binde Freudenzauber nun zusammen.

Es ist das Wesen der Romantik, etwas zusammenzudenken, das noch nicht zusammen funktioniert. Die Migrationswelle beendete ab 2015 das, was an Romantik zwischen den deutschen Neuvermählten noch übrig war, abrupt. Sie erhitzte die Mentalitätsunterschiede derartig, dass sie plötzlich grell leuchteten.

Etwas ganz Ähnliches war schon einige Jahre zuvor im Verhältnis zwischen Nord- und Südeuropa geschehen. Die Eurokrise förderte Unterschiede in den Finanzkulturen zwischen Griechenland und Finnland zutage, die man mit realistischem Blick hätte erkennen müssen, bevor man den Euroraum zimmerte. Doch die romantische Idee, Griechenland müsse als Wiege der europäischen Philosophie Teil der Eurozone werden, wog schwerer als datenbasierte Argumente. Nach der Aufnahme in den Euro schlossen die meisten Europäer von der Tatsache, dass Griechenland Teil der Gemeinschaftswährung war, darauf, dass es die Bedingungen für die Mitgliedschaft erfüllte. Das hatte es nie getan, wie sich später herausstellen sollte, weder in wirtschaftlicher noch in institutioneller Hinsicht. Der schöne Schein bestimmte das Bewusstsein.

Wenn man nüchtern auf die Nachkriegsgeschichte Ostdeutschlands zurückblickt und sich klarmacht, woher trotz aller Gemeinsamkeiten mit dem Westen gewisse Mentalitätsunterschiede rühren könnten, springen die Gründe ebenfalls ins Auge. Es fängt damit an, dass die amerikanischen Truppen 1945 nicht die Elbe überqueren. In der Folge gab es nie eine Umerziehung und den Zwang, sich mit der Schuld für den Krieg und die Schoah auseinanderzusetzen. Im Gegenteil, diese Verantwortung wurde an den Westen abgetreten. Die »Re-education« des sozialistischen Regimes lautete, ganz anders als die der Amerikaner in Westdeutschland: Die Faschisten, das waren die anderen.

Was es ebenfalls nicht gab, war eine 68er-Bewegung, die neben der Auseinandersetzung mit der Nazigeneration ihrer Eltern noch ein zweites Ziel hatte, nämlich eine inklusive Gesellschaft zu bauen, in der Minderheiten ihren selbstverständlichen und selbstberechtigten Platz haben sollten. Der bulgarische Autor Ivan Krăstev hat diese Ost-West-Spaltung prägnant zusammengefasst: »Der (west-[JB])deutsche Hang zum Kosmopolitischen war auch eine Flucht vor dem fremdenfeindlichen Erbe der Nazis, während man auf der anderen Seite die These vertreten kann, dass der Antikosmopolitismus Mitteleuropas zum Teil in der Abneigung gegen den vom Kommunismus aufgezwungenen Internationalismus wurzelt.«[31] Vielleicht erklärt sich auch dadurch, dass sich der Ministerpräsident Ungarns, Viktor Orbán, im Februar 2018 öffentlich zum Rassismus verstieg, als er in einer Rede sagte: »Wir wollen nicht, dass unsere Hautfarbe mit der anderer vermischt wird.«[32]

Die Ostdeutschen hatten zudem keine Gelegenheit, fünfzig Jahre recht unbeschwerten und stets wachsenden Wohlstand zu genießen, ohne großen Veränderungsängsten ausgesetzt zu sein. Im Westen wuchs auf diese Weise über Jahrzehnte das Grundvertrauen in den Kapitalismus. Im Osten wurde dieses Vertrauen von heute auf morgen vorausgesetzt, und das obwohl die ersten Begegnungen vieler Ostdeutscher mit westdeutschen Autohändlern, Versicherungsvertretern oder Firmenaufkäufern häufig alles andere als ein guter Start waren.

Kurzum, die neuen Bundesdeutschen starteten das Rennen um einen Platz in der globalisierten Welt mit einem (schon wieder westlich-arrogant gesprochen) gewissen psychologischen Rückstand auf ihre Landsleute im Westen. Sie spüren ihn bis heute, nicht zuletzt wegen der Gehaltsunterschiede. In Ostdeutschland werden 44 Prozent aller Jobs mit 2000 Euro oder weniger vergütet. In Westdeutschland sind es nur 33 Prozent.[33] Die Lebenshaltungskosten mögen im Osten zwar niedriger liegen als im Westen – aber ein verletztes Ego rechnet so etwas nicht gegen.

Ist es ein Zufall, dass gerade AfD-Wähler besondere Sympathien für das Russland von Wladimir Putin zeigen? Beide schließlich sind in gewisser Weise Seelenverwandte, weil sie ähnliche Demütigungsgefühle teilen. Viele ostdeutsche AfD-Wähler fühlen sich ebenso ungerecht von der Geschichte behandelt, wie Putin-Anhänger in Russland es tun.

Die sich immer tiefer integrierende EU, in die sie hineinvereinigt wurden, erlebten viele Ostdeutsche zudem ganz anders als die westlichen Europa-Enthusiasten. Es macht einen gewaltigen Unterschied, ob man von der sächsischen oder von der baden-württembergischen Landesgrenze aus auf das offene Europa blickt. Ostdeutschland grenzt bis heute an Nicht-Euroländer, in denen deutlich geringere Lohnniveaus herrschen. Das bedeutet andere Wettbewerbsbedingungen für Handwerker. Und es bedeutet andere Erfahrungen mit Grenzkriminalität als sie Bewohner des Saarlands oder von Rheinland-Pfalz machen. In Sachsen wurden im Jahr 2017 pro Kopf sechsmal so viele Autos gestohlen wie im Saarland.[34]

Vielleicht muss man die Radikalität vieler Ostdeutscher, die sich in einem Stimmenanteil von 21,9 Prozent für die AfD bei der Bundestagswahl 2017 niederschlug (mit Berlin-Ost)[35], in der Attraktivität der fremden- und islamfeindlichen Pegida-Bewegung und in starken neonazistischen Bewegungen, zumindest auch aus solchen unerfüllten Gleichheits- und Sicherheitsversprechen heraus erklären. Diese Lebensenttäuschung steht heute, ein Vierteljahrhundert nach dem Mauerfall, vielen Ostdeutschen deutlich wie nie zuvor als Bilanz vor Augen:

Das vermeintlich überlegene System, das die liberalen Eliten als das einzig Wahre priesen, ist entgegen all den Versprechen nicht in der Lage, die Probleme der postmodernen Welt zu lösen.

»Die Revolution kam, und ich stritt mich immer noch mit meiner Frau«: Statt der Ost-Mark, mit der man sich nichts kaufen konnte, gibt es einen Euro, dessen Stabilität sich Deutschland teuer erkaufen muss. Statt einer Mauer, die das freie Ausreisen verhindert, gibt es eine löchrige EU-Außengrenze, die keine ungeregelte Einreise verhindert.

Es ist kein Wunder, dass der ein oder andere Ostdeutsche sich an die falschen Utopieversprechen erinnert fühlt, die das sozialistische Regime und seine Claqueure in den gleichgeschalteten Parteimedien gemacht haben. »Glauben Sie mir, ich habe eine Antenne dafür, wann alle anfangen, gleich zu klingen«, herrschte mich einmal ein Leser aus Ostberlin an. Die weitgehend einhellige Meinung der Medien zur Flüchtlingspolitik der Merkel-Regierung erinnerte ihn an die Kritiklosigkeit der veröffentlichten Meinung, die in der DDR herrschte. Was der wütende Leser nicht bedachte, war, dass *die* Medien heute nicht auf Anweisung oder aus Angst, sondern aus Überzeugung schreiben, was sie schreiben. Natürlich kann man hinterfragen, wie diese Überzeugungen zustande kommen und warum die Kommentierung der Regierungspolitik in den vergangenen zehn Jahren weniger kritisch ausfiel als im Jahrzehnt davor.

Für einen guten Teil der Ostdeutschen haben sich diese Gleichheitserwartungen zwar erfüllt – zumeist für jene besser ausgebildeten, die den Osten verließen, um im Westen zu studieren. Dieser Braindrain führte den Zurückgebliebenen umso mehr vor Augen, dass sie nicht Schritt halten konnten. Die Folge: In den vergangenen drei Jahrzehnten hat sich die Erfolglosigkeit räumlich immer mehr konzentriert. Der klar überdurchschnittliche Teil des »abgehängten Prekariats«, also jener Anteil der deutschen Bevölkerung, der sein Schicksal beklagt, sich ungerecht behandelt und ohnmächtig fühlt, lebt im Osten: 33 Prozent. Er ist zwischen 2006 und 2017 um 13 Prozent gewachsen.[36] Diese Zurücklassungserfahrung könne eine regelrechte »Angst vor ethnischem Verschwinden« auslösen, so der Bulgare Ivan Krăstev. In vielen osteuropäischen Ländern stelle sich ein Gefühl der Tragik ein. »Aus Sicht ihrer Bewohner signalisiert die Ankunft von Migranten den Austritt aus der Geschichte, und das beliebte Argument, ein alterndes Europa sei auf Zuwanderer angewiesen, verstärkt nur die wachsende existenzielle Melancholie.«[37]

Nach der Wende erwartete der Westen im Grunde vom Osten, auf ein Tauschgeschäft zweier ungleicher Waren einzugehen: Geld gegen Zufriedenheit. Soli gegen Dankbarkeit. Aufbau Ost gegen Wertschätzung West. Heute scheint es fast so, als seien die Affekte der Liebenswürdigkeit aus den Novemberwochen 1989 gekippt in respektarme Selbstgerechtigkeit (West) und reflexionsarmen Zorn (Ost). Laut einer Umfrage des Meinungsforschungsinstituts Emnid vom Oktober 2018 hat sich aus Sicht von 38 Prozent der Ostdeutschen das Verhältnis zwischen den Menschen in den beiden Landesteilen seit der Wiedervereinigung nicht verbessert, 22 Prozent sagen, es habe sich sogar verschlechtert. Nur 33 Prozent der Ostdeutschen gaben an, die Menschen aus West und Ost seien sich nähergekommen. Eine Mehrheit der

Ostdeutschen (56 Prozent) wirft den Westdeutschen zudem Arroganz vor.

Bei den Westdeutschen ist das Stimmungsbild der Umfrage zufolge genau umgekehrt: 60 Prozent finden, dass sich Ost und West nähergekommen sind.[38] Was aus diesen Zahlen spricht, ist bestenfalls Unwissenheit, schlimmstenfalls Überheblichkeit. Das wundert kaum. Es waren schließlich keine westdeutschen Biografien und Narrative, die in den vergangenen dreißig Jahren auf der Resterampe der Geschichte landeten, sondern ostdeutsche.

Weder gibt es einen Gedenktag, der an die Helden der Friedlichen Revolution von 1989 erinnert, noch ein angemessenes Gedenken der Mauertoten. Und von den Leistungen der DDR-Volkswirtschaft hat es rein gar nichts ins kollektive Gedächtnis der Berliner Republik geschafft. Fragt man im Westen, wer der erste Deutsche im All war, bekommt man mit hoher Wahrscheinlichkeit die Antwort Ulf Merbold. Das ist falsch. Es war Sigmund Jähn aus dem Vogtland. Der NVA-Kosmonaut kreiste schon fünf Jahre vor Merbold im Orbit.

Die kulturelle Verkleinerung Ostdeutschlands ist das eine. Statt ihr entgegenzuwirken, kommt seit einiger Zeit noch eine Verteufelung hinzu. Was aus Ostdeutschland zunehmend ins Kollektivbewusstsein eingeht, sind Ereignisse wie die fremdenfeindlichen Ausschreitungen in Rostock-Lichtenhagen, Hoyerswerda und die Auftritte von Neonazis in Chemnitz. Nach den teilweise gewalttätigen Demonstrationen unter Beteiligung von Rechtsextremisten in Chemnitz titelte der *SPIEGEL* am 1. September 2018 »Sachsen – Wenn Rechte nach der Macht greifen«, mit einem halb in Fraktur und dadurch an die Nazizeit erinnernden Sachsenschriftzug. Der *SpiegelOnline*-Kolumnist Jakob Augstein twitterte:

»Vielleicht sollte man an der Autobahn Schilder aufstellen: ›Willkommen in SAchsen.‹« Gegenüber Sachsen müsse man als politisches Kollektiv Aussagen treffen können, »und die werden nie dem einzelnen gerecht«, rechtfertigte sich Augstein. Man stelle sich vor, er hätte dasselbe über Nordafrikaner gesagt.

Bei allem notwendigen und berechtigten Entsetzen über eine besonders starke extremistische und gewaltbereite Szene in Ostdeutschland sind es solche offensichtlichen Doppelstandards im Urteil, die die Spaltung zwischen Ost und West vertiefen und das Feindbild von der liberalen Elite nähren. »Ich habe doch damals (1989, JB) nicht meine Haut riskiert, um ein Bürger dritter Klasse zu werden«, sagte ein sächsischer AfD-Anhänger Ende 2018 der *New York Times*. »Erst kommen die Westdeutschen, dann kommen die Asylbewerber, dann kommen wir.«[39]

Ein weiterer Grund, warum die Wut in Ostdeutschland sich in den vergangenen Jahren derart scharf gegen einige Verantwortliche entladen hat, ist vermutlich schlicht der, dass dieses Zur-Verantwortung-Ziehen vier Jahrzehnte lang unmöglich war. In der DDR mussten die Bürger ihr Schicksal hinnehmen, es ließen sich nicht einmal immer klare Verantwortliche für die Staatsmisere ausmachen; sie war systemimmanent. In der Demokratie ist das nicht so. Steckt in der Aggression gegen viele Politiker und Medien also auch ein Anteil lange unterdrückte Wut, die sich ein Ventil sucht?

Wenn es eine Parallele zwischen der Bonner Republik 1968 und der Berliner Republik 2018 gibt, dann die, dass zwei Teile der Gesellschaft nie ein therapeutisches Gespräch miteinander gesucht haben, sondern den einfacheren Weg in die Stereotypbildung eingeschlagen haben. Auch aus diesem ungelösten Konflikt zieht die AfD heute ihre Stärke.

Nach 1989 war der Westen in Champagnerlaune. Was wir jetzt erleben, ist der Kater, der folgte. Eine weitere Grundspannung der Berliner Republik, neben der Ost-West-Spannung, entsteht dadurch, dass ein Teil des Landes noch weiterfeiern will. Es ist jenes politische Lager, das die gesellschaftliche Liberalisierung der vergangenen zwei Jahrzehnte ebenso bejubelte wie die wirtschaftliche Liberalisierung. Dabei hat dieses Lager übersehen, welchen sozialen Ungerechtigkeiten es damit Vorschub geleistet hat.

3. Das beste Deutschland aller Zeiten?
Die neue Verteilungsungerechtigkeit

Dass sie im besten Europa aller Zeiten leben, davon waren die meisten wohlhabenden Nachbarn des Grenfell Towers in London vermutlich bis zu dieser Sommernacht im Jahr 2017 überzeugt. Der Turm, ein 24-geschossiges Sozialwohnungshochhaus, stand mitten im reichen Stadtteil Kensington. Anders als die Villenbewohner um sie herum konnten sich seine Mieter allerdings nicht aussuchen, mit welchen Dämmmaterialien die Fassade ihres Zuhauses saniert werden sollte. Am 14. Juni 2017 brach ein Brand aus, der den Grenfell Tower in kürzester Zeit in eine regelrechte Fackel verwandelte. In dem Inferno kamen 72 Menschen ums Leben. Nach den Löscharbeiten hatte die Polizei Schwierigkeiten, die Toten zu identifizieren; nicht nur weil viele von ihnen bis zur Unkenntlichkeit verkohlt waren, sondern auch weil es sich oft um Migranten handelte, die nirgendwo registriert waren. Wie sich herausstellte, war das Dämmmaterial, mit dem das Hochhaus kurz zuvor neu isoliert worden war, nicht feuerfest. Die Verwaltung hätte weniger leicht entflammbare Baustoffe wählen können. Aus Kostengründen entschied sie sich aber für eine billigere Variante.[40]

Was in diesen heißen Sommertagen über der Silhouette Londons, einer der globalisiertesten Städte der Welt, glühte, war ein Fanal für die Ungleichheit, die mitten im reichen, angeblich sozial so gut abgesicherten Europa im 21. Jahrhundert herrscht. Es stimmt schon: Europa ist ein reicher Kontinent, und anders als in den USA bieten seine sozialstaatlichen Garantien den Bürgern einen gewissen Schutz vor rauem Wetter. Aber hat dieser Schutz sich im selben Maße entwickelt, wie die Risiken gewachsen sind?

Gerade die soziale Marktwirtschaft Deutschlands, so das Mantra seiner Spitzenpolitiker, stehe hervorragend da. »Den Menschen in Deutschland ging es noch nie so gut wie im Augenblick«, sagte Bundeskanzlerin Angela Merkel bei der Generaldebatte im Bundestag am 23. November 2016.

Wirft man einen herkömmlichen Blick auf die traditionellen Daten, dann stimmt das. Die Berliner Republik ist Boom-Country. Sie ist hinter den USA, China und Japan die viertgrößte Volkswirtschaft der Welt, das Bruttoinlandsprodukt wächst ebenso wie die Löhne und Gehälter, und die Arbeitslosenquote hat sich von rund 11 Prozent um den Jahrtausendwechsel herum auf heute gut 5 Prozent halbiert. Seit dem Jahr 2000 ist das Vermögen aller privaten deutschen Haushalte außerdem stark gestiegen, von 6,7 Billionen auf 11,7 Billionen Euro.[41]

Diese Zahlen sagen allerdings wenig über den tatsächlichen Wohlstand vieler Deutscher aus, weil sie erstens Armut kaschieren. Zweitens rechnen sie gestiegene Kosten, wie etwa höhere Mieten, auf der Ausgabenseite nicht ein. Ebenfalls nicht eingepreist ist die wachsende Zahl von Alleinlebenden und Alleinerziehenden, die auf einer Schulter das tragen müssen, was früher öfter auf zwei verteilt war. Noch weniger sagen die konventionellen Zahlen etwas aus über die Verteilung des Wohlbefindens, weil sie den Faktor des kulturellen Kapitals nicht berücksichtigen. Und rein gar nichts bezeugen sie davon, wie gerecht der wachsende Reichtum verteilt ist.

Für Armut, um mit ihr zu beginnen, ist in der Berliner Republik die Arbeitslosenquote nicht der richtige Indikator, denn: Es sind deutlich mehr Menschen arm, als arbeitslos gemeldet sind. Von den sechs Millionen Menschen, die Hartz IV beziehen, darauf weist der Präsident der Diakonie Deutschlands, Ulrich Lilie, hin, sei überhaupt nur ein Drittel arbeitslos gemeldet. Dazu kämen »600 000 Alleinerziehende, 1,2 Millionen Menschen, deren Einkommen als sogenannte Aufstocker nicht zum Leben reicht, und über 1,5 Millionen Kinder. (…) Das Frappierende: Wachsende Teile der Bevölkerung, die unter der Armutsgefährdungsgrenze leben, machen ihre Ansprüche auf Sozialleistungen erst gar nicht geltend« – sei es aus Scham, aus Stolz oder aus Unkenntnis.[42]

Was bedeutet »armutsgefährdet«? In diese Kategorie fällt, wer sich keine unerwarteten Ausgaben in Höhe von mindestens 985 Euro leisten kann. Das betraf nach Daten des Statistischen Bundesamts im Jahr 2016 21,3 Millionen Menschen in Deutschland. Dies entspricht gut 31 Prozent der Bundesbürger. Fast 4,9 Millionen Personen mussten darüber hinaus wegen ihrer bescheidenen materiellen Lage beim Essen sparen. Sie konnten sich allenfalls jeden zweiten Tag eine vollwertige Mahlzeit leisten. 12,8 Millionen Bundesbürger sahen sich nicht in der Lage, einen einwöchigen Urlaub außerhalb ihres Zuhauses zu finanzieren.[43]

Ein paar weitere Zahlen, die die traditionellen Indikatoren dafür, dass es Deutschland »noch nie so gut« ging, relativieren:

- Die reichsten 10 Prozent der Haushalte in Deutschland verfügen laut einer Studie der gewerkschaftsnahen Hans-Böckler-Stiftung über beinahe 60 Prozent des gesamten Nettohaushaltsvermögens. Dieser Wert liegt deutlich über dem Durchschnittswert aller OECD-Länder von 50 Prozent. Die untersten 20 Prozent in Deutschland besitzen demnach überhaupt kein Vermögen.[44]
- Der Anteil der Menschen mit Teilzeitstellen, Minijobs oder in Leiharbeit Beschäftigten an der Gesamtbeschäftigung befand sich ebenfalls laut einer Studie der Hans-Böckler-Stiftung im Jahr 2016 auf dem höchsten Stand seit 13 Jahren. »Unterm Strich lag die Quote bei rund 39,6 Prozent.«[45] Im Jahresdurchschnitt 2017 gab es allein gut eine Million Leiharbeitnehmer in Deutschland. Das entspricht 3 Prozent der Gesamtbeschäftigten.[46]
- Auch die Zahl der Beschäftigten mit einem befristeten Arbeitsvertrag hat im Jahr 2017 einen Höchststand erreicht. Nach Angaben des Nürnberger Instituts für Arbeitsmarkt- und Berufsforschung waren etwa

3,15 Millionen Menschen hierzulande befristet beschäftigt – also jeder Zwölfte der rund 38 Millionen Beschäftigten. Vor allem der öffentliche Dienst, also der Staat selbst, stellt junge Menschen befristet ein. Hier lag die Quote bei 44 Prozent.[47]

Deutschland geht es so gut wie nie, und die Arbeitgeber stellen so ängstlich neue Leute ein wie nie? Gerade junge Berufsanfänger, die diese Unsicherheit im Job am häufigsten trifft, fragen sich, wie das zusammenpasst. »Unsere Marktwirtschaft ist nicht mehr sozial. Das Bild, dass alles gut ist in Deutschland, stimmt nicht – wenn die Hälfte keine gute Arbeit hat«, bilanziert der Grundsatzreferent der SPD-Landtagsfraktion in Rheinland-Pfalz, Nils Heisterhagen.[48]

Die Hartz-IV-Reformen mögen bei ihrer Einführung im Jahr 2005 ein notwendiges Wecksignal für jene gewesen sein, die es sich in der vormals großzügigeren Arbeitslosenhilfe bequem gemacht hatten. Zuvor war der Abstand zwischen Arbeitslosenhilfe und Einstiegslohn bisweilen in der Tat zu klein. Aber der Wecker schrillt nun seit fast 15 Jahren. Das Resultat: Während die Anzahl der Arbeitslosen gesunken ist, entstand neben ihnen ein neues unteres Ende der Gesellschaft. Es besteht aus Millionen schlecht Bezahlten, atypisch Beschäftigten und erwerbsarmen Arbeitnehmern (»Working Poor«). Rechnet man diese Menschen aus der Summe der sicher Beschäftigten heraus, ergibt sich ein ganz anderes Bild als das einer wohlhabenden Gesellschaft mit lediglich 5 Prozent Arbeitslosigkeit. Dann sieht man ein Deutschland, das zwar immer reicher wird, in dem die Verteilungsschere aber immer weiter aufgeht.

Für die Sicherheit der einen, immer größere Stücke vom

wachsenden Kuchen abzubekommen, zahlen die anderen mit der Unsicherheit, wie sie ihre kleineren Stücke erhalten können.

Begünstigt wurde diese zunehmende Unwucht von der Steuerreform der rot-grünen Koalition unter Gerhard Schröder. Sie senkte den Spitzensteuersatz von 53 auf 42 Prozent. Dieser Spitzensatz greift bereits relativ früh, bei einem Jahreseinkommen ab 53 666 Euro. Lediglich bei sehr hohen Einkommen ab 250 730 Euro geht die »Reichensteuer« über diesen Satz hinaus, sie liegt dann bei 45 Prozent. Ein Facharbeiter zahlt also denselben Steuersatz wie ein Unternehmer, der das Vierfache verdient. Gleichzeitig stiegen zwischen 1998 und 2015 die indirekten Steuern, wie Mehrwert- oder Energiesteuern, um durchschnittlich 2,4 Prozent.[49] Unterm Strich wurden in der Berliner Republik also hohe Einkommen proportional entlastet und mittlere bis niedrige Einkommen proportional belastet.

Hinzu kommt eine soziale Mehrbelastung in den unteren Einkommensgruppen: Für viele Deutsche ist die Sicherung von Arbeit zur Zusatzarbeit geworden. Innerhalb von zehn Jahren nach Einführung der Hartz-IV-Reformen ist die Anzahl der Menschen in Deutschland, die mehr als einen Job haben, um eine Million gestiegen. Im März 2017 waren es laut Bundesagentur für Arbeit 3,2 Millionen.[50] Unsichere Beschäftigung hat nicht nur psychologische Folgen, sondern sie setzt die Betroffenen gegenüber jenen, die feste Jobs haben, ökonomisch zusätzlich zurück. Wer keinen unbefristeten Arbeitsvertrag bekommt, dem wird kaum ein Bankdarlehen gewährt. Das hindert gerade jüngere Menschen daran, sich eine eigene Wohnung zu kaufen. Sie sind gezwungen, ihr Geld für Miete aufzuwenden, statt es in Eigentum investieren zu können. Davon profitieren wiederum die, die schon Häuser und Wohnungen besitzen oder die das Barvermögen, das sie bereits angespart hatten, im Zuge der Eurokrise und des Zinsverfalls in Beton investiert haben.

Seit Mitte der 1990er-Jahre ist das Wohnen für untere Einkommensgruppen, gemessen am Anteil der Wohnausgaben am Einkommen, deutlich teurer geworden. Für höhere Einkommensgruppen wurde Wohnen hingegen relativ gesehen billiger. Betrug die Wohnkostenlast für das untere Fünftel der Einkommensbezieher 1993 noch 27 Prozent, waren es 2013 schon 39 Prozent. Für das obere Fünftel fiel die Belastung hingegen von 16 auf 14 Prozent.[51]

Kein Wunder, dass sich in einem Drittel der Bevölkerung Zukunftspessimismus breitmacht. Nur 36 Prozent der Deutschen glaubten im Jahr 2017, dass es der nächsten Generation einmal bessergehen wird als der ihrer Eltern.[52]

Im sozialen Sinne reich kann außerdem auch sein, wer einflussreich ist. Einen Teil der Deutungshoheit über Gut und Böse zu besitzen, ist eine Machtposition. Marxistisch gesprochen: Wer die Moral-Produktionsmittel besitzt, besitzt kulturelles Kapital. Das ist so lange kein Problem, wie dieses kulturelle Kapital einen Mehrwert produziert, der allen gesellschaftlichen Gruppen nutzt, wenn es viele Lebenswelten und Werte abbildet, ohne bestimmte herabzuwürdigen und damit tendenziell zu entwerten.

Wer kulturelles Kapital besitzt, kann die Kultur prägen. Der Kulturhistoriker Andreas Reckwitz glaubt, dass wir in Deutschland es in der »Spätmoderne« insofern wieder mit einer Klassengesellschaft zu tun haben. »Diese existiert jedoch nicht nur im engen materiellen Sinne, vielmehr handelt es sich auch und gerade um kulturelle Klassen: Neben den ungleich verteilten materiellen Ressourcen (Einkommen und Vermögen) unterscheiden sich die Klassen hinsichtlich ihrer Lebensstile und ihres kulturellen Kapitals grundsätzlich voneinander.«[53]

Die Deutschen, die dieses kulturelle Kapital besitzen – zum Beispiel Journalisten, Blogger, Satiriker –, wissen, wie sie sich in einer Mediendemokratie Aufmerksamkeit verschaffen und damit Ansichten beeinflussen. Sie können auch steuern, welche Ansichten weniger oder mehr wert sind – oder jedenfalls eher wert, zitiert und gehört zu werden. So musste beispielsweise im Spätsommer 2015 der Eindruck aufkommen, ganz Deutschland sei mit der Entscheidung von Angela Merkel, Asylsuchende an den deutschen Grenzen nicht zurückzuweisen, einverstanden, ja, sogar davon begeistert. Das Echo aller im Bundestag vertretenen Parteien und der allermeisten Medien, vom *ZDF* bis zur *Bild*, war zustimmend bis euphorisch-aktivistisch. Gleichzeitig stimmten aber in einer Umfrage der Forschungsgruppe Wahlen 40 Prozent der Befragten der Aussage zu, Deutschland könne eine so große Zahl an Schutzsuchenden nicht verkraften. Ungefähr 25 Millionen Deutsche, die so dachten, hatten also innerhalb des akzeptierten institutionellen Rahmens weder eine politische noch eine mediale Vertretung.[54]

Gerade die, die wegen ihrer wirtschaftlichen Lage Sorgen hatten, seien in dieser Zeit zu wenig gehört worden, so der Diakonie-Präsident Ulrich Lilie. Er zitiert aus einer von vielen ähnlich klingenden E-Mail, die er täglich erhalte: »Wir finden, dass Flüchtlinge dort bleiben sollten, wo sie herkommen. Warum wir dieser Meinung sind? Wir sind Rentner und erhalten nach 46 Jahren Arbeitszeit im Schnitt 1250 Euro

Rente. Netto. Unsere Mieten liegen aber zwischen 900 und 1000 Euro. Wir müssen uns alle etwas dazuverdienen, sonst hätten uns unsere Vermieter längst gekündigt. Ich bin seit über einem Jahr auf der Suche nach einer Sozialwohnung. Und immer, wenn ich dachte: Jetzt klappt es! setzt das Wohnungsamt mir irgendwelche Flüchtlinge vor die Nase.«[55] Diese Rentner sind nicht die einzigen, die Ungerechtigkeiten beklagen. Im Sommer 2016 sagten 62 Prozent der Deutschen, dass es in Deutschland nicht gerecht zugehe.[56]

Im Moment einer gefühlten Entsolidarisierung der Deutschen untereinander konnten die Unterprivilegierten besichtigen, wie sich viele mit jenen solidarisch zeigten, die gerade erst ins Land gekommen waren. So falsch es wäre, Schutzsuchenden diese Solidarität nicht entgegenzubringen, so falsch war es, diese Solidarität nicht früher und stärker gegenüber jenen Deutschen entdeckt zu haben, die sie ebenfalls benötigen. Jahrelang hatte man ihnen gesagt, es sei nicht mehr Geld für sie da. Als eine Million Flüchtlinge und Migranten nach Deutschland kamen, fanden sich plötzlich jede Menge Mittel.

Einem, der einen Ausgleich finden wollte, flog sofort der Vorwurf des Rassismus entgegen: Anfang 2018 beschloss der Chef der Essener Tafel, Jörg Sartor, keine ausländischen Neumitglieder mehr aufzunehmen. Sartor begründete den Schritt damit, dass er unter den Kunden, die kommen, um sich mit Lebensmittelspenden zu versorgen, ein ausgewogenes Verhältnis herstellen wollte, eines, das die Bevölkerung abbilde. Durch den Zuzug von Flüchtlingen sei der Anteil ausländischer Mitbürger unter seinen Kunden auf 75 Prozent angestiegen; zumal zeigten diese oftmals nicht dasselbe »Anstellverhalten« wie deutsche Kunden. Daher wolle die Tafel einen befristeten Aufnahmestopp für Nichtdeutsche verhängen.

Die Lieferwagen, mit denen die ehrenamtlichen Helfer Lebensmittelspenden abholen, wurden daraufhin mit dem Wort »Nazis« besprüht. Der stellvertretende SPD-Fraktionsvorsitzende im Bundestag, Karl Lauterbach, twitterte, der »Ausländerhass« sei nun sogar bei den Ärmsten angekommen. Und auch Kanzlerin Angela Merkel kritisierte die Entscheidung. »Da sollte man nicht solche Kategorisierungen vornehmen«, sagte sie in einem Fernsehinterview.[57]

Böse Absichten waren schnell unterstellt, Ideen für eine gute Lösung hingegen kamen von der Bundesregierung keine. Wenn es darum geht, wie man knappe Güter möglichst gerecht an eine möglichst große Zahl von Bezugsberechtigten verteilt, sollte man eigentlich gerade von Sozialdemokraten Antworten darauf erwarten, wie sie es anstellen würden. Und von der Regierungschefin des reichsten Landes Europas wäre eine Antwort auf die Frage angemessener gewesen, warum Menschen in Deutschland überhaupt um abgelaufene Lebensmittel streiten müssen, warum sie Pfandflaschen aus Mülleimern klauben müssen, warum eine Rente nach vierzig Jahren Arbeit nicht zum Leben reicht – und wie es andererseits sein kann, dass Manager Vergütungen bekommen, die nur als grob unverhältnismäßig zu bezeichnen sind.

Die Bonuszahlungen bei der Deutschen Bank, einem Geldhaus, das während der Finanzkrise mit faulen Derivaten neun Milliarden Euro verbrannt hatte, vervierfachten sich von 2016 auf 2017 auf 2,275 Milliarden Euro.[58] Bei der Deutschen Post verdient ein Vorstandsmitglied 159-mal so viel wie ein normaler Mitarbeiter, der Vorstandschef sogar das 232-fache.[59] So viel mehr, so viel besser, so viel wertvoller als ein Postbote kann ein Topmanager wohl kaum arbeiten.

4. Weil es so einfach ist
Identitäten als Ersatzschlacht

Die soziale Frage ist also zurück in Deutschland oder, um einen Slogan aus Bill Clintons Wahlkampagne von 1992 abzuwandeln: *It's the globalized economy, stupid!*[60] Gerade für die politische Linke wäre die Situation eine Steilvorlage, um mit einer neuen Politik des Ausgleichs aufzuwarten. Diese Chance hat sie bislang nicht ausreichend genutzt. Stattdessen hat sie sich umso ehrgeiziger auf einem neuen Spielfeld warmgelaufen: auf dem der Identitätspolitik.

Was ist damit gemeint? In einer immer diverser werdenden Gesellschaft besteht fraglos ein Interesse daran, Minderheiten einzubinden und ihnen das Gefühl zu geben, unabhängig von ihrer Hautfarbe oder sexuellen Orientierung Teil des Landes zu sein. Zugleich liegt eine Gefahr darin, Menschen als Vertreter einer bestimmten Ethnie, einer bestimmten Herkunft (»Migrationshintergrund«) oder einer Gruppe (»LGTBQ-Community«) anzusprechen statt schlicht als Bürger. Diese Gefahr besteht darin, dass das berechtigte Gehör in die Überbetonung der Interessen einer Gruppe kippen kann, in der bei genauerer Betrachtung längst nicht jeder unterprivilegiert ist, während sich andere Bevölkerungsgruppen, in der es ebenfalls Unterprivilegierte gibt, nicht mehr in angemessenem Maße wahrgenommen fühlen. Im schlechtesten Fall werden Merkmale wie Geschlecht, Hautfarbe oder Herkunft, die ebenso wenig zur Diskriminierung wie zur Bevorrechtung Anlass geben sollten, als politische Trumpfkarte ausgespielt. Dies wiederum kann andere Gruppen (»alte weiße Männer«) provozieren, ihre eigene Identitätskarte auszuspielen.

Am Ende stehen sich Bevölkerungsgruppen wegen exakt solcher Eigenschaften immer unversöhnlicher gegenüber, wie sie in einer aufgeklärten Gesellschaft eigentlich immer weniger Bedeutung haben sollten. Die persönliche Identität überlagert dann sogar gemeinsame Interessen. Den dunkelhäutigen Fließbandarbeiter verbindet politisch zum Beispiel viel mehr mit dem weißen Maurergesellen als mit dem indischstämmigen Börsenmakler, und die lesbische Bäuerin hat womöglich viel mehr politische Überzeugungen mit dem konservativen CDU-Landtagsabgeordneten gemein als mit der bisexuellen Journalistin.

Der amerikanische Politikwissenschaftler Mark Lilla glaubt, die Identitätspolitik von Hillary Clinton habe einiges zum Wahlsieg von Donald Trump beigetragen. Wenn man schon Gruppen anspreche, dann solle man alle Gruppen ansprechen, also auch die weiße Arbeiterklasse. Dies blieb am Ende jedoch den Populisten überlassen. Die Fixierung auf Diversität habe eine ganze Generation von Linken »narzisstisch-unaufmerksam gemacht für die Bedingungen außerhalb ihrer selbstdefinierten Gruppen«.[61]

Lilla, selbst ein Mitglied der Demokratischen Partei, hält es für das größte Versagen der Linken, den Vereinigten Staaten nach dem Individualismus-Hype der Reagan-Ära keine frische Vision von einem gemeinsamen Schicksal des Landes angeboten zu haben. Sie hätte beispielsweise fragen können, was es für den sozialen Zusammenhalt bedeuten muss, wenn das reichste 1 Prozent der Amerikaner seinen Anteil am Nationaleinkommen zwischen 1980 und 2014 fast verdoppelt hat, von 11 auf 20 Prozent.[62]

»Stattdessen haben sie sich der Bewegung der Identitätspolitik verschrieben und dabei den Sinn dafür verloren, was wir als Bürger teilen und was uns als Nation ausmacht«, schreibt Lilla in seinem Buch *The Once and Future Liberal*. Das Ergebnis, so der Columbia-Professor, seien ein »Raum voller Studenten, die einander argwöhnisch beäugen«, und Bürger, die nicht mehr fragten, was sie für ihr Land tun könnten, sondern was das Land ihnen auf Grundlage ihrer Identität schulde.[63]

Auch die deutsche Linke – SPD, Grüne und Linkspartei – ist der Versuchung der Identitätspolitik erlegen. Vor lauter Suche nach ihrer Zukunftsfähigkeit und aus einer klaustrophobischen Panik eines immer enger werdenden politischen Raumes heraus haben viele das Gespür dafür eingebüßt, was direkt vor ihren Augen liegt.

Die Wirklichkeit der Berliner Republik schreit förmlich nach modernisierten linken Ideen. Wie kann ein gerechter Globalismus, ein fairer Freihandel aussehen, und zwar nicht nur für den Süden der Welt, sondern auch für die alleinerziehende Mutter in Bottrop? Welche Perspektiven haben Arbeiter, deren Jobs im Zuge der Automatisierung und Digitalisierung zu verschwinden drohen? Wie sollen Einwanderer, die nicht einmal Deutsch-Grundlagen mitbringen, es schaffen, sich in Gesellschaften zu integrieren, deren rasanten Wandel selbst Einheimische als Anstrengung empfinden?

Dass trotzdem gerade die Sozialdemokraten bei der Gegenwartsanalyse schwach sind, könnte daran liegen, dass eine ehrliche Lageeinschätzung bedeuten würde, sich die programmatischen Widersprüche einzugestehen, in die sie sich in den vergangenen 25 Jahren hineinmanövriert haben. Dabei handelt es sich um Widersprüche, die die Kernversprechen der Sozialdemokratie berühren.

Man kann, so der erste Widerspruch, nicht gleichzeitig eine Welt der offenen Grenzen und den gewohnten Sozialstaat propagieren. Und man kann, zweitens, nicht immer mehr Supranationalismus bauen, ohne dabei die nationale Demokratie einzuschränken.

Statt diese Widersprüche offen einzugestehen und nach Versöhnungslösungen zu suchen, hat sich die Sozialdemokratie zunehmend auf ein anderes Feld verlegt, auf das der moralischen Ausgleichspolitik. Das Ergebnis war eine Haltung, die sich einzugestehen verständlicherweise schwerfällt, denn sie erscheint paradox: kosmopolitische Engstirnigkeit.

Die verschwiegenen Demokratieverluste und die neue Entfremdung

Zur Ehrlichkeit würde zunächst das Anerkenntnis vieler Sozialdemokraten und Linker gehören, eben jenen Wandel mitgeschaffen zu haben, der neue Konfliktlinien produzierte. Nach 1989 waren eben nicht nur Neokonservative und Neoliberale ergriffen vom Optimismus des »Endes der Geschichte«, vom vermeintlich endgültigen Sieg der Demokratie und der Marktwirtschaft. Auch die meisten Linken waren überzeugt davon, dass die Stunde der Überwindung des Nationalstaats gekommen sei. Beispielhaft dafür steht das Argument des damaligen demokratischen US-Präsidenten Bill Clinton zur Aufnahme Chinas in die Welthandelsorganisation (WTO): »Globalisierung ist nichts, was wir an- oder abschalten könnten. Sie ist das ökonomische Äquivalent einer Naturgewalt, wie Wind oder Wasser.«[64] Das mag im Grundsatz stimmen. Doch eines wollten sich gerade Linke nicht eingestehen: Im selben Augenblick, in dem die Demokratie sich auf immer mehr Nationen ausbreitete, setzten innerhalb dieser Nationen auch Demokratieverluste ein. Genau dies haben die Gläubigen in Washington, Brüssel, Berlin und Davos nie wahrhaben wollen, obwohl die *Somewheres* in den hinteren Rängen bald anfingen, es zu raunen.

Es mag mit einer marxistisch beeinflussten Sicht auf den Fortschritt der Geschichte zu tun haben, dass Sozialdemokraten die Illusion besonders kämpferisch verbreiteten, man könne wirtschaftliche Globalisierung und Europäisierung sowie Demokratisierung gleichzeitig voranbringen. Das ist offenkundig falsch, denn sich der WTO und der EU anzuschließen, bedeutet, Entscheidungsmacht abzugeben, und zwar auf demokratisch gar nicht oder höchstens schwach legitimierte Entscheider.

Der Harvard-Ökonom Dani Rodrik spricht vom »politischen Trilemma« der Weltwirtschaft. Gesellschaften müssten zwangsläufig zwischen Globalisierung, Demokratie und Souveränität wählen. Alle drei seien niemals im selben Grad zu verwirklichen. Rodrik wirft Europas Sozialdemokraten vor, dieses Tauschgeschäft geleugnet zu haben: »Als das französische Parlament 2012 Europas neuen Fiskalpakt debattierte, wies die sozialistische Regierung des Landes vehement die Vorstellung zurück, dass die Ratifizierung des Vertrags die französische Souveränität unterminieren würde.«[65] Die Antwort auf jedwede Krise Europas lautete zuverlässig: mehr Europa. »Die Staatsgewalt geht vom Volke aus, aber wo geht sie hin?«, fragte Bertolt Brecht einmal. Die Frage stellt sich heute drängender denn je.

So ist durchaus verständlich, dass sich bei vielen traditionell sozialdemokratischen Wählern jener Eindruck verfestigte, den der Franzose Didier Eribon in seinem Buch *Rückkehr nach Reims* vor dem Hintergrund des nach rechts geschwenkten Wahlverhaltens in seiner Heimatstadt beschreibt: Nicht die Arbeiter aller Länder vereinigten sich, sondern die Eliten.

Natürlich war der Neoliberalismus kein Neoübel. Der Welt geht es heute nach vielen wirtschaftlichen und sozialen Parametern deutlich besser als 1989. Die entscheidende Frage für Sozialdemokraten aber hätte doch lauten müssen: Wem hat die Davosierung der Welt, proportional betrachtet, *mehr* genutzt – Wirtschaftskapitänen oder dem typischen sozialdemokratischen Wähler?

Mittlerweile ist die Antwort leider klar. Mit Beginn des 21. Jahrhunderts wurden Gewinne immer stärker nach oben verteilt, die Risiken nach unten. Die Globalisierung hat dadurch früh zur Prekarisierung vieler Arbeitsplätze geführt – vom Minijobber im Hotel über den scheinselbstständigen Paketzusteller bis zur Ryanair-Pilotin, die über eine Zwischenagentur angestellt ist, damit bei ihr weder Krankheits- noch Kündigungsschutz greifen.

Würde Karl Marx heute leben, würde er vermutlich hier die Entfremdung des Arbeiters von seinem Werk sehen: Die Globalisierung hat, wie einst die Industrialisierung, dazu geführt, dass immer mehr Arbeitnehmer dafür eingesetzt werden, ihre Arbeitgeber reicher zu machen, oft auf Kosten ihrer wirtschaftlichen und damit auch ihrer sozialen Sicherheit.

Doch statt als Linke diese Gelegenheit zu nutzen, für eine Neo-Emanzipation des Arbeiters oder heute vermehrt: des Dienstleisters zu streiten, verlegte sich die SPD darauf, enttäuschte Anhänger oder solche, die Fragen nach der Gerechtigkeit stellen, moralisch zu diskreditieren. Der »besorgte Bürger« wurde zum Synonym für »rechts«, und »rechts« wurde zum Synonym für »rassistisch«.

Sigmar Gabriel hatte bei seiner Antrittsrede als Parteivorsitzender 2009 noch gesagt, die SPD müsse dorthin gehen, »wo es brodelt, riecht und stinkt«. Stattdessen kehrte die SPD genau dem Milieu, das er meinte, nicht nur den Rücken, sondern fing auch noch an, Teile von ihm zu diffamieren. Der stellvertretende SPD-Bundesvorsitzende Ralf Stegner, der durch besonders schnelle Vorwürfe des Rechtsradikalismus auffällt, erarbeitete sich im Internet nicht zu Unrecht den Beinamen »Pöbelralle«.

Durch diesen Rigorismus beging die deutsche Sozialdemokratie einen ähnlichen Fehler wie die amerikanische Linke. **Sie suchte ihr Heil in der Abgrenzung zu allem Nicht-Linken statt in der Suche nach dem Auch-Linken.** Diese völlig unnötige Grobzeichnung des Meinungsspektrums provozierte Grobheit als Antwort: Bei der Landtagswahl in Nordrhein-Westfalen 2017 wanderten mehr Wähler von der SPD zur AfD als von der CDU zur AfD.

Die potenziell versöhnenden Fragen liegen auf der Hand: Wie kann Sozialdemokratie in einem entgrenzten und automatisierten Wirtschaftsraum funktionieren, in dem ein fahrerloser Lkw Waren in einen kassiererlosen Supermarkt schafft, während der steuerfinanzierte Staat immer stärker werden müsste, um Steuerflüchtlinge aufzuhalten und politische Flüchtlinge zu integrieren? Ist die Automatisierung automatisch schlecht für viele Arbeitnehmer, oder öffnet sie nicht vielleicht auch die Chance für bessere, erfüllendere Jobs? Und wenn dem so ist, sollte man dann vielleicht Supermarktketten, die ihre Registrierkassen abschaffen wollen, gesetzlich verpflichten, ihren Angestellten Weiterbildungen anzubieten? Warum sollten Arbeitnehmer nicht die ersten und natürlichen Aktionäre ihrer Firmen sein? Und wenn in Deutschland 1,2 Millionen Stellen, gerade für Facharbeiter, unbesetzt sind[66], müsste es dann nicht Ziel gerade einer sozialdemokratischen Politik sein, die Ausbildungschancen so zu gestalten, dass möglichst viele junge Leute in diese Stellen hineinbefördert werden können? Dies kann und soll selbstverständlich Migranten einschließen. Aber zu behaupten, es brauche Migration, um diese Lücke zu schließen, bedeutet auch, den Arbeitsmarkt in seiner jetzigen Form mit Working Poor und Prekariatsphänomen tendenziell zu festigen.

Nicht nur die Linke ist der Verlockung erlegen, von der moralischen Anhöhe aus übers Land zu posaunen statt im republikanischen Weingarten zu ackern. Sowohl die AfD wie auch Teile der CSU versuchen, Wähler bei ihrer Identität zu packen statt bei ihren Interessen. Die demonstrative Putin-freundlichkeit weiter Teile der AfD mag Spätaussiedler ansprechen und solche Wähler, die Europa als verweichlicht und durchsetzungsschwach begreifen. Aber wie kann jemand, der gegen die Aufnahme von Flüchtlingen ist, empathisch mit einem Mann wie Wladimir Putin sein, der durch seine Kriegsverbrechen in Syrien immer mehr Flüchtlinge schafft?

Die CSU währenddessen verteidigt gerade nicht, wie sie behauptete, das aufgeklärte Abendland, wenn sie anordnet, im Eingangsbereich jeder bayerischen Behörde ein Kruzifix aufzuhängen. Zu den kulturellen Errungenschaften Europas schließlich gehört die Erkenntnis, dass der Staat bestimmte Glaubensrichtungen weder privilegieren noch Andersgläubige ausgrenzen darf. Das Gewaltmonopol verträgt sich nicht mit dem Regierungsbekenntnis zu einer Religion – es sei denn, man hält Iran, Pakistan oder Saudi-Arabien für Staatsmodelle, von denen Deutschland etwas lernen sollte.

Vielleicht gab es nach den zähen, zahlenschwangeren Diskussionen um Schröders Reformagenda in der Frühphase der Berliner Republik eine Sehnsucht nach politischer Leidenschaft und Emotion. Vielleicht gab es nach der schulmeisterlichen Strenge, mit der Deutschland während der Eurokrise gegenüber seinen Nachbarn auftrat, auch das Bedürfnis, ein anderes, freundlicheres Gesicht zu zeigen. Vielleicht herrscht im Netflix-Zeitalter der immer ausgeklügelteren und omnipräsenten Unterhaltung auch eine wachsende Erwartung an die Politik, emotionalere Plots und menschlich bewegendere Motive zu liefern. Vielleicht kommt auch alles zusammen. Jedenfalls haben in der Berliner Republik Fragen, bei denen es um Drama statt um die Sache geht, eine gefährliche Konjunktur bekommen.

Was ganz sicher dazu beigetragen hat, dass weiche Themen mit einer lange nicht dagewesenen Härte gespielt werden, ist die Revolution, die die sozialen Netzwerke gebracht hat. Emotionen zu äußern, ist in 280 Zeichen deutlich einfacher, als ein Argument zu formulieren. Gefühle müssen schließlich nicht verstanden werden, damit man sie weiterklickt.

5. Follow me
Die Berliner Twitter-Republik

Am 30. September 2018 um 19.11 Uhr setzte die Berliner Staatssekretärin Sawsan Chebli einen Tweet ab, der vielleicht am treffendsten den Erregungszustand erklärt, in den sich die Berliner Republik versetzt hat, seit sie online gegangen ist. »Wer eine Mutter hat, der das Kopftuch vom Kopf gerissen wird, Schwestern u. Nichten, die angepöbelt und angegriffen werden oder selbst ständig Drohungen von Rechtsradikalen bekommt, der kann sich den Luxus Ihrer Differenzierung nicht leisten.«

Chebli, Tochter palästinensischer Zuwanderer, reagierte damit auf einen Tweet des FDP-Vorsitzenden Christian Lindner. Der hatte sich darüber beklagt, dass die SPD-Staatssekretärin eines seiner Interviews in undifferenzierter Weise kritisiert hatte. Chebli hatte Lindner in einem vorherigen Tweet »widerliches Kuscheln mit der AfD« vorgeworfen. Tatsächlich hatte der FDP-Chef in dem Interview zweierlei getan; er hatte dafür plädiert, noch nicht radikalisierte AfD-Wähler für andere Parteien zurückzugewinnen und, zweitens, Koalitionen mit der AfD strikt abzulehnen.[67]

Emotional ist Cheblis Reaktion einigermaßen verständlich. Wer wäre nicht aufgekratzt und wütend, wenn er ständig Angriffe und Verleumdungen über sich und seine Angehörigen ergehen lassen müsste? Aber gerade wegen ihrer Wut sind Opfer schlechte Richter. Wie für eine gerechte Justiz braucht es auch für eine zielführende öffentliche Debatte eine neutrale Instanz, die die Dinge aus mehreren Blickwinkeln heraus betrachtet und am Ende zu einem angemessenen Urteil verhilft. In Talkshows sind dies idealerweise die Moderatoren, in den Zeitungen und Sendern sind es Redakteure, die (auch idealerweise) kein Eigeninteresse verfolgen und sich mit eigenen Meinungen zurückhalten.

Die Twitterisierung des Landes hat eine Diskursbühne geschaffen, auf der dieser entemotionalisierende Filter komplett fehlt. Sicher, die Dauerdebattenmaschine Twitter ist einerseits ein Emanzipationsgewinn für die Bürger. Sie sind nicht mehr darauf angewiesen, dass ihre Ansichten von Journalisten bemerkt, übersetzt und multipliziert werden. Stattdessen können sie sich selbst Gehör verschaffen, und viele tun dies recht erfolgreich. Bloß, genau deswegen ist der Begriff »soziale Medien« vollkommen falsch. Facebook, Twitter oder Instagram sind eben keine Medien. Da wird nichts vermittelt, da äußern sich Millionen unmittelbar.

Eben deshalb handelt es sich bei der digitalen Revolution um eine soziale Revolution, ähnlich wie die Erfindung des Buchdrucks eine war. Der Filter, den die Gutenberg-Bibel aus der Gesellschaft zog, war der zwischen der Heiligen Schrift und ihrer klerikalen Interpretation. Plötzlich konnten die Gläubigen selbst lesen, was geschrieben stand, sie waren nicht mehr auf die Deutungen ihrer Priester angewiesen.

Danach war nichts mehr wie zuvor. Die Aufklärung, das kritische Hinterfragen von Dogmen mit dem Mittel der Vernunft, hatte begonnen.

Leider droht, und das ist ihre zivilisatorische Minusbilanz, die Twitter-Revolution diese Errungenschaft gerade wieder ein wenig zurückzudrehen. Denn neben der willkommenen Belebung der Debatte hat Twitter die Berliner Republik tribunalisiert und tribalisiert. Emotionale Anschuldigungen haben sich als die effizientere Währung im Vergleich zur kühlen Vernunft erwiesen, und was richtig oder falsch ist, bestimmt sich, ein wenig wie in den Kirchen des Mittelalters, zunehmend wieder danach, wer etwas sagt, statt danach, ob es zutrifft. Twitter sortiert Deutschland in unguter Weise nach Meinungsstämmen und politischen Konfessionen, die sich scheinbar unversöhnlich gegenüberstehen. Das letztlich antimoderne Twitter-Erfolgsrezept funktioniert vielmehr so: Als richtig gilt, was Aufmerksamkeit bekommt. Aufmerksamkeit bekommen am ehesten Emotionen, die wiederum Emotionen auslösen. Durch dieses Belohnungssystem werden Gefühle zum Merkmal von Richtigkeit veredelt. Das ist antiaufklärerisch.

Dabei kam die Berliner Republik spät zur Twitter-Party. Womöglich hat es mit einer Reserviertheit vieler Deutscher gegenüber neuen Techniken zu tun, dass sie vergleichsweise zögerlich waren, sich in die Online-Öffentlichkeit zu begeben. Während in den Vereinigten Staaten und Großbritannien Ende 2017 deutliche Mehrheiten der Bevölkerung soziale Netzwerke nutzten (71 und 66 Prozent), tat es in Deutschland noch eine Minderheit, 46 Prozent.[68]

Dieses Späterkommen hätte ein Segen sein können, hätten sich die Deutschen genauer angesehen, wie es auf dieser

Party zugehen kann. Von manchen Räumen wären sie vielleicht schockiert gewesen, weil sie zu den reinsten Brüllhöllen verkommen waren.

Twitter ist die ideale Exzesskammer, denn es kombiniert menschliche Distanz und emotionale Hitze. Nichts von dem, was sich die User an die Köpfe werfen, müssen sie sich ins Gesicht sagen. Es fehlt das Korrektiv des natürlichen Respektes, der bei realen Begegnungen herrscht, zumal dann, wenn User sich anonyme Avatare zulegen, statt mit ihrem Klarnamen aufzutreten. Auf diese Weise verstärken Twitter und Facebook den atavistischen Impuls, den Gegner zu dehumanisieren oder dem Andersdenkenden zumindest niedrige Motive zu unterstellen. Das Perfide der neuen Debattengesetze: Wer dieses Geschäft besonders skrupellos betreibt, wird nicht etwa mit Ächtung bestraft, sondern mit Aufmerksamkeit belohnt. Auf diese Weise werden nicht nur die sensationellsten Fake News besonders gehypt und verbreitet, sondern es bekommen plötzlich politische Kandidaten eine Chance, die es am besten verstehen, den Bauch eines Landes zu bedienen. Donald Trump ist der berühmteste von ihnen.

Die *CBS*-Sendung *60 Minutes* berichtete Anfang 2017, dass in den Tagen vor der US-Präsidentenwahl im Bundesstaat Michigan die Hälfte aller Informationen, die über soziale Netzwerke verbreitet wurden, absichtliche Falschdarstellungen waren.[69] Wenn Wahlen de facto zu einem *race to the bottom* werden, zu einem Wettbewerb um den übelsten Stil, gewinnt natürlich der, der beim Niveau-Limbo am tiefsten tanzt. Der US-Wahlkampf 2016 markierte den bisherigen Tiefpunkt der neuen Jeder-gegen-jeden-Debattenkultur. Fast konnte man den Eindruck bekommen, dass die USA nach dem Sieg im

Kalten Krieg und dem ruhmlosen Ende des *War on Terror* ein neues Feindbild brauchten und dass die Amerikaner diesen Feind im jeweils anders denkenden Amerikaner fanden.

»Scheinbar über Nacht haben wir uns nicht mehr über das grenzenlose Streben eines freien Volkes definiert, sondern durch unsere Sorgen, unsere Ressentiments und unseren kleinsten gemeinsamen Nenner«, schreibt Jeff Flake, ein republikanischer Senator und Dissident, der glaubt, seine Partei habe in einer Art faustischem Handel ihre Seele an Trump verkauft, um wieder regieren zu können. Aber warum haben die Republikaner das getan? Flake sieht auch in der Funktionsweise der sozialen Netzwerke einen Grund dafür. »Wir haben es getan, weil es einfach und billig war, weil die echte Welt schwierig ist und weil es noch schwieriger ist, gegenüber den Wählern eine prinzipiengeleitete Position zu verteidigen. (…) Es ist, als ob wir als politische Kultur eine unwiderstehliche morbide Neugier darauf hätten zu sehen, wie schlecht genau wir seien können – ein Drängen ins Extreme, nur um zu sehen, wie es da ist.«[70]

Donald Trump war vielleicht der erste Präsident der USA, der sein Amt nicht mit einem Teil der Medien gewann, sondern gegen fast alle. Er brauchte sie nicht mehr, weil seine Follower-Zahl auf Twitter die Reichweite der meisten Medien bei Weitem überstieg. Für 70 Prozent der US-Amerikaner ist ihr Facebook-Konto die wichtigste Informationsquelle geworden – und was dort aufläuft, ist eben nicht von Redakteuren gefiltert, die ein wirtschaftliches Interesse an Glaubwürdigkeit haben, sondern von Algorithmen, die auf Erregungs-Erregung programmiert sind. Mark Zuckerbergs Geschäftsmodell beruht nicht auf der Qualität der Facebook-Inhalte, sondern auf der reinen Quantität der Zugriffe. Und natürlich gilt immer noch, was der Satiriker Jonathan Swift schon 1710 gesagt haben soll: »Die Lüge fliegt, und die Wahrheit humpelt ihr hinterher.« Kurzum, ein Nichtmedium hat in Amerika die Funktion des Hauptmediums übernommen.

Die Berliner Republik scheint besser imprägniert zu sein gegen solche Bullshitstorms. Ihre nationale Presselandschaft ist vielfältiger, der öffentlich-rechtliche Rundfunk fristet kein Nischendasein, und die Medienkompetenz der Bevölkerung ist besser ausgebildet als in den USA. Allerdings: Was sowohl die Geschichte des Trump-Erfolges wie auch des Brexit-Votums zeigen, ist, dass soziale Netzwerke dann ihre volle polarisierende und destruktive Kraft entfalten, wenn Nationen vor fundamentalen Entscheidungen stehen. In Deutschland steht – jedenfalls erkennbar – momentan keine solche Entscheidung an. Vielmehr liegt sie mit dem Entschluss von Angela Merkel, die Grenzen für Flüchtlinge offen gehalten zu haben und so über eine Million Flüchtlinge und Migranten ins Land zu lassen, gerade hinter uns.

Die Masseneinwanderung der Deutschen in die sozialen Netzwerke fand ungefähr zur selben Zeit statt, als die Massenmigration nach Europa begann. Erst seit 2014/2015 kann sich kein Journalist mehr erlauben, Twitter-Debatten zu ignorieren. Die Deutschen lernten sich, anders als Amerikaner und Briten (bei ihnen war es das Brexit-Referendum) als Twitter-Wesen also nicht im Anlauf zu einem prägenden Ereignis kennen, sondern erst in dessen Nachbereitung. Das war natürlich trotzdem noch ein Zeitpunkt, zu dem die meisten ziemlich aufgebracht waren. Die Deutschen betraten die Twitter-Bühne als Streithähne mit enormem Sendungsstau. Das führte zur einer Art Supernova-Effekt: In dem historischen Moment, in dem die Deutschen mehr Vertrauen zueinander hätten aufbringen müssen als je zuvor, stoben sie auseinander.

Weil es außerdem recht schnell eng wurde auf der Twitter-Bühne, haben sich die Gesetze der Aufmerksamkeitsökonomie radikal verändert. Die Zahl der Menschen, die um Gehör buhlen – als Teilnehmer von Debatten auf Twitter oder Facebook oder als Diskutanten in den Kommentarbereichen vieler Online-Medien –, hat immens zugenommen. Beachtung wird ein immer knapperes Gut – und dadurch eine immer wichtigere Währung. In der Vor-Online-Zeit musste man noch nicht so laut schreien, um gehört zu werden, denn der Chor derer, die sich öffentlich äußerten, war wesentlich kleiner. Das neue Prinzip »Je lauter, desto klick« führt zu einer Überbeachtung von marktschreierischen Charakteren und Krawallprofis.

Leise, kluge Zwischentöne haben dort nicht nur eine relativ schlechtere Chance, wahrgenommen zu werden, sie gelten auch nicht mehr so viel. Stumpf ist leider Trumpf. Gefühl klickt besser als Faktum. Persönlicher Angriff erregt mehr als sachliche Auseinandersetzung. Und der Kontext, das sind auch immer die Follower des Absenders; zu welchem Stamm gehört dieser oder jener Nutzer? Zum linken oder zum rechten? Zu den »Merkel-Freunden« oder zu den »AfD-Hetzern«? Die Größen- und Bedeutungsverteilung auf Twitter ähnelt einem Schreibtisch: Der Raum zwischen den Schubladen ist schmal. Weil auf Twitter zudem in der Kürze die Würze liegt, sind auch die Deutschen gerade dabei, sich ihre Debattenkultur zu versalzen.

Am 29. August 2018 twitterte beispielsweise die Radiomoderatorin Sophie Passmann, die die beachtliche Zahl von gut

50 000 Followern hat: »Jeder Deutsche, der sich nicht ausdrücklich von den Nazis in Sachsen distanziert, macht sich verdächtig!«

Diese Äußerung ist nüchtern betrachtet schwer zustimmungsfähig, denn die Forderung verlangt von jedem Deutschen, eine ungefährliche Gesinnung zu beweisen. Eine solche Forderung kann man aufstellen, sie beweist allerdings ein tief misstrauisches Menschenbild, sie spaltet die Gesellschaft in Schwarz und Weiß und ist strukturell nichts anderes als die Haltung, jeden Muslim für verdächtig zu halten, der sich nicht vom militanten Islamismus distanziert. Gleichwohl bekam Passmanns Tweet über 2000 »Gefällt mir«-Klicks, das sind außergewöhnlich viele. Warum? Sie hatte den Tweet in eine Stimmung hineinplatziert, in der die Empörung über die Aufmärsche und Straftaten von Rechtsradikalen in Chemnitz einen Höhepunkt erreicht hatte. So holte Passmann eine Menge User bei ihrem nachvollziehbaren Bedürfnis ab, sich angesichts der unsäglichen Bilder und Parolen Luft zu machen.

Trotzdem, wer veröffentlicht, hat eine Verantwortung, erst recht wenn er oder sie viele Follower hat. Er setzt damit die nächste Stimmung, sprich eine Weiche, wohin die Debatte läuft. Publizistische Verantwortung bedeutet in der Regel, eine Eskalationsspirale zu stoppen, auch und gerade wenn man sich auf der richtigen Seite glaubt. Für Selbstreflexion, Zwischentöne und Moderation bietet Twitter aber wenig Anreiz.

Die Schriftstellerin Eva Menasse warnte im Spätsommer 2018 davor, dass wir die Folgen des Internets »auf unsere Psyche, auf unsere Wahrnehmung, auf unser Verhalten genauso wenig einschätzen können wie die Folgen von neuen Medikamenten oder von Gentechnik in Medizin und Landwirtschaft. Anders als bei Pharmazie und Gentechnik haben wir aber kein Problembewusstsein dafür.«[71]

Das stimmt nur halb. Vor allem amerikanische Wissenschaftler warnten schon Mitte der 2000er-Jahre davor, dass das Internet zu einer Gruppenpolarisation beitragen könne. Der amerikanische Internet-Pionier Jaron Lanier beschreibt in seinem Buch *Zehn Gründe, warum du deine Social Media Accounts sofort löschen musst*, dass die Gründer des Social-Network-Imperiums recht genau wussten, was sie taten – und wollten. Er zitiert unter anderem den ersten Präsidenten von Facebook, Sean Parker: »Wir müssen dir sozusagen ab und zu einen kleinen Dopamin-Kick verpassen, weil jemand ein Foto oder Posting oder sonst was gelikt oder kommentiert hat. (…) Das ist eine Feedback-Schleife für soziale Anerkennung. (…) Leute wie ich haben das auf einer ganz bewussten Ebene verstanden. Wir haben es trotzdem gemacht. Es verändert buchstäblich deine Beziehungen zur Gesellschaft und untereinander. Wer weiß, was es mit den Gehirnen unserer Kinder anstellt.«[72]

Im Januar 2019 verabschiedete sich der Grünen-Chef Robert Habeck von Twitter und Facebook. Die Härte des Mediums, begründete er den Schritt, färbe auf ihn ab. Diesem Effekt wolle er sich nicht weiter aussetzen.

Lanier weist auch darauf hin, dass sich negative Emotionen wie Angst und Wut leichter herbeiführen lassen als positive und dass soziale Netzwerke umso mehr Profit machen, je verärgerter, voreingenommener, zerstrittener und wütender ihre Nutzer sind. Wir wissen also – zumindest können wir wissen –, dass in der Berliner Twitter-Republik große Anreize nach Aufmerksamkeit herrschen und kleinere Anreize zum Anständigbleiben.

Die Eskalation, auf die Sophie Passmann reagierte, hatte drei Tage zuvor der AfD-Bundestagsabgeordnete Markus Frohnmaier in Gang gesetzt, mit einer ganz gezielten Unanständigkeit. Nachdem in Chemnitz ein junger Deutscher mutmaßlich von abgelehnten Asylbewerbern tödlich verletzt worden war, hatte Frohnmaier getwittert: »Wenn der Staat die Bürger nicht mehr schützen kann, gehen die Menschen auf die Straße und schützen sich selber. Ganz einfach! Heute ist es Bürgerpflicht, die todbringende ›Messermigration‹ zu stoppen! Es hätte deinen Vater, Sohn oder Bruder treffen können!«

Was Passmann letztlich leider mit Frohnmaier verbindet, ist, dass sie beide so tun, als gebe es in Deutschland keine Staatsgewalt, die bei Gefahren für die grundgesetzliche Ordnung (wie sie sich jeweils vorstellen) einzuschreiten bereit wäre. Sie glauben, dies selbst tun zu müssen, und zwar radikal.

Das ist eine bedrohliche Entwicklung. Geschichte wiederholt sich nicht, aber sie hält Lehren bereit. Und was rechter und linker Totalitarismus historisch gemeinsam hatten, war die Grundannahme, man lebe in einer Ausnahmezeit, in der herkömmliche Regeln des Anstands, der Verfassung, nicht mehr beachtet werden müssten. Wegen dieser Bürgerwehrmentalität werden auch heute immer mehr Deutsche einander zu Meinungspolizisten, die oft voreilige Schlüsse übereinander ziehen. Für beide Seiten ist Twitter leider die optimale Optik, um ihre Feindbilder immer wieder bestätigt zu sehen. »Das Entlarven von Gesinnungen schiebt sich vor die Prüfung des Sachverhalts«, schreibt Christian Geyer über die Lust auf Tribunalisierung, die auf Twitter herrsche. Er zitiert den Philosophen Odo Marquard: »Man entkommt dem Tribunal, indem man es wird.«[73] Wie nervös die Kontrahenten sind, zeigt sich daran, dass jede Seite denkt, die jeweils andere besitze die Hegemonie. Konservative sehen das Land in der Hand von linksversifften Gutmenschen, Linke wähnen die Diskurshoheit bei (Krypto-)Nazis.

Auf die Spitze trieb die quasipolizeiliche Diskursüberwachung wegen gefühlter Gefahr im Verzug der Satiriker Jan Böhmermann. Im Mai 2018 startete der *ZDF*-Moderator die Aktion *Reconquista Internet*. Sie richtete sich gegen das Netzwerk Reconquista Germanica, einen Zusammenschluss von Trollen, die sich zum Ziel gesetzt hatten, Andersdenkende durch Bepöbelung und Verleumdung aus dem Netz zu jagen. Diese Leute hatten, wie Böhmermann richtig feststellte, »nichts mit politischem Diskurs zu tun«.

Mit Hilfe eines Datenrechercheurs stellte Böhmermann daraufhin eine Liste von Twitter-Accounts zusammen, die seiner Ansicht nach diesem Netzwerk angehören. Dabei warf er das Netz aber so weit aus, dass er zahlreiche konservative oder polemisch-regierungskritische Twitter-User mit Neonazis in einen Topf warf. Unter Sturmhaube und Stahlhelm rief Böhmermann in seiner *ZDFneo*-Sendung dazu auf, all diese Leute mit »Liebe« zu überschütten. Die Aktion gewann schnell mehr als 50 000 Befürworter.

Sie zeigte leider vor allem, wie recht George Orwell hatte, der die Gefahr der Selbstgerechtigkeit einmal so beschrieb: »Je mehr man im Recht ist, desto natürlicher ist der Wunsch, jeden anderen zu nötigen, ebenso zu denken.«[74]

Vielleicht sollte sich die gespaltene Berliner Twitter-Republik neben Orwell auf einen Klassiker des Liberalismus besinnen, einen, der früh darauf hinwies, dass es wahre Meinungsfreiheit nicht ohne gegenseitigen Respekt und ständige Selbstprüfung gibt. Es ist John Stuart Mill, der mahnte: »Während jeder weiß, dass er falschliegen kann, halten es nur wenige für notwendig, Vorkehrungen gegen ihre eigene Fehlbarkeit zu treffen.«[75]

Das Land entgiften
Weil wir Wichtigeres zu tun haben

Wie wenig die Berliner Republik mit sich im Reinen ist, zeigt sich an der Inbrunst, mit der sie vor allem solche Themen diskutiert, die Identitätsfragen betreffen. Dreißig Jahre nach der Wiedervereinigung ist Deutschland sich immer uneiniger über eine Reihe grundlegender Charakterfragen. Ein Teil der Gesellschaft zieht das Land nach vorne, ein anderer will nicht so schnell mit, und weil die einen sich gebremst und die anderen geschleift fühlen, wird die Stimmung immer vergifteter.

Populisten bauen ihren Erfolg auf der Unterstellung, die Demokratie sei mit ihren herkömmlichen Repräsentanten nicht in der Lage, die Herausforderungen der Gegenwart zu meistern. Aber es ist kein Zufall, dass Populisten selbst so wenige Lösungen anbieten. Sie leben schließlich von dem Schein, dass jeder Gestaltungswille der »Altparteien« vergeblich ist. Ihre Gegner, vor allem auf der Linken, tun den Populisten den Gefallen, darauf mit immer lauteren moralischen Appellen zu reagieren, ohne sich in der Sache genug zu bewegen.

Als Resultat tritt die Berliner Republik seit Jahren auf der Stelle, und zwar auf genau der Stelle, auf der die Populisten sie haben wollen: bei der immer gleichen Diskussion der immer gleichen, **weil so zuverlässig empörenden Frage des Selbstverständnisses**. Diese Fragen stellen sich beim Umgang mit Flucht und Migration, bei der Integration, gegenüber dem Islam, im Geschlechterverhältnis, bei der Idee von Heimat und Leitkultur – und schließlich auch gegenüber den Ermöglichern all dieser Debatten, den Journalisten. Es stimmt ja, dass dieses Land bei all diesen vergifteten Fragen Klärungsbedarf hat, sowohl faktischen wie normativen. Aber das Gift hat die Köpfe beider Lager schon so benebelt, dass **sie an einer solchen Klärung weniger interessiert sind als am Kampf selbst**. Aus dieser toxischen Falle muss das Land sich befreien. Diese Entgiftung ist nicht nur für die Gesundung der deutschen Demokratie wichtig, sondern auch wegen der Entwicklungen um diese Demokratie herum.

Aus ganz unterschiedlichen Motiven herrscht weltweit ein Kampf um Anerkennung. Wer darin bestehen will, sollte sich keinen anhaltenden Anerkennungskampf innerhalb des eigenen Landes leisten. Die Berliner Republik muss sich wieder darauf besinnen, dass die Freiheit der repräsentativen Demokratie auch die Pflicht der Repräsentanten mit sich bringt, in angemessener Zeit zu guten Ergebnissen zu gelangen. Nicht ohne Grund nimmt die Angst zu, dass sich der demografische und technologische Wandel schneller vollzieht, als die Demokratie ihn regulieren kann.

Wenn die Menschen aber den Eindruck gewinnen, die Demokratie sei damit beschäftigt, Probleme zu lösen, die es ohne Demokratie nicht gäbe, werden sie beginnen, deren freiheitliches Wesen gering zu schätzen.

Andere Staaten, vor allem China, halten sich nicht mit unproduktiven Identitätsfragen auf. Die Regierung verordnet dort schlicht das richtige Nationalbewusstsein und lässt sich von internen Querelen nicht daran hindern, strategisch an einem globalen Imperium zu arbeiten. Peking spannt seit Langem sein eigenes, leises Hegemonialsystem. Es sichert sich Rohstoffe aus Afrika, technologisches Wissen aus Europa und Amerika und, durch eine Überwachung, wie sie die Welt noch nicht gesehen hat, die Gefolgschaft seiner Bevölkerung.

Die Europäische Union war unter anderem zu dem Zweck entworfen worden, Europa als Wirtschaftsraum von 500 Millionen Menschen in der Globalisierung zu behaupten, kein Spielball zu werden, sondern ein maßgeblicher Akteur. Das hat nur begrenzt funktioniert. Stattdessen haben sich die Europäer, wie auch die Amerikaner, von der Globalisierung aus dem Konzept bringen lassen, psychologisch wie politisch.

Europäer und Amerikaner waren es seit 1945 gewohnt, dass Demokratie und wachsender Lebensstandard zusammengehörten. Diese Gewissheit ist spätestens seit der globalen Finanzkrise dahin. Was bedeutet das für die Demokratie, wie wir sie kennen? Kann sie womöglich nur unter den Bedingungen sich beschleunigenden Wachstums blühen, wie man es von Nachkriegsperioden kennt? Nicht zwangsläufig. Aber sicher ist, dass die Demokratie immer dann ins Schwanken geriet, wenn sie Wohlstandseinbrüche managen musste. In Deutschland überlebte sie die Krisen der 1930er-Jahre nicht.

Gefragt, ob es für sie »wesentlich« sei, in einem Land zu leben, das demokratisch regiert wird, sagten von den Vertretern der Kriegs- und Nachkriegsgenerationen noch 45 Prozent, dies sei für sie »absolut wesentlich.« Von den »Millennials«, also den seit 1980 Geborenen, sagen das nur noch 39 Prozent.[76]

Die beste Tugend des Westens, die aufklärerische Methode des Hinterfragens, hat sich wie eine Autoimmunkrankheit gegen seine besten Organe gewendet, seine demokratischen Institutionen. Gesunder Zweifel kippt in destruktive Paranoia. Als Erster hat dies Russlands Präsident Wladimir Putin erkannt, der das Internet nutzt, um mit Trollfabriken und Lügen-Bots die Glaubwürdigkeit der repräsentativen Demokratie gezielt zu zersetzen.

China gibt sich mit weniger zufrieden. Es nutzt, gerade in der Peripherie der EU, lediglich die Frustration über die oft quälend langsamen Entscheidungsfindungen in pluralistischen Gesellschaften. China weiß, dass es überall dort willkommen ist, wo westliche Investoren Skrupel haben, ihr Geld zu lassen, oder wo die EU Wirtschaftskooperation an politische Reformbereitschaft knüpft. Chinesische Firmen bauen derzeit Eisenbahnen, Straßen, Pipelines und Häfen in mehr als hundert Ländern, sie kaufen Kraftwerke und Flughäfen, sie erwerben Firmen mit technologischem Schlüsselwissen in der Robotik oder der Biomedizin. Gerade die Regierungen solcher Staaten, die zwischen Demokratie und Oligarchie schwanken, haben oft keine Lust mehr, auf die träge, mit sich selbst beschäftigte EU zu warten. In den Balkanländern oder der Ukraine kommt es einigen Politikern ungemein gelegen, dass Peking Korruption und schlechte Regierungsführung nicht weiter stört. China baut gerade eine Eisenbahn, die den Hafen von Piräus in Athen mit Budapest verbinden soll. Das Projekt gehört zur One-Belt-One-

Road-Initiative, durch die chinesische Importe schnell und günstig nach Mitteleuropa gebracht werden sollen. Ein anderer Endbahnhof, der für Westeuropa, steht in Duisburg.

Allmählich dämmert den Europäern, was sich gerade abspielt. Aus dem gleichgültigen Optimismus über den Aufstieg Chinas in den 1990er-Jahren wurde erst ein ungläubiges Staunen über dessen geopolitische Expansion nach 2000 und jetzt, endlich, ein Bewusstsein dafür, dass Europa im Begriff sein könnte, von einem Handelsriesen deklassiert zu werden, der seine Stärke nicht nur aus einem erheblichen Vorsprung in strategischem Denken zieht, sondern auch aus merkantilistischer Ruchlosigkeit. Die Neue Seidenstraße, an der Peking arbeitet, hat lange Zeit fernöstliche Romantik ausgelöst, wo harter Realismus gefragt gewesen wäre. Ende 2018 finanzierte oder baute China weltweit über 200 Straßen, Eisenbahnverbindungen und Brücken, 199 Kraftwerke und 41 Pipelines.[77]

Je günstiger für China die Transportkosten werden, weil ihm die Transportwege gehören, desto mehr schmilzt für die Europäer ein zentraler Vorteil ihres Binnenmarktes dahin – die Nähe ihrer Länder zueinander. Warum noch irgendetwas aus Europa kaufen, wenn das alles günstig auf dem Containerfließband aus Asien kommt, aus einer Region mit unschlagbar niedrigen Produktpreisen, weil keine Gewerkschaften oder Umweltschützer die Margen drücken und Rohstoffe günstig aus afrikanischen Kleptokratien bezogen werden? Unter europäischen Diplomaten ist es ein offenes Geheimnis, dass China Europa in nahezu allen Bereichen, vor allem auf dem bedeutenden Feld der Künstlichen Intelligenz, abhängt. Laut einer Umfrage der EU-Handelskammer sind 60 Prozent ihrer Mitgliedsfirmen davon überzeugt, dass sie ihre Technologieführerschaft in den nächsten drei bis fünf Jahren verlieren werden.[78]

Europa zehrt noch von dem historischen Wettbewerbsvorteil, Vorreiter der industriellen Revolution gewesen zu sein. Die Vorreiter der heutigen, der digitalen Revolution sind andere. Pekings neuer strategischer Slogan lautet *Made in China 2025*. Wie heißt der von Brüssel, wie der von Berlin?

Sollte man den Zustand der Post-Mauer-Welt in einem Wort beschreiben, wäre es: Statuskampf. Zwei Konstanten sind in den vergangenen dreißig Jahren zerbrochen, die Ost-West-Teilung der Welt und die westliche Dominanz. Als die Erfinderkontinente universeller Werte haben Nordamerika und Europa lange Zeit davon profitiert, diese ideelle Stärke in wirtschaftliche und militärische Hegemonie ummünzen zu können. Schon immer mussten sie mit Rivalen umgehen, die noch nie nach den vermeintlich internationalen Regeln des Westens spielen wollten. Jetzt aber sind diese Rivalen stark genug oder, im Falle von Russland, aggressiv genug, um ihre eigenen Regeln zu etablieren, und zwar zum Nachteil des Westens.

China pfeift auf das handelspolitische Prinzip der Reziprozität, also auf die Idee, dass alles, was Europa den Chinesen erlaubt, auch Europäern in China erlaubt sein müsse. Während die EU chinesischen Investoren quasi unbeschränkten Marktzugang gewährt, könnte umgekehrt ein Großteil dieser Erwerbungen in China nicht stattfinden. Und wenn dies geschieht, dann verlangt die chinesische Seite für den Zugang zu ihrem gewaltigen Absatzmarkt oft den Transfer geistigen Eigentums oder eine Beteiligung in Form von Joint Ventures.

Russland pfeift auf das Völkerrecht. Sowohl die Annexion der Krim und anderer Landesteile der Ukraine wie auch der rücksichtslose Krieg, den es in Syrien führt, verstoßen gegen grundlegende Standards internationalen Rechts. Russland versuchte – anders als westliche Regierungen – zuvor nicht einmal, ein UN-Mandat für diese Aggressionen zu bekommen. Es ist sein Sekundärinteresse, die mangelhafte, aber eben einzige Friedensordnung, die die Völker haben, in Grund und Boden zu diskreditieren. Wladimir Putin baut seine Herrschaft innen- wie außenpolitisch auf das Recht des Stärkeren statt auf die Stärke des Rechts – Verpflichtungen stören da nur.

Eine immer ähnlichere Weltsicht herrscht seit dem Amtsantritt von Donald Trump in Washington. So wie sich Russland nach dem Ende das Kalten Kriegs vom Westen gedemütigt sah, sahen sich die Vereinigten Staaten nach den vergeblichen Kriegen in Afghanistan und im Irak endgültig um ihre Anstrengungen für die freie Welt betrogen. Aus Sicht vieler Amerikaner hatte keine Nation so viel Blut und Geld in den Aufbau einer regelbasierten und kooperativen Weltordnung investiert wie die USA. Und was hatten sie davon? Sie hatten eine Ordnung erschaffen, die Firmen nutzten, um nach China abzuwandern, und die China nutzte, um Dollarreserven zu horten. Hohe Hegemonialkosten bei schwindender Hegemonie – der Geschäftsmann Donald Trump war zwar nicht der Erste, aber der Lauteste, der diesen *bad deal* aussprach und der seinen Landsleuten versprach, ihnen ihren gerechten Platz in der Welt zurückzuerobern. Diese Welt sieht Trump aber, wie zwei seiner Berater es beschrieben, eben nicht mehr als »globale Gemeinschaft«, sondern als eine »Arena«, in der Nationen um ihre Vorteile wetteifern.[79]

Anerkennung, Status und ihren Anteil am globalen Reichtum verlangen aber auch die Bevölkerungen arabischer Staaten sowie Millionen Afrikaner. Bevölkerungsprojektionen gehen davon aus, dass von den 2,2 Milliarden Menschen, um die die Welt bis 2050 wachsen wird, 1,3 Milliarden Afrikaner sein werden. Das sind so viel wie die heutige Bevölkerung Chinas.[80] Selbst wenn Europa dazu beiträgt, das Missverhältnis aus stagnierendem Wirtschaftswachstum und rapidem Bevölkerungswachstum zu verkleinern, dürfte dies die Migration nach Norden auf absehbare Zeit nicht bremsen, sondern beschleunigen. Schon jetzt sind die, die sich nach Europa auf den Weg machen, meist jene, die Schlepper bezahlen können. Mit zunehmendem Wohlstand werden es mehr werden.

Die Tragik der Berliner Republik ist es, inmitten einer Welt, in der Staaten immer konfrontativer und schonungsloser miteinander umgehen, ein Land geworden zu sein, dessen Bewohner selbst immer härter und giftiger mit sich selbst umgehen. Wie bekommt man dieses Gift nun wieder aus dem Land?

Gelingen, so die Hoffnung dieses Buches, kann dies durch eine andere Debatte über die toxischen Themen, die die Republik spalten. Es wäre eine Debatte, in der es weiterhin um Moral geht, aber nicht mehr um Moralismus; in der Härte in der Sache gefragt ist, nicht aber Härte zwischen Diskutanten. Und in der die zuverlässige Wärme des eigenen Meinungsrudels weniger zählt als das ergebnisoffene tiefe Bohren; die Liebe des Kollektivs weniger als die Achtung der kritischen Vernunft. Einige Vorschläge dazu folgen nun im zweiten Teil.

Es geht bei alldem nicht darum, dass sich eine Nation groß macht, sondern dass ein großartiges, demokratisches Land seine Qualitäten neu behauptet. Deutschland, du kannst es besser!

Teil zwei
Die heißen Eisen

Migration
Die Pflicht gegenüber Verfolgten und die Pflicht gegenüber dem Land

> *Moral predigen ist einfach,*
> *Moral begründen schwer.*
> Arthur Schopenhauer

Im September 2016 erläuterte der Sohn des späteren US-Präsidenten, Donald Trump junior, was aus seiner Sicht das Problem mit syrischen Flüchtlingen sei: »Wenn ich eine Schüssel Skittles (Kaugummibonbons, JB) hätte und dir sagen würde, drei davon könnten dich töten – würdest du eine Handvoll nehmen?«

Die Reaktion auf Twitter, wo Trump junior die Bemerkung gepostet hatte, war vorhersehbar: Wie könne man nur Menschen mit Kaugummis vergleichen, echauffierten sich viele User.

Tatsächlich wirft das Bild von Trump junior eine Menge interessanter Fragen über Mitmenschlichkeit und Flüchtlingspolitik auf. Die Vergleichbarkeit von Menschen und Kaugummis, die zur häufigsten Empörung führte, ist dabei die am wenigsten interessante.

Denn prinzipiell hat der Trump-Sohn ja recht: Wer Zehntausende Menschen aus einem Land aufnimmt, in dem die höchste Dichte islamistischer Terroristen weltweit herrscht, der geht ein Risiko ein, denn statistisch besteht die Wahrscheinlichkeit, dass Terroristen unter ihnen sind. Es lässt sich schließlich auch nicht vorhersagen, wie viele der jungen Syrer, die mit hohen Erwartungen nach Deutschland gekommen sind, eines Tages tiefe Frustrationen erleben werden, wenn sich diese Erwartungen nicht erfüllen. Möglicherweise entdecken dann einige von ihnen den »Islamischen Staat« (IS) als eine verführerische geistige Ersatzheimat. Das Risiko realisiert sich also möglicherweise erst in einigen Jahren.

Es hilft nichts, um dieses Risiko herumzureden, indem man dem Absender der Botschaft unmoralische Vergleiche vorwirft. Wer ein Problem mit Trump juniors Argumentation hat, der muss schon begründen, was an ihr falsch ist.

Das Falsche an ihr ist: Der Vergleich benennt lediglich das Risiko der Flüchtlingsaufnahme, es lässt auf der anderen Seite die Hilfspflicht gegenüber Mitmenschen vollkommen außer Acht. Das ist zynisch. Jeder kann einen anderen verletzen, einem anderen schaden. Aber ändert das etwas an der Pflicht, die jeder Mensch zunächst einmal gegenüber dem anderen hat? Wenn das so wäre, müsste Trump junior auch ein Problem mit Krankenhäusern haben. Denn manche Menschen, die in der Notaufnahme gerettet werden, werden später in ihrem Leben kriminell.

Die deutsche Flüchtlingsdebatte ist ähnlich oberflächlich verlaufen, wenn auch oft in die andere Richtung, mit einseitigem Gewicht auf der Hilfspflicht. Drei Kernfragen wurden seit dem Flüchtlingssommer 2015 zu wenig nüchtern und deshalb zu wenig gründlich gestellt: Was genau ist die Pflicht dieses Landes gegenüber bedrohten und verfolgten Menschen in aller Welt? Was ist die Pflicht dieses Landes gegenüber sich selbst? Und wie bringt man diese beiden Pflichten in ein möglichst ideales Verhältnis?

Weil diese zentralen Fragen nicht ideologiefrei erörtert werden konnten, sondern maximal politisch aufgeladen waren, tritt die Migrations- und Flüchtlingsdebatte seit Jahren auf der Stelle, wo sie im Wesentlichen zertrampelte Erde hinterlässt. Im Grunde war diese deutsche Debatte dabei ziemlich selbstbezogen. Statt zu fragen, wie Millionen Menschen in Not am besten geholfen und was für sie eine gute Lösung wäre, ging es vor allem darum, wer unter den Deutschen selbst zu den guten Menschen zählt. So endete die Debatte regelmäßig beim Vorwurf »Nazi« bzw. »Gutmensch«, bevor sie zum Kern der Sache vorstoßen konnte, der lautet: Wie lassen sich die, die unsere Hilfe brauchen, von denen unterscheiden, die sie nicht brauchen? Und wie helfen wir jenen, die unsere Hilfe brauchen, am besten?

Die Pflicht gegenüber Verfolgten

Welche moralische Verpflichtung sollten die Bürger eines Staates haben, den Bürgern anderer Staaten zu helfen, wenn sie damit gleichzeitig möglicherweise Gefahren importieren, Gefahren, die sich vielleicht erst in der zweiten oder dritten Generation nach der Einwanderung entfalten? Mit diesem Argument hat Frankreich während der Flüchtlingskrise 2015 eine Lastenteilung mit Deutschland abgelehnt: Liebe Nachbarn, lautete die Botschaft, wir haben schon genügend Probleme mit den Arabern, die in den vergangenen dreißig Jahren gekommen sind. Und die Regierungen von Ungarn, Polen und der Tschechischen Republik sagten schlicht: keine Muslime, kein Terrorproblem.[81] Die europäische Flüchtlingsverteilungsquote, die der Europäische Rat per Mehrheitsvotum beschlossen hatte, ignorierten sie.

Man kann sich die Antwort auf die Pflicht zur Aufnahme leichtmachen und auf das Verfassungs- und Völkerrecht pochen. Artikel 16a des Grundgesetzes stellt klar: »Politisch Verfolgte genießen Asylrecht.« Was genau Verfolgung bedeutet und wie Flüchtlinge behandelt werden müssen, konkretisiert die Genfer Flüchtlingskonvention von 1951. Seit 2002 begründet nach ihrer allgemeinen Auslegung auch die Verfolgung wegen des Geschlechts oder der sexuellen Orientierung ein Asylrecht. Außerdem verbietet es die Europäische Menschenrechtskonvention, der die 47 Mitgliedsstaaten des Europarats bindet, erfolglose Asylantragsteller in Länder zurückzuweisen, in denen ihnen Folter oder andere schwere Menschenrechtsverletzungen drohen.

So weit die Paragrafen. Wie lassen sich die Hilfspflichten, die in ihnen zum Ausdruck kommen, aber philosophisch begründen? Warum kann oder darf der deutschen Bevölkerung das Schicksal von Afghanen oder Sudanesen nicht egal sein?

Der Mensch, so ein Teil der Antwort, definiert sich als Mensch dadurch, wie er sich anderen Menschen gegenüber verhält. Dasselbe gilt für eine Gesellschaft und für einen Staat. Humanität kann schnell erodieren, und diese Erosion fällt dann über kurz oder lang auch auf die zurück, die sie zugelassen haben. Wer anderen hilft, stärkt die eigene Humanität. Das mag zunächst einmal pädagogisch klingen. Es ist aber die Verteidigung einer Grundnorm, die noch vor der Verfassung angesiedelt ist. An ihrem tiefsten Begründungsende leben Menschenrechte vom Glauben an ihre Richtigkeit. Es hat noch niemand ein Menschenrecht gesehen oder, wie es der Philosoph Alasdair McIntyre einmal provokativ formulierte: »Es gibt keine solchen Rechte, und der Glaube daran entspricht dem Glauben an Hexen und Einhörner.«[82]

Was man allerdings sehr wohl sehen kann, sind die Unterschiede zwischen Gesellschaften, die an die Universalität von Menschenrechten glauben, und denen, die dies nicht tun. In den Stammesgebieten Afghanistans gelten Frauen nicht als gleichwertige Wesen. In Ruanda galt die Ethnie der Tutsi nicht als lebenswert. Im »Islamischen Staat« werden »Ungläubige« in Feuerkäfigen verbrannt. Und im Dritten Reich war man entweder Arier oder »Untermensch«. Der Glaube an die Menschenrechte ist unteilbar, das heißt, er umfasst entweder alle Menschen, oder er gilt nicht. Die Geschichte und die Gegenwart sind voll mit Beispielen dafür, was passiert, wenn Abstufungen denkbar werden.

Lässt ein Staat Inhumanität zu, und sei es in Form unterlassener Hilfeleistung gegenüber Nichtbürgern, untergräbt er das Ziel jeder Staatlichkeit, nämlich eine Sphäre zu schaffen, in der der Mensch, kantisch gesprochen, nie Mittel, sondern immer Zweck an sich ist. Mit anderen Worten, niemand sollte sich in einem Staat sicher fühlen, der Menschen in Not keine Sicherheit bietet. Wer Deutschland als ein lebenswertes, weil aufgeklärtes und emphatisches Land erhalten will, kann deshalb die prinzipielle Hilfspflicht für Menschen in Not nicht ablehnen.

Die Pflicht gegenüber dem eigenen Land

Aber bedeutet dies, dass Deutschland unbegrenzt vielen Menschen aus aller Welt Sicherheit bieten muss? Ein Argument gegen die Aufnahme von Hunderttausenden Asylbewerbern innerhalb kurzer Zeit lautet, dass sie das Land zu stark verändern und dass das Risiko, unter den Schutzsuchenden könnten auch Staatsfeinde einsickern, bei solchen Zahlen kaum zu managen sei. Die radikale Position lautet, dass es die Schutzpflicht gegenüber anderen Menschen nicht rechtfertige, den allgemeinen Lebensrisiken der Deutschen ein weiteres hinzuzufügen, nämlich massenhaft Fremde aufzunehmen, deren Verhalten und deren Einfluss auf die Gesellschaft unvorhersehbar seien. Sie kommt in dem Satz des AfD-Vorsitzenden Alexander Gauland zum Ausdruck, den er Protestierenden bei einer Demonstration im Oktober 2015 in Erfurt zurief: »Wir wollen das gar nicht schaffen!«

Es geht also vor allem um die Behauptung des »Wir«, um den Anspruch, auswählen zu können, wer in einem umgrenzten Raum die Spielregeln und die erlaubten Risiken festsetzen darf. Natürlich bringen Flüchtlinge aus weniger modernen Weltregionen oftmals auch weniger moderne Weltanschauungen mit nach Deutschland, von patriarchalen Familienstrukturen bis zu mangelndem ökologischem Bewusstsein. Und was Extremismusgefahren angeht, ist es der Rechtsordnung nicht einmal völlig fremd, notfalls auch eine ganze Gruppe auszuschließen, wenn nur wenige ihrer Mitglieder eine Gefahr darstellen. Im Sportrecht etwa kann allen Fans einer Mannschaft – auch der friedlichen Mehrheit – der Eintritt ins Stadion verboten werden, wenn Hooligans wiederholt gewalttätig geworden sind. Allerdings hängt das Überleben der Fans auch kaum davon ab, ob sie ein Spiel live verfolgen können.

Im Jahr 1949, als die Mitglieder des Parlamentarischen Rates über Artikel 16 des Grundgesetzes berieten (der Artikel 16a mit seinen europarechtlichen Einschränkungen wurde erst 1993 geschaffen), war das gesellschaftliche »Wir« tatsächlich deutlich enger definiert als heute. Damals hatten die Deutschen allenfalls Spanier oder Russen vor Augen, wenn sie an »Ausländer« dachten. In der Redaktionsstube der Verfassung dachte man bei politisch Verfolgten sogar zuallererst an Deutsche. Der erste Entwurf für Artikel 16 lautete: »Jeder Deutsche, der wegen seines Eintretens für Freiheit, Demokratie, soziale Gerechtigkeit oder Weltfrieden verfolgt wird, genießt im Bundesgebiet Asylrecht.« Ein Asylrecht für sämtliche politisch verfolgten Nichtdeutschen erschien dem Redaktionsausschuss »zu weit gehend« – immerhin war das geteilte Nachkriegsdeutschland ein schwacher Staat mit reichlich eigenen Vertriebenenproblemen. Als großzügigere Formulierung überlegte der Rat, »Ausländer(n), welche wegen ihres Eintretens für Freiheit, Demokratie, soziale Gerechtigkeit und Weltfrieden politisch verfolgt werden«, Asylrecht zu gewähren. Am Ende waren es die Staatsrechtler Carlo Schmid (SPD) und Hermann von Mangoldt (CDU), die die bis heute gültige weite Formulierung durchsetzten. Schließlich, so Schmid, dürfe man die Asylgewährung nicht davon abhängig machen, »ob der Mann uns politisch nahesteht oder sympathisch ist«.

Geboren ist die Asylgarantie also nicht zuletzt im Wettstreit der Systeme und mit der Betonung auf dem Recht der Bundesrepublik, einen Geflohenen nicht an kommunistische Staatsgefängnisse auszuliefern. Mit anderen Worten, die Väter des deutschen Asylrechts lebten in einer Welt, in der Menschenrechtsverstöße im Grunde nur dann zur Schutzaufnahme im Westen führten, wenn sie sich östlich von Lübeck ereigneten.

Was sich weder Schmid noch Mangoldt vorgestellt haben werden, ist, dass sich eines Tages Teenager aus Marokko oder Tunesien, die per Billig-Flugticket und mit Schlepperbanden in eine Schengen-EU einreisen, auf das Asylgrundrecht berufen würden. Oder dass Bewohner des Hindukuschs auf die Idee kommen könnten, sich bis nach Deutschland durchzuschlagen. Oder dass das Internet die Annehmlichkeiten des Lebens in Europa samt Preisen für waghalsige Mittelmeerpassagen bis in den letzten Winkel Afrikas verbreiten würde – kurzum, dass Deutschland mit seinem großzügigen Sozial- und Asylrecht eines der Hauptanziehungsländer nicht nur für politisch Verfolgte aus aller Welt, sondern für viele im Weltmaßstab Benachteiligte werden könnte.

Es ist ohne Zweifel ein zivilisatorischer Fortschritt, dass sich die Überzeugung von der Unteilbarkeit der Menschenrechte heute nicht mehr nur am Ostblock schärft, sondern sich auf die ganze Welt erstreckt. Aber lassen sich in dieser Gegenwart die alten Zufluchtsgarantien aufrechterhalten? Die Vorbeugung gegen Verrohungsgefahren in der eigenen Gesellschaft hat, könnte man sagen, im Asylrecht mittlerweile einen hohen praktischen Preis. Letztlich müsste ein Migrant, der aus einem autoritären Staat kommt, nur behaupten, schwul zu sein, um in Deutschland mindestens geduldet zu werden.

Genau hier liegt der eigentliche Grund für das bedrohte »Wir«-Gefühl: Was Asyl ist und was Einwanderung, was

Flucht ist und was Migration, ist faktisch kaum noch zu unterscheiden. Derselbe Nordafrikaner, der im Sommer als Erntehelfer nach Italien geht, kann sich im Winter in Deutschland als Asylsuchender melden.[83] Zu den Folgen dieser Kategorienvermengung gehören Menschenschmuggel, organisierte Kriminalität und eine Überlastung der Asylbehörden. Die populistische Reaktion darauf ist eine zunehmende Wut über einen »Kontrollverlust« des Staats und den vermeintlichen Ausverkauf der abendländischen Identität. Die Begriffe sind maßlos, aber die Kritik an einer Differenzierung, die nicht gut genug gelingt, ist richtig.

In der deutschen Debatte herrscht seit 2015 besonders wenig Differenzierung. Es beginnt bei der Sprache. Politiker und Medien, von den Linken bis zur CDU, von der *taz* bis zur *FAZ*, sprechen in aller Regel von Flüchtlingen beziehungsweise von Geflüchteten[84], wenn sie über Menschen berichten, die in Booten das Mittelmeer überqueren oder die Balkanstaaten durchwandern, um in die EU zu gelangen. Aber sind alle diese Menschen Flüchtlinge, das heißt, besitzen sie die Berechtigung zur Zuwanderung? Flüchtling ist laut Genfer Flüchtlingskonvention eine Person, die sich »aus begründeter Furcht vor Verfolgung wegen ihrer Rasse, Religion, Staatszugehörigkeit, Zugehörigkeit zu einer bestimmten sozialen Gruppe oder wegen ihrer politischen Überzeugung außerhalb ihres Heimatlandes befindet«. Dies mag für viele der Migranten gelten, aber eben längst nicht für alle. Viele fliehen auch vor wirtschaftlicher Not oder weil sie in ihren Heimatländern keine Perspektive für ein erfülltes Leben sehen. Zwischen 2008 und 2014 lag die Quote für die Zuerkennung jeglicher Art von Schutz (Asyl, Genfer Konvention, subsidiärer Schutz) von Antragsstellern in den EU- und Efta-Ländern[85] bei unter 40 Prozent. 2017 stieg sie auf 60 Prozent. Seitdem ist sie wieder rückläufig.[86]

Wer allerdings nicht zwischen Flüchtlingen und Migranten unterscheidet, der wird weder für die Flucht- noch für die Migrationskrise die richtigen Antworten finden, weil er zwischen verschiedenen Bedürfnissen nicht unterscheidet: dem Bedürfnis nach akutem Schutz von Leib und Leben und dem Bedürfnis nach einem besseren Leben.

Die Lage in Deutschland wird dadurch noch komplexer, dass ein Flüchtling, der es über den Landweg ins Bundesgebiet geschafft hat, schon nicht mehr akut verfolgt sein kann, da Deutschland von sicheren Staaten umgeben ist. Deutschland hat es also in erster Linie mit *migrierenden Flüchtlingen* zu tun. Sie flohen vor Krieg und Verfolgung in Syrien oder Irak, das macht sie zu Flüchtlingen. Sie waren diesen Gefahren aber schon entronnen, als sie die Grenze nach Deutschland überquerten. Das macht sie zu Migranten mit Flüchtlingsstatus.

Natürlich lässt sich argumentieren, dass die Unterscheidung zwischen Flüchtlingen und sogenannten Wirtschaftsflüchtlingen kleinlich ist, dass für Menschen in Lebensgefahr eine ähnliche Hilfspflicht gelten muss wie für Menschen, die vor einem Leben in Armut davonlaufen, und dass ein reicher Staat wie Deutschland wegen seiner wirtschaftlichen Möglichkeiten eine besonders große Pflicht hat, ihnen Schutz zu gewähren. Es ist schließlich nicht das erste Mal, dass Tausende Menschen das Risiko einer gefährlichen Meeresüberquerung eingehen, um in die Bundesrepublik zu gelangen.

Zwischen 1961 und 1989 haben 5609 Bürger der DDR versucht, über die Ostsee nach Westdeutschland zu fliehen.

Nur 913 von ihnen gelang dies. 174 starben an Erschöpfung oder Unterkühlung oder ertranken. 4522 wurden von DDR-Grenzschützern aufgegriffen und erhielten Gefängnisstrafen.[87] Im Westen fragte damals niemand danach, ob die, die es geschafft hatten, individuell verfolgt waren, etwa weil ihnen Stasihaft oder Folter drohte, oder ob sie einfach der Hoffnungslosigkeit in einem repressiven Staat entrinnen wollten. Gleichzeitig war freilich auch klar, welches begrenzende Kriterium für die freundliche Aufnahme galt: Die Flüchtlinge waren Deutsche (das Grundgesetz verbot die Anerkennung der deutschen Teilung, deshalb waren auch DDR-Bürger deutsche Staatsbürger). Aber hatten sie dadurch, philosophisch betrachtet, ein größeres Recht auf ein besseres Leben als die Bewohner von Eritrea, dem »Nordkorea Afrikas«?

Welches begrenzende Kriterium sollte heute gelten? Darf die Aufnahme von Flüchtlingen überhaupt begrenzt werden? Zwar sind uns jene, die heute kommen, weder kulturell noch geografisch so nah wie damals, aber dafür machen sie sich oft aus Ländern auf den Weg, denen gegenüber die DDR ein regelrechtes Lummerland war. Allein im Jahr 2015 ertranken laut Schätzungen des UNHCR mindestens 3700 Frauen, Kinder und Männer im Mittelmeer.

Das Grundgesetz und die Genfer Flüchtlingskonvention gewähren Schutz unabhängig von der Zahl derer, die um Asyl ersuchen. Deswegen stellte sich Bundeskanzlerin Merkel auch lange einer Obergrenze entgegen. Der damalige Bundespräsident verwies allerdings mit poetischen Worten auf einen anderen Rechtsgrundsatz, den des *ultra posse nemo obligatur*, darauf also, dass niemand verpflichtet sein darf, mehr zu leisten, als er kann. In Joachim Gaucks Worten: »Unser Herz ist weit. Aber unsere Möglichkeiten sind endlich.«

Doch wo genau enden die Möglichkeiten der Bundesrepublik zur Flüchtlingsunterbringung? Diese Frage lässt sich kaum beantworten. Klar ist hingegen: Die Bundeskanzlerin tat zu lange zu wenig, um dafür zu sorgen, dass der Staat unterscheiden konnte, wer überhaupt mit welchen Voraussetzungen ins Land kam. Waren es Schutzbedürftige oder Menschen, die das Asylrecht zur Einwanderung nutzten? Nachdem die Bundesregierung am 25. August 2015 die Dublin-Regeln für Syrer ausgesetzt hatte[88], also darauf verzichtete, Asylbewerber, die bereits in anderen EU-Staaten um Schutz ersucht hatten, zurückzuschicken, setzte eine Sogwirkung nach Deutschland ein. Die Mitarbeiter des Bundesamts für Migration und Flüchtlinge (BAMF) waren bald damit überfordert, die vielen Bewerber gründlich zu überprüfen. Im September 2016 gab das BAMF zudem an, dass etwa 40 Prozent der Asylbewerber keinerlei Ausweispapiere vorlegten. Viele von ihnen, unter anderem Kosovaren und Zentralafrikaner, versprachen sich bessere Chancen im Asylverfahren, wenn sie ihre Herkunft nicht preisgaben. Da Minderjährige nicht zurückgewiesen werden können, ist es für Volljährige zudem von Vorteil, ihr Alter zu verschleiern.[89]

Zwischen den Jahren 1953 und 1973 wurden in Deutschland 94 779 Asylanträge gestellt. In den nur drei Jahren zwischen 2015 und 2017 waren es 1,38 Millionen. Im Mittel der vergangenen neun Jahre zwischen 2009 und 2017 wurden gut 40 Prozent dieser Anträge abgelehnt, in den Jahren der Fluchtkrise, also 2015, 2016 und 2017, waren es 32, 35 und 38 Prozent.[90] Zugleich sind Abschiebungen wegen rechtlicher Hindernisse oder der Weigerung der Ursprungsstaaten, ihre Staatsbürger zurückzunehmen, oft unmöglich. Zwischen 2015 und 2017 wurden lediglich etwa 70 000 Migranten abgeschoben, weitere 120 000 verließen Deutschland freiwillig.[91] Im September 2018 warnte Bundestagspräsident Wolfgang Schäuble (CDU) davor, »allzu stark die Hoffnung zu schüren, dass wir die Großzahl« der Nichtbleibeberechtigten zurückführen könnten. Stattdessen sollte die Gesellschaft »alle Kraft dafür aufbringen, sie in unsere Gesellschaft zu integrieren«.[92] Ende 2017 lebten laut Bundesregierung 618 076 abgelehnte Asylbewerber in Deutschland; nur 118 704 von ihnen waren ausreisepflichtig.[93] Diese Diskrepanz ergibt sich dadurch, dass Ausreisepflicht nicht automatisch bedeutet, dass abgeschoben werden darf. Der Abschiebung können rechtliche oder tatsächliche Hindernisse entgegenstehen, etwa Foltergefahr im Herkunftsland oder eine Einreiseverweigerung.

Kurzum, das Asylrecht ist zur einfachsten Möglichkeit geworden, nach Deutschland einzuwandern. Das tut keiner Seite gut: denen nicht, die wirklich Schutz brauchen, denn für sie mangelt es an behördlichen Kapazitäten und an sozialen und psychologischen Betreuungsmöglichkeiten; denen nicht, die nicht verfolgt sind, sondern sich in Deutschland eine Existenz aufbauen wollen, denn ihnen fehlt es an der Rechtssicherheit, im Land bleiben zu dürfen; und dem deutschen Steuerzahler nicht, weil der eine unsichere Duldungseinwanderung finanziert statt den Schutz Schutzberechtigter sowie eine geregelte Auswahl jener, von denen die Volkswirtschaft unmittelbar profitieren würde.

Es kommt einem Gewaltakt gleich, verfolgte und hilfsbedürftige Menschen an der Grenze abzuweisen. Gleichzeitig hat jeder Staat das Recht, sich seine Zuwanderer auszusuchen. Denn eben dies ist eine Bedingung dafür, die Lebensqualität eines Landes zu erhalten und den (freiheitlichen) Charakter seiner Gesellschaft zu sichern. Hier ist das »Wir« gerechtfertigt. »Wir, die wir bereits Mitglieder (der Gesellschaft) sind, nehmen die Auswahl vor, und zwar gemäß unserem Verständnis davon, was Mitgliedschaft in unserer Gemeinschaft bedeutet und welche Art von Gemeinschaft wir zu haben wünschen«, schreibt der amerikanische Moralphilosoph Michael Walzer in *Sphären der Gerechtigkeit*.[94] Dieses Auswahlprinzip ist richtig, denn nur so kann die Entwicklung von Staaten – vor allem von hoch entwickelten Sozialstaaten – auf Dauer gelenkt werden.

Doch wegen der Angst, Zustimmung von den falschen Leuten zu bekommen, war selbst diese Binsenweisheit im Post-2015-Deutschland schwer auszusprechen. Allein das Wort »Obergrenze« war lange Zeit toxisch. Wer es verwendete, galt schnell als Rechtsaußen. Im Koalitionsvertrag einigten sich CDU/CSU und SPD Anfang 2018 schließlich auf eine jährliche Maximalaufnahme von 220 000 Menschen. Der ehemalige SPD-Chef Sigmar Gabriel beklagte im Juni 2018, ganze SPD-Landesverbände hätten öffentlich die Demütigung seiner Nachfolgerin Andrea Nahles gefordert, nur weil diese gesagt hatte, Deutschland könne nicht alle aufnehmen: »Weil wir uns nicht getraut haben, aufgeklärt und ohne Schaum vor dem Mund über die Möglichkeiten und Grenzen der Chancen und Risiken der Flüchtlingszuwanderung zu diskutieren, haben wir ein schwarzes Loch hinterlassen«, schrieb Gabriel im *Tagesspiegel*. »Deutschland droht irre zu werden an dieser Frage. Weil wir es bislang versäumt haben, darüber ohne Angst und Aggression zu reden, saugt dieses schwarze Loch jetzt nachträglich all unsere Energie auf.«[95]

Eine offene Diskussion, so fiel Gabriel damals mit einiger Verzögerung auf, wäre »ein Beweis für unsere Konfliktfähigkeit, ein Beweis der Stärke unserer Demokratie«. Stattdessen führe die Republik »Ersatzgefechte, die den psychischen Haushalt unserer Gesellschaft nicht wieder in die Balance zurückführen werden«.

Halten wir als Balancegebot fest: Es besteht sowohl eine Pflicht, Flüchtlingen zu helfen, wie auch das Recht, sich seine Zuwanderer auszusuchen. In der Berliner Republik geriet beides durcheinander, weil die Bundesregierung das Recht auf Auswahl zu sehr zurückgestellt hatte gegenüber der Pflicht zu helfen. Wie könnte eine bessere Lösung aussehen, und zwar für alle Seiten?

Wie hilft man am besten?

Versuchen wir die Frage zunächst für Flüchtlinge im klassischen Sinne zu beantworten, danach für Migranten, die sich nach einem sinnvollen Leben außerhalb ihrer Heimatländer sehnen.

Erstens: Flüchtlinge

Der Syrienkrieg und seine Fluchtfolgen haben bei den Europäern für eine optische Täuschung gesorgt. Laut dem UN-Hochkommissar für Flüchtlinge haben seit Anfang 2013 mehr als 5,6 Millionen Syrer ihr Land verlassen; eine Million von ihnen kam nach Europa.[96] Dieser Anteil entspricht allerdings keineswegs der Rate aller Flüchtlinge, die es aus den Krisengebieten in aller Welt nach Norden schaffen.

Global sind derzeit etwa 28,5 Millionen Menschen auf der Flucht, weitere 40 Millionen sind innerhalb ihres Landes vertrieben. Nur der kleinste Teil dieser Flüchtlinge, etwa zehn Prozent, gelangt in entwickelte reiche Länder. Die allermeisten von ihnen, etwa 90 Prozent, finden in Entwicklungsländern Zuflucht. Millionen Flüchtlinge leben in Camps und stadtähnlichen Flüchtlingslagern in Jordanien und Libanon, in Thailand, Nepal, Pakistan, Uganda, Kenia oder in der Türkei. Dort sind sie vielleicht vor Verfolgung sicher, aber ansonsten mangelt es ihnen an so ziemlich allem, was ein würdiges Leben ausmacht: Bildungschancen für die Kinder, Jobs für die Älteren, anständige medizinische Versorgung, der Perspektive, eine neue, selbstbestimmte Existenz aufbauen zu können. Sogar die Lebensmittel sind oft knapp, weil die Zahlungen an das UN-Welternährungsprogramm nicht ausreichen, um den wachsenden Bedarf zu decken. Das Programm musste mancherorts schon den Kaloriengehalt der Essensrationen reduzieren.[97] Da die Camps oft in abgelegenen Gebieten liegen, sind viele Flüchtlinge de facto wie auf Inseln untergebracht, ohne Verbindungen zur regulären Volkswirtschaft und der heimischen Bevölkerung. 54 Prozent aller Flüchtlinge befinden sich seit mindestens fünf Jahren in einem Exil, wo ihnen oft die Bewegungsfreiheit und das Recht zu arbeiten verwehrt werden.[98]

Laut dem damaligen Hohen Flüchtlingskommissar der UN, António Guterres, war die Mangelfinanzierung des UN-Flüchtlingshilfswerks und des Welternährungsprogramms 2015 für viele Syrer der entscheidende Grund, nach Europa zu flüchten. Die Finanzierungslücke dieser Organisationen lag im Jahr 2018 immer noch bei 43 Prozent ihrer veranschlagten Kosten.[99]

Wie moralisch ist es angesichts dieser Situation der Mehrheit aller Flüchtlinge von Deutschland, der viertgrößten Wirtschaftsmacht der Welt, im Wesentlichen überhaupt nur jenen Bruchteil in den Blick zu nehmen, der nach Europa gelangt? Wie moralisch ist es, darauf zu warten, dass die Fittesten sich nach Norden durchschlagen, während jene, die Hilfe noch dringender bräuchten, deutlich weniger Unterstützung bekommen? Wie moralisch ist es, zwar großzügig Asyl anzubieten, den Weg dorthin aber so steinig und teilweise illegal zu belassen, dass Flüchtlinge auf kriminelle Schlepper angewiesen sind, um ihn – oft unter Lebensgefahr – zu beschreiten? Und wie moralisch ist es schließlich, sozialstaatliche Anreize für eine Zuwanderung übers Asylsystem zu schaffen, wenn dadurch Zehntausende alleinreisende Minderjährige angelockt und in beträchtlichem Maße Kapazitäten missbraucht werden, die für wirklich Schutzbedürftige zur Verfügung stehen sollten?

Angela Merkel stellte im September 2015 fest: »Wenn wir jetzt anfangen, uns noch entschuldigen zu müssen dafür, dass wir in Notsituationen ein freundliches Gesicht zeigen, dann ist das nicht mein Land.« Aber ein Land, das jenen Notleidenden, die es nicht schaffen, an seine Haustür zu klopfen, ein wesentlich kühleres Gesicht zeigt, ist das ein verantwortungsvolleres Land? Natürlich begründen Hunderttausende Flüchtlinge und Migranten, die auf die deutsche Grenze zumarschieren, eine andere, weil akute Verantwortung als jene, die irgendwo weit entfernt ausharren. Aber abgesehen von solchen akuten Ausnahmefällen, die kein Land als Dauerzustand wird akzeptieren können, läge es in der deutschen und europäischen Verantwortung, den Flüchtlingen, die von einer Reise nach Europa nur träumen können, ein besseres Los zu ermöglichen.

Es ist auf Dauer weder politisch durchzuhalten noch moralisch, Deutschland als attraktivstes Land sowohl für Flüchtlinge wie auch für jene erscheinen zu lassen, die das Asylrecht zur Einwanderung nutzen. Wenn das Asylrecht Ausdruck der moralischen Pflicht ist, so vielen Verfolgten wie möglich so guten Schutz wie möglich zu bieten, dann muss angesichts der Unmöglichkeit vieler, nach Deutschland zu gelangen, diese Hilfspflicht über die nationalen Grenzen hinaus verwirklicht werden.

Es mag ein hochgestecktes Ziel sein, aber: Wofür sich die Berliner Republik innerhalb der EU und wofür sich die EU nach außen starkmachen sollte, wäre ein neues globales Solidaritätssystem für Verfolgte. Um das Ziel, möglichst gute Hilfe für eine möglichst große Zahl zu erreichen, wäre es sinnvoll, Nachbarländern von Krisenstaaten, die sich die Massenaufnahme von Flüchtlingen oft nicht leisten können, so zu unterstützen, dass das Aufnahmeland Flüchtlinge nicht mehr nur als Belastung begreift und dementsprechend behandelt. Andererseits sollten Nachbarländer, die sehr wohl helfen könnten und sich schlicht weigern, in die Pflicht genommen werden, ihren Teil zur Hilfe beizutragen, und sei er nur finanziell.

Zu Recht fordert die Bundesregierung eine solidarische Verteilung von Flüchtlingen innerhalb der EU ein, der einige Staaten schlicht nicht nachkommen wollen. Es wären aber überhaupt deutlich weniger Flüchtlinge aus Syrien in der EU zu verteilen gewesen, wenn die EU als Ganze diese berechtigte Forderung nach Solidarität rechtzeitig gegenüber Drittländern erhoben hätte. Die reichen Ölstaaten des Persischen Golfs etwa, die nicht nur finanziell, sondern auch geografisch und kulturell prädestiniert gewesen wären, bedrohte Syrer aufzunehmen, übten sich weitgehend in Gleichgültigkeit.

Die britischen Migrationsforscher Alexander Betts und Paul Collier plädieren dafür, dass reichere Länder mit solchen Staaten, die viele Flüchtlinge beherbergen, eine Partnerschaft auf der Basis von relativem Vorteil und gerechter Lastenteilung schließen sollten. Nach ihren Berechnungen gibt die Welt jedes Jahr etwa 75 Milliarden Dollar für die zehn Prozent der Flüchtlinge aus, die entwickelte Regionen erreichen, und nur etwa fünf Milliarden für die 90 Prozent, die in Entwicklungsländern geblieben sind. Für jeden Dollar, den ein Flüchtling in Entwicklungsländern bekommt, erhält ein Flüchtling in Europa 135 Dollar. »Unsere Politiker betreiben sozusagen ein zweistufiges Flüchtlingssystem: ein Luxusmodell für die zehn Prozent und ein Modell der Abhängigkeit und Armut für die 90 Prozent.« Dabei könnte ein regionales Zufluchtsland mit einem Finanzaufwand, der für einkommensstarke Länder absolut bezahlbar wäre, ein attraktives Asylland werden, das reichlich Chancen böte. Ein Transfer von nur 0,1 Prozent der fünf reichsten Länder der Welt würde, so Betts und Collier, einen Zuwachs von zehn Prozent des Bruttoinlandsprodukts für Jordanien, den Libanon, Uganda, Kenia und Pakistan bedeuten.[100] Ein solches Solidarsystem könnte für eine Win-Win-Win-Situation sorgen: Im Zuge eines Transfers könnten westliche Länder nicht nur Geld, sondern auch Lehrer und Fachpersonal schicken, die für eine bestmögliche Bildung von Flüchtlingen sorgen und damit perspektivisch die Wettbewerbsfähigkeit des Aufnahmelandes erhöhen. Die Flüchtlinge wären in der Lage, eine neue Existenz in gewohnter sprachlicher und kultureller Umgebung aufzubauen, und sie könnten besser den Kontakt zu Angehörigen im Heimatland halten. Sollte der Konflikt eines Tages vorbei sein, stünde das Know-how für den Wiederaufbau gleich hinter der Grenze bereit.

»Kriegsflüchtlinge müssen in den Nachbarländern versorgt werden, denn die wenigsten wollen weit weg von ihrer Heimat. Die internationale Gemeinschaft muss dort für vernünftige Camps sorgen und darf nicht wie 2015 zulassen, dass die UNO die Nahrungsmittelrationen um die Hälfte kürzen muss, was die Flüchtlingswelle ausgelöst hat.« Das sagt keiner, der Flüchtlinge von Europa fernhalten will, sondern Axel Steier, Mitbegründer und Vorsitzender des Dresdner Vereins »Mission Lifeline«, der Migranten auf dem Mittelmeer rettet.[101] Behörden, Justiz und Schulen in reichen, aber anderssprachigen Ländern wie Deutschland wären nicht mehr mit einem einseitigen Massenandrang überfordert. Sie könnten ihre speziellen Kapazitäten auf die bedürftigsten unter den Flüchtlingen konzentrieren: jene, die schwere Verletzungen haben und die am besten in Europa behandelt werden könnten, oder solche, die wegen politischen Engagements auch in Flüchtlingslagern gefährdet sind. Solche Menschen sollten EU-Länder aktiv zu sich holen, am besten im Familienverbund und ohne dass sie sich in die Lebensgefahr einer Mittelmeerüberquerung begeben müssen.

Einen solchen Weg geht bereits die britische Regierung. Ihre Diplomaten suchen in Flüchtlingslagern, etwa in Jordanien, diejenigen Menschen aus, die am dringendsten Hilfe benötigen, und lassen sie ausfliegen. Diese Hilfe wird zwar nur verhältnismäßig wenigen Flüchtlingen zuteil – 20 000 sollen es bis zum Jahr 2020 sein –, aber es wäre denkbar, dieses Modell auszuweiten. Die bisherige deutsche Flüchtlingspolitik dagegen ist weder moralisch noch gerecht, denn sie setzt Fehlanreize für Nichtflüchtlinge und hilft tendenziell den Fähigsten statt den Bedürftigsten.

Auf mittlere Sicht allerdings dürften Flüchtlinge das kleinere Problem für Europa sein. Vor größere Herausforderungen wird der zunehmende Einwanderungsdruck aus Afrika den Kontinent stellen.

Zweitens: Migranten

Laut dem Meinungsforschungsinstitut Gallup würden gerne 700 Millionen Menschen, das sind 14 Prozent der Weltbevölkerung, an einem anderen Ort als in ihrer Heimat leben, vor allem an einem reicheren. In Subsahara-Afrika liegt die Quote der Auswanderungswilligen bei 31 Prozent.[102] In dieser Region leben rund 1,1 Milliarden Menschen. Ein Drittel davon wären gut 330 Millionen Menschen, also etwa so viele, wie die USA Einwohner haben. Zwischen 2014 und 2017 haben laut Eurostat, der Statistikagentur der EU, knapp eine Million Menschen aus dieser Region in Europa Asyl beantragt. Wie viele von ihnen tatsächlich anerkannt werden, lässt sich wegen der zum Teil noch laufenden Verfahren nicht sagen. Je mehr von ihnen in der EU Fuß gefasst haben, desto mehr Angehörige dürften nachziehen, denn sie erhalten die dafür notwendige Unterstützung von den Familienmitgliedern oder Freunden, die bereits im Norden sind. Der Weltbank zufolge haben sich die privaten Überweisungszahlungen von Deutschland ins Ausland zwischen den Jahren 2000 und 2015 verdoppelt.[103]

Was heißt das alles? Es heißt als Erstes, dass die Zahl der jungen Afrikaner, die in Europa ihre besten Zukunftsmöglichkeiten sehen, exponentiell zunehmen dürfte. Es heißt als Nächstes, dass, selbst wenn es Europa möglich wäre, sich hart gegen diese Zuwanderungswilligen abzuschotten, mit Zäunen und Fregatten, es bald mit umso mehr Flüchtlingen würde umgehen müssen. Denn die Konflikte in Afrika würden zunehmen. Schon heute haben extremistische Gruppen wie Boko Haram, der IS oder Clanmilizen leichtes Spiel, junge Arbeitslose als Kämpfer zu rekrutieren. Schwache Staatlichkeit gepaart mit hohem Bevölkerungs- und allenfalls langsamem Wirtschaftswachstum befördert Anarchie; Anarchie befördert Gewaltherrschaft, Gewaltherrschaft befördert Verfolgung – und Verfolgung schafft Flüchtlinge.

Europa hat am eigenen Interesse gemessen also im Grunde nur eine Wahl: Es muss sein Möglichstes tun, um den Teufelskreis aus schlechter Regierungsführung, mangelnder Produktivität, hohen Geburtenraten und schlechter Ausbildung in vielen Teilen Afrikas durchbrechen zu helfen.

Gerade in Deutschland kursieren über Afrika drei hartnäckige konventionelle Weisheiten, die der Entwicklung des Kontinents mehr schaden als nutzen. Sie lauten: Um Migrationsursachen zu bekämpfen, müsse Europa erstens mehr Geld für Entwicklungshilfe investieren, zweitens seine Zoll- und Exportpolitik ändern und drittens sei der Klimawandel schuld am Elend vieler afrikanischer Bauern. All das sind gefährliche Halbwahrheiten. Denn die Hauptursachen dafür, dass sich immer mehr Menschen aus dem Süden auf den Weg nach Norden machen, blenden sie aus. Was Afrika wirklich braucht, muss aus Afrika selbst kommen: Regierungen, die sich als Anwälte ihrer Bürger verstehen, Bürger, die auf Institutionen und Recht vertrauen können, und auch: mehr Kapitalismus.

Mehr Menschen als irgendwo sonst auf der Welt leben in Afrika von Landwirtschaft, laut Weltbank sind das 70 Prozent. Aber von was für einer Landwirtschaft genau? In vielen Teilen Afrikas entspricht die Durchschnittsgröße eines Familienackers gerade einmal ein oder zwei Fußballfeldern.[104] Das reicht höchstens für Subsistenzwirtschaft, ganz sicher aber reicht es nicht, um Profite zu erwirtschaften, die es erlauben würden, in Maschinen oder Bewässerung zu investieren. Abgesehen davon, dass ein Bauer genug gesichertes Eigentum bräuchte, um einen Kredit für einen Traktor aufzunehmen – an welche Bank sollte er sich wenden?

Die Weltbank schätzt, dass 400 Millionen Hektar Land in Afrika in gewinnbringende Äcker verwandelt werden könnten – das wären fast zwei Drittel der gesamten Anbauflächen, die derzeit weltweit für Getreide genutzt werden, zum Beispiel in Sambia, Angola, Südsudan, Nigeria und Kamerun.[105] Dass dies nicht geschieht, liegt nicht am Klimawandel. Um die Flächen zu erschließen, bräuchte es Infrastrukturinvestitionen, und für die bräuchte es Rechtssicherheit, eine Mittelschicht, die in der Lage ist, wirtschaftliche Risiken einzugehen, und eine möglichst korruptionsfreie Verwaltung.

Der üble Zustand vieler afrikanischer Länder hat tausend Facetten, aber er hat, sechzig Jahre nach Ende der Kolonialzeit, meist die gleiche Kausalkette. Wenn Regierungen weder Möglichkeiten noch Anreize für ihre Bürger schaffen, innovativ zu sein, zu investieren und Mehrwert zu schaffen, wird es ihnen nie gelingen, ihren Bürgern das pluralistische Spielfeld offener Chancen zu bieten, das so viele Auswanderer in Europa sehen. Daran ändert auch noch so viel Entwicklungshilfe nichts. Afrikas Regierungen brauchen nicht mehr europäisches Geld. Afrikanische Bürger brauchen europäische Unternehmen als Wirtschaftspartner.

Deutsche Unternehmer, die in Afrika investieren, beklagen, dass die Bundesregierung sie nicht genügend unterstütze, um ihre Risiken abzufedern. Sie fordern mehr Außenhandelsbürgschaften. Denkbar wäre auch, nicht nur mehr Landmaschinen nach Afrika zu liefern, sondern junge Afrikaner zugleich an diesen Maschinen auszubilden. Davon würden beide Seiten profitieren, die afrikanische Landwirtschaft und der deutsche Maschinenbau, weil er sich neue Märkte erschlösse. Eine weitere echte Entwicklungschance läge darin, afrikanische Schulabgänger gezielt nach Deutschland zu holen, um sie Agrarwirtschaft, Verwaltungswesen oder Ingenieurwissenschaften studieren zu lassen – allerdings mit der Maßgabe, mit diesem Know-how später wieder in ihre Heimatländer zurückzukehren, um ihnen auf die Beine zu helfen. Bestehende Entwicklungshilfe sollte zudem an Maßnahmen zur Geburtenkontrolle geknüpft werden.

Der »Marshallplan mit Afrika«, den das Berliner Bundesministerium für wirtschaftliche Zusammenarbeit und Entwicklung 2016 aufgelegt hat, geht in diese Richtung, er betrachtet afrikanische Staaten nicht als Almosenempfänger, sondern als Märkte, die sich durch Kooperation entwickeln lassen. Das entbindet Europa nicht von der Verpflichtung, über fairere Handelsabkommen mit Afrika nachzudenken. Nur: Je mehr Handel überhaupt entsteht, mit desto mehr

Gewicht können afrikanische Gesellschaften Gerechtigkeit einfordern.

Für die, die schon hier sind: Klare Ansagen, bitte

Strategien für die Zukunft sind das eine. Deutschland steht aber gegenwärtig noch vor der Herausforderung, vielen jener 1,5 Millionen Flüchtlinge und Migranten, die zwischen 2015 und Ende November 2018 gekommen sind,[106] sowohl entlang ihrer Bedürfnisse und Rechte als auch entlang der Interessen des Landes einen Weg zu weisen. Jahrelang haben Politiker aller Parteien den Blick zu sehr nach hinten gewandt, haben in Endlosschleifen die Frage gestellt, ob es ein Fehler war, so viele Menschen ins Land gelassen zu haben, oder ein Verdienst.

Aber völlig gleichgültig, wie man zur Entscheidung der Kanzlerin und ihrer Ansage »Wir schaffen das« steht: Was Merkel im Anschluss selbst nicht richtig geschafft hat, war, eben diese Aufgabe schnell und entschlossen auf Kabinettsebene anzugehen. Vergeblich warten die Deutschen seit Jahren auf eine klare Ansage der Regierung, wie sie einige drängende Probleme lösen will. Gerade weil sich so viele Deutsche in der Flüchtlingshilfe engagierten und engagieren, gerade weil Tausende Schutzsuchende zu integrieren sind, hat die Bundesregierung die Pflicht, diese Hilfsbereitschaft, ja die Akzeptanz des Grundrechts auf Asyl zu sichern. Das heißt auch, die Nachteile der Aufnahmebereitschaft auszusprechen und anzugehen. Dazu gehört die Tatsache, dass sich Tötungsdelikte von Asylbewerbern gegen Deutsche häufen. Laut einem »Lagebild im Kontext der Zuwanderung«

des Bundeskriminalamts (BKA) fielen 2017 in der Deliktgruppe Mord und Totschlag (dazu zählen auch Versuche) »112 Deutsche einer Straftat zum Opfer, an der mindestens ein tatverdächtiger Zuwanderer beteiligt war. 13 Opfer wurden dabei getötet.«

Umgekehrt wurden 38 Zuwanderer »Opfer von Taten, an denen mindestens ein Deutscher beteiligt war. Kein Opfer wurde getötet.« Mit der Kategorie Zuwanderer umfasst das BKA Ausländer, die in den vergangenen Jahren über das Asylsystem zugewandert sind, unabhängig von deren Aufenthaltsstatus. Noch häufiger wurden Schutzsuchende selbst Opfer von Tötungsdelikten; im Jahr 2017 fielen, wiederum im Bereich Mord und Totschlag, 230 Asylbewerber einer Straftat zum Opfer, an der mindestens ein tatverdächtiger Asylzuwanderer beteiligt war. 38 Opfer starben. Zur Einordnung: Insgesamt wurden im Jahr 2017 in Deutschland 731 Menschen Opfer von Tötungsdelikten.[107]

Das sind beunruhigende Zahlen, aber sie sind leider nicht überraschend. Überraschend wäre es auch nicht, wenn diese Zahlen in den nächsten Jahren noch weiter zunähmen. Denn unabhängig von der Frage, ob gewaltgeneigte Gesellschaften gewaltgeneigte Menschen hervorbringen oder ob ein rückständiges Frauenbild zur Gewalt gegen Frauen führt, lässt sich eine Ursache-Wirkung-Kette schwer leugnen: Unter den Asylbewerbern waren überproportional viele junge Männer (von den 1,6 Millionen Asylanträgen, die zwischen 2015 und 2017 gestellt wurden, stammten rund 465 000 von Männern im Alter zwischen 16 und 35 Jahren, das sind 40 Prozent. In der deutschen Bevölkerung macht diese Altersgruppe nur 13 Prozent aus). Sie sind generell aggressionsgeneigter als andere Gruppen.

Wenn diese jungen Männer, die mit großen Hoffnungen nach Europa gekommen sind, merken, dass sich diese Hoffnungen nicht erfüllen, wenn sie darüber hinaus in einem permanenten Schwebezustand darüber belassen werden, ob sie hier jemals werden arbeiten dürfen, wenn sie dann auch noch mit Hunderten ebensolcher junger Männer zusammen untergebracht sind, dann kann man das eine großzügige Flüchtlingspolitik nennen. Es ist aber auch ein ungewolltes Kriminalitätsbeschaffungsprogramm. Die Zahlen mögen mehr oder weniger viel mit der Herkunft der Täter zu haben – sie haben jedenfalls eine Menge mit den Umständen zu tun, in die sie in Deutschland geworfen werden.

Um das Problem anzugehen, hätte man früh einige Klarstellungen treffen müssen, die viele Politiker aber lange Zeit für unbequem hielten. Eine davon ist, dass viele unbegleitete minderjährige Flüchtlinge, die ab 2015 nach Europa kamen, keine Flüchtlinge waren, sondern Wirtschaftsmigranten. Oft hatten ganze Familien in Afghanistan oder Iran Geld zusammengelegt, um einen Sohn auf die Reise nach Westen zu schicken, in der Hoffnung, dass er entweder die Familie nachholen oder Geld nach Hause schicken werde.[108]

Als Asylbewerber abgelehnt, griff für viele dieser jungen Männer in dem Moment die Ausreisepflicht, in dem sie volljährig wurden. Der Duldungsstatus, auf den sie damit zurückfielen, berechtigt in der Regel nicht, eine Arbeit aufzunehmen. Das bedeutet, dass viele dieser jungen Männer in Deutschland regelrecht gefangen sind. Sie kommen nicht voran, weil sie entweder nicht arbeiten dürfen oder weil jeder potenzielle Arbeitgeber damit rechnen muss, dass sie demnächst abgeschoben werden. Und sie können nicht zurück, zum Teil weil sie ihren Schleppern noch Geld schulden und es nicht für die Heimreise aufbringen, zum Teil weil sie sich ihren Familien gegenüber schämen, erfolglos geblieben zu sein. In Schweden, wohin es besonders viele unbegleitete Minderjährige zog, berichtete mir ein Polizeibeamter, der für diese Jugendlichen zuständig ist, sie seien dabei, eine »Schattengesellschaft« zu werden; viele von ihnen würden ausgebeutet, illegal zu Hungerlöhnen oder als Drogendealer beschäftigt: Sie litten unter Depressionen und nähmen bisweilen selbst Drogen, um »einfach mal mit dem Nachdenken aufhören zu können«.

Es gibt nun zwei Möglichkeiten: Entweder das Land schaut zu, wie das Problem immer größer wird. Oder es ringt sich zu zwei mutigen Befreiungsschlägen durch. Der eine wäre ein schnelles, unbürokratisches Aufenthaltsrecht für »Schwebemigranten«, also abgelehnte, aber realistischerweise in den nächsten Jahren nicht abschiebbare Asylbewerber, die sich nichts haben zuschulden kommen lassen, außer aus falscher Hoffnung auf das Asylrecht gesetzt zu haben, und die sich erkennbar Mühe geben, Deutsch zu lernen und sich zu integrieren. Denn wie ist ihnen und der Gesellschaft am besten geholfen: indem sie kriminell werden oder indem sie produktiv werden?

Drei Jahre nach der Massenmigration von 2015 begann die Große Koalition über einen solchen »Spurwechsel« zu diskutieren – allerdings wieder ohne die notwendige Klarheit. Während das eine Lager einen »verlässlichen Status« für bestimmte Geduldete schaffen will, warnt das andere Lager vor dem Fehlanreiz, das Asylrecht für eine Einwanderung auf den Arbeitsmarkt zu missbrauchen. Diese Gefahr ließe sich nun recht leicht dadurch ausschließen, dass der neue gesicherte Status nur für die abgeschlossene Gruppe derer gilt, die bis zu einem Stichtag, etwa dem 1. Januar 2017, ins Land gekommen sind.

Die zweite wichtige Maßnahme wäre eine beschleunigte Fallbearbeitung jener abgelehnten Asylbewerber, die polizeilich auffällig geworden sind. Ihre Akten müssen auf den Tischen der Behörden und der Justiz ganz nach oben wandern, und ihnen gegenüber sollte von der Möglichkeit der Abschiebehaft konsequent Gebrauch gemacht werden.

Ja, Deutschland muss seinem eigenen freiheitlichen Charakter zuliebe Verfolgten helfen. Aber es kann nicht allen Verfolgten dieser Welt helfen. Deshalb muss es eine breitere Solidarität organisieren. Auf Dauer darf es hingegen jenen nicht helfen, die das Asylsystem zur Einwanderung nutzen. Und zur Pflicht allen seinen Bewohnern gegenüber, schon Einheimischen und gerade erst Gekommenen, gehört es, jene möglichst schnell loszuwerden, die kriminell sind oder die Sicherheit des Landes gefährden. Abschiebungen können üble Bilder produzieren, und unterschiedliche Landesregierungen – die Länder sind für den Ausreisevollzug zuständig – haben unterschiedlich ausgeprägten Willen bewiesen, diese fraglos harte Maßnahme durchzusetzen. Aber wenn der Eindruck entsteht, die Durchsetzung von Gesetzen hänge davon ab, ob diese politisch opportun erscheint, leidet das Vertrauen in den Rechtsstaat.

Der Islam
Eben keine Religion wie jede andere

> *Allah ändert nicht den Zustand eines Volkes,*
> *bis sie das ändern, was in ihnen selbst ist.*
> Der Heilige Koran, Sure 13, Vers 11

Zu den unausgetragenen und deshalb zuverlässig entflammbaren Identitätsfragen der Berliner Republik zählt die, ob der Islam eine Religion wie jede andere ist. Kann die Glaubensfreiheit des Artikels 4 des Grundgesetzes für den Islam genau so gelten wie für das Christentum oder den Buddhismus? Es ist die Art von Frage, die denjenigen, der sie stellt, schnell in den Verdacht setzt, nicht über den Islam zu diskutieren, sondern Muslime zu stigmatisieren, kein Licht anzuknipsen, sondern Feuer legen zu wollen.

Diese Unterstellung mag in Einzelfällen zutreffen, aber prinzipiell ist sie schon deswegen falsch, weil auch viele Muslime die Vereinbarkeit traditioneller Islamlesarten mit wichtigen Freiheitsrechten kritisch sehen.

Deutschland hätte viel zu gewinnen, wenn es gelänge, die Debatte, wie der Islam unzweifelhaft mit freiheitlicher Demokratie in Einklang gebracht werden kann, endlich sachlich zu führen. Es muss darum gehen, Populisten auf der einen Seite ebenso zu entwaffnen wie falsche Toleranz auf der anderen Seite zu entlarven. Und es sollte gelingen, jene Muslime zu stärken, die versuchen, den Islam nicht nur faktisch, sondern auch normativ in Deutschland zu verankern. Von ihnen gibt es sehr viele.

Kaum eine andere Debatte wurde in den vergangenen Jahren derart oberflächlich und mit so viel Lust am gewollten Missverständnis geführt wie die, ob der Islam zu Deutschland gehört. Sie erscheint wie der Wiedergänger der Debatte der 1990er-Jahre darüber, ob Deutschland ein Einwanderungsland sei oder nicht. Die Diskussion war deswegen sagenhaft unproduktiv, weil sich beide Seiten nicht einmal darüber verständigten, ob mit dem Schlagwort Einwanderungsland eine Zustandsbeschreibung oder eine Soll-Qualität gemeint war. So ähnlich ist es heute auch. Wenn es heißt, der Islam gehöre zu Deutschland, hören viele Bürger, islamische Werte seien jetzt deutsche Werte.

Dass der Islam faktisch zu Deutschland gehört, ist eine Binsenweisheit. Zum Stichtag des 31. Dezember 2015 lebten schätzungsweise 4,7 Millionen Muslime in Deutschland, das entspricht einem Bevölkerungsanteil von 5,7 Prozent. 1,2 Millionen kamen allein zwischen 2011 und Ende 2015 nach Deutschland.[109] Mittlerweile dürften es noch mehr geworden sein. Einen interessanten und fruchtbaren Streit wert ist dagegen die Frage, ob der Islam normativ, also wertemäßig, zu Deutschland passt. Tut er das – und falls nein, was genau sollten die Folgen sein?

Keine Religion, das ist die nächste Binsenweisheit, ist wie die andere, und *den* Islam gibt es nicht. Was die wichtigsten

Strömungen des Islam, ob Sunnitentum oder Schiitentum, aber gemeinsam haben, ist ihr Mischcharakter aus spiritueller und weltlicher Regelsetzung. Verbreitete Auslegungsschulen erheben den Anspruch, der Islam setze verbindliche Regelungen nicht nur für die persönliche Lebensführung, sondern auch für die Dritter. Das beginnt mit der Beschneidung von Jungen, reicht über Gebote gegen unsittliche Kleidung, Ernährung, unerlaubten Sex bis zu eigenen Vorstellungen von Familien-, Erb- und Strafrecht. Dieser Islamlesart zufolge sind der Koran und die Hadithe, die Überlieferungen des Propheten, nicht bloß religiöse Weisungen, sondern Rechtsquellen oder jedenfalls Quellen für die Bewertung menschlichen Handelns. Die sogenannte »praktische Theologie« des Islam teilt alle Handlungen des Menschen in die Kategorien Pflicht, Sunna (übliche Praxis), erlaubt, verpönt und verboten ein.

Mit einem Unterschied zu anderen Religionen belastet den Islam außerdem das Apostasie-Verbot, also das Verbot, den islamischen Glauben abzulegen. Zwar bekennen sich die in Deutschland ansässigen Religionsgemeinschaften zur Religionsfreiheit und lehnen offiziell Sanktionen gegen Menschen, die den Islam ablegen, ab. In der theologischen Binnenperspektive erachten sie den Wechsel zu einer anderen Religion aber trotzdem als verboten. Ähnlich verhält es sich mit der Haltung zur Homosexualität; aus religiöser Perspektive ist sie verboten, in der Bürgerssphäre sollen Homosexuelle aber als gleichberechtigt betrachtet werden. Diese scholastische Unterscheidung ist nicht nur wenig überzeugend; religiöse Gebote können gerade bei jungen Muslimen auch zu Tabu-Denken führen und damit die soziale Wirkung von Verboten entfalten.

Deswegen können islamische Gebote nicht nur in einem besonderen Spannungsverhältnis zum Grundgesetz stehen, sie kollidieren auch immer wieder mit Grundrechten, vor allem mit der negativen Religionsfreiheit, also der Freiheit, nicht zu glauben, die Artikel 4 GG ebenfalls garantiert.

Laut dem »Ökumenischen Bericht zur Religionsfreiheit« der Kirchen in Deutschland von 2017 sind drei Viertel aller Menschen, die weltweit wegen ihres Glaubens verfolgt werden, Christen. »Die Regierungen von Saudi-Arabien, Katar, Jemen, Iran, Sudan, Mauretanien, Somalia, Malediven, Brunei und Malaysia sehen sich teilweise dafür verantwortlich, Rechtsgläubigkeit und religiöse Rechtsnormen durchzusetzen«, heißt es in dem Bericht. »Nichtislamische Minderheiten, Atheisten und Agnostiker können ihren Glauben und ihre Überzeugung nicht offen bekennen.«[110]

Unterschiedliche islamische Schulen mögen darüber streiten, wie streng religiöse Rechtsnormen auszulegen sind und wie verbindlich sie im Einzelfall gehandhabt werden sollen. Aber eine berechtigte Grundsatzfrage lautet, ob der Koran für viele Muslime, auch in Deutschland, mehr ist als eine Anweisung zu richtiger persönlicher Lebensführung, oder ob er ihnen nicht vielmehr Kodex einer Zivilisation ist.

Das Toleranzproblem

Die Vorstellung, dass die Welt erst dann friedlich sein kann, wenn die Welt islamisch ist, ist eben keine Denkweise von Extremisten, sondern Teil der Lehre Mohammeds. Das war im Christentum lange Zeit auch so. Deswegen könnte man den entsprechenden Anspruch im Islam ebenfalls als historisch abtun, und viele Muslime tun dies auch. Genauso gut kann man ihn aber zur politischen Kampfansage gegen die westliche Demokratie nutzen – und genau dies geschah und geschieht immer wieder, von Sayyid Qutb (1906–1966), dem geistigen Vater der Muslimbrüder, bis hin zum al-Qaida-Gründer Osama bin Laden und dem IS-Chef Abu Bakr al-Baghdadi. Qutb verurteilte die westlich-demokratische Lebensweise schon in den 1950er-Jahren als dekadent und irregeleitet und erhob den Koran zur Leitschnur der besten aller Zivilisationen. Aus dieser Doktrin, aus der Verbindung zwischen individuellem Glauben und autoritär-missionarischem Anspruch, speist sich die Gedankenwelt von Extremisten bis heute. Auch die islamistischen Attentäter von New York, London, Madrid, Paris, Brüssel, Nizza, Berlin, Kabul und Istanbul lebten in dem Wahn, einen »heiligen Krieg« gegen den dekadenten Westen zu führen. Militante Dschihadisten mögen den Islam missbraucht haben. Aber dieser Missbrauch kommt nicht aus dem Nichts.

Nach jedem Terrorschock der vergangenen zwei Jahrzehnte galt das Differenzierungsgebot: Wir müssen trennen zwischen Islamismus und Islam. Diese Differenzierung ist immer richtig, aber sie war nie vollständig. Mit der Entlastung der moderaten Mehrheit aller Muslime hätte viel früher auch eine Forderung einhergehen sollen, nämlich jene, dass der Islam sich selbst darüber erforscht, welche Glaubensinhalte, welche geistigen Verkrustungen und welche Anachronismen selbst moderater Koranlesarten es sein könnten, die junge Leute am Ende eines Weges in den Extremismus »Allah ist groß!« rufen lassen, während sie Mitbürger ermorden.

Kurzum, auch der nichtradikale Islam ist noch immer und zu oft eine Rutschbahn in die Entfremdung von der westlichen Lebensweise. Wie kommt das?

In dieser weithin unterschlagenen Debatte, in der Angst vor einer begründeten Islamkritik, in Moscheen wie in Parlamenten, Redaktionen und Universitäten liegt das vielleicht größte Versäumnis der Extremismusprävention der vergangenen zwei Jahrzehnte. Es war ein Versäumnis aus dem Optimismus heraus, dass die Extremisten auf Dauer schon isoliert und marginalisiert würden, wenn die moderate Glaubensmitte stabil und unterstützt bliebe.

Dieses Wunschergebnis ist nicht eingetreten. Die islamistische Bewegung ist im Gegenteil stärker geworden, sowohl national wie international. Anfang 2018 zählten die Landesämter für Verfassungsschutz in Deutschland 11 000 Personen, die der Salafistenszene zugerechnet werden könnten. Damit hat sich die Zahl der potenziell militanten Islamisten, die eine Gesellschaftsordnung wie zu Zeiten des Propheten Mohammed herstellen wollen, innerhalb von fünf Jahren verdoppelt.[111] Der Dschihad hat nicht nur Länder erobert, sondern auch die Popkultur, und es ist eben keine Fantasiereligion, auf die IS-Anhänger ihre Brutalität gründen. Es ist vielmehr ein krudes Religionsverständnis von oftmals orientierungslosen Jugendlichen, die zuvor ein sehr unislamisches Leben mit Drogen- und Kriminalitätserfahrungen geführt haben. Sie erleben den Salafismus als spirituelle Erweckung. Der französische Sozialwissenschaftler Olivier Roy sieht Parallelen zwischen diesen Neofundamentalisten und radikalmarxistischen Gruppen der 1970er- und 1980er-Jahre. Militante Salafisten zögen Muslime an, die auf der Suche nach einer »internationalistischen, antiimperialistischen Struktur« seien. »Die radikalen Gruppen sind oft eine Mischung aus Anführern, die der gebildeten Mittelschicht entstammen, und gescheiterten Existenzen aus der Arbeiterklasse, ein Muster, das an die meisten westeuropäischen Radikalen (…) erinnert«, wie etwa an die Rote-Armee-Fraktion (RAF).[112]

Dieser Extremismus wäre heute noch viel stärker, wenn moderate Muslime in Verbandsstrukturen ihm nicht seit Langem entgegenwirken würden. Trotzdem müssen auch sie sich fragen, warum ausgerechnet der Islam so leicht als antiwestliche Ideologie missbraucht werden kann. Dies liegt eben auch daran, dass er noch immer eine Religion ist, die die europäische Aufklärung nicht durchlaufen hat. Dieses Defizit zeigt sich vor allem in der mangelnden Toleranz vieler Muslime gegenüber Andersgläubigen und in der breiten Bereitschaft dazu, göttliche Regeln irdischen Gesetzen überzuordnen.

Laut einer Emnid-Umfrage im Auftrag des Exzellenzclusters »Religion und Politik« der Universität Münster unter türkeistämmigen Muslimen aller Generationen in Deutschland (sie stellen etwa die Hälfte aller Muslime im Land) gaben im Jahr 2016 47 Prozent von ihnen an: »Die Befolgung der Gebote meiner Religion ist für mich wichtiger als die Gesetze des Staates, in dem ich wohne.« Dies allein wäre noch nicht notwendig bedenklich, denn es ist das Wesen vieler Religionen, an eine höhere, bessere Gerechtigkeit zu glauben als an die, die weltliche Macht schaffen kann. Bedenklich wird das Umfrageergebnis aber vor dem Hintergrund einer anderen Auskunft: 32 Prozent der Befragten finden, dass Muslime die Rückkehr zu einer Gesellschaftsordnung wie zu Zeiten Mohammeds anstreben sollten.

Genau die Hälfte der Befragten stimmten außerdem der Aussage »Es gibt nur eine wahre Religion« stark oder eher zu, und 36 Prozent äußerten sich davon überzeugt, dass nur der Islam in der Lage sei, die Probleme unserer Zeit zu lösen. Der Anteil derjenigen, die allen vier Aussagen zustimmten, also einem »umfassenden und verfestigten islamisch-fundamentalistischen Weltbild« anhingen, lag der Studie zufolge bei 13 Prozent der Türkeistämmigen in Deutschland.

20 Prozent sind der Ansicht, dass die Bedrohung des Islam durch die westliche Welt rechtfertigt, dass Muslime sich mit Gewalt verteidigen; 7 Prozent halten Gewalt zur Verbreitung und Durchsetzung des Islam für gerechtfertigt. Besonders irritierend, weil ebenso vormodern wie weit verbreitet, ist die Ansicht, dass Bücher und Filme, die Religionen angreifen und die Gefühle tief religiöser Menschen verletzen, gesetzlich verboten werden sollten. Dieser Aussage stimmen 73 Prozent der Befragten zu.[113]

Wenn religiöse Gefühle als Grund dafür ausreichen dürften, bestimmte Meinungsäußerungen zu verbieten, was bliebe dann in einer multireligiösen Gesellschaft sagbar? Zur Wahrheit gehört, dass islamistische Attentate auf islamkritische Autoren und Zeitungsredaktionen bereits zu einer mindestens inneren Zensur geführt haben. Im Januar 2015 erschossen Islamisten zwölf Redakteure und Zeichner der französischen Satirezeitung *Charlie Hebdo* in Paris. Die dänische Zeitung *Jyllands-Posten*, deren Karikaturist nach der Veröffentlichung von Mohammed-Karikaturen angegriffen worden war, verzichtete, anders als andere Blätter in Dänemark, auf einen Nachdruck der *Charlie Hebdo*-Karikaturen, derentwegen die Terroristen zugeschlagen hatten. »Wir sind eingeknickt«, gestand der Chefredakteur von *Jyllands-Posten* gegenüber der *BBC*. »Gewalt funktioniert. Manchmal ist das Schwert mächtiger als der Stift.«[114] Auch in Deutschland stehen mehrere Islamkritiker, und zwar vor allem Muslime, unter Polizeischutz.

Der innerislamische Streit: Idschithād und Dschihad

Zur Wahrheit gehört aber auch, dass es längst einen innerislamischen Streit um die Zeitgemäßheit des Glaubens gibt und darüber, was die unkritische Befolgung oftmals politisierter Dogmen in den Köpfen junger Muslime anrichten kann. Deutsche Medien, gerade Fernseh-Talkshows, bilden diesen Streit nur nicht ausreichend ab. Dabei ist er einer der spannendsten der Gegenwart.

Radikale Traditionalisten unter den Muslimen glauben an die »Ungeschaffenheit« des Koran, daran also, dass die heilige Schrift auf ewig unveränderlich sei, dass kein historischer Kontext ihre Interpretation ändern könne. Wer an seinem Wortlaut zweifelt, ist ihrer Ansicht nach schwach im Glauben. Viele Muslime stellen sich diesen Literalisten entgegen. Sie lesen den Koran in Kenntnis seines historischen Kontextes – und interpretieren ihn anders, als es Gläubige zu Zeiten Mohammeds getan haben.

Ausdrückliche Reformer gehen noch weiter und fordern eine aktive Liberalisierung. Der kalifornische Islamwissenschaftler Reza Aslan stellte schon vor zehn Jahren die zentrale Frage: »Taugt der Islam heute zum Aufbau einer wirklich liberalen Demokratie? Kann ein moderner islamischer Staat Vernunft und Offenbarung miteinander in Einklang bringen und eine demokratische Gesellschaft auf der Basis der sittlichen Ideale aufbauen, die der Prophet Muhammad vor tausendvierhundert Jahren in Medina formuliert hat?« Aslans Antwort: »Er kann nicht nur, er muss.«[115]

Genau an dieser Versöhnung von Glauben und Wissen, von Geboten und Skepsis arbeiten liberale Muslime weltweit, oft gegen den Widerstand konservativer Mehrheiten oder solcher Muslime, die sich für Vertreter der Mehrheit halten.

Der Münsteraner Islamtheologe Mouhanad Khorchide etwa glaubt, der Islam werde intellektuell regelrecht entkernt, wenn man den Koran nicht zeitgemäß auslege. »Wenn wir ihn wortwörtlich nehmen, haben wir – siehe zum Beispiel Körperstrafen oder die Stellung der Frau – nicht nur massive Probleme mit der freiheitlich-demokratischen Grundordnung. Vielmehr verpassen wir sogar, was der Koran uns eigentlich sagen will.«[116]

Die vielleicht prominenteste und einflussreichste Islamismus-Kritikerin der Welt ist in Deutschland seltsamerweise weitgehend unbekannt: Es ist die kanadische Publizistin Irshad Manji (von der *New York Times* »Osama bin Ladens größter Alptraum« genannt), deren Bücher und Essays in dreißig Sprachen übersetzt wurden. Sie engagiert sich für eine Wiederentdeckung des Idschtihād, der aufklärerischen islamischen Theologie, die eine Versöhnung von Ratio und Glauben sucht. Idschtihād hat dieselbe Sprachwurzel wie Dschihad, steht aber für den Versuch, die Welt durch eigenständiges Hinterfragen zu verstehen.

Manji glaubt, der Koran enthalte dreimal so viele Verse, die Gläubige anhielten zu denken, wie Verse, die blinde Ergebenheit forderten. Vor tausend Jahren habe der Geist des Idschtihād einmal geblüht; in Al-Andalus, dem muslimischen Spanien, hätten Gelehrte ihre Schüler zu Widerspruch und Debatte, zu »aktiver Intelligenz« angehalten, weil sie glaubten, dass der Einzelne Glück finde, wenn der kritische Geist in Kontakt mit dem Göttlichen trete. Diese Schule sei gestorben, als der Kalif von Bagdad im 12. Jahrhundert seinen Machtanspruch mit religiöser Gleichschaltung zementiert habe. Danach sei eigenständiges Denken politisch gefährlich geworden.[117]

Manji, die als Flüchtlingskind aus Uganda nach Kanada kam, versucht Muslime auf der ganzen Welt für den Idschtihād zu begeistern. Ergebenheit gegenüber Gott beweise man ihrer Ansicht nach auch durch Demut gegenüber den Meinungen anderer: »Gottes unendliche Weisheit anzuerkennen, bedeutet, unsere begrenzte Weisheit anzuerkennen und deshalb tausend Blumen blühen zu lassen. Daher ist es ein Akt des Glaubens, Gesellschaften zu schaffen, in denen wir miteinander Meinungsverschiedenheiten austragen können, ohne einander körperlich zu verletzen. Alles andere unterminiert das Mandat des Allmächtigen als letzter Richter. Mich Gott zu widmen, heißt, Freiheit zu verteidigen.«[118]

Wenn man eines von den muslimischen Verbänden in Deutschland nicht erwarten darf, dann, dass sie sich im Wochenrhythmus von Extremisten und Terroristen distanzieren. Vielmehr darf man von ihnen erwarten, dass sie sich diesem Bemühen um eine islamische Reformation verschreiben, und zwar unzweifelhaft. Dazu würde auch gehören, dass diese Verbände sich hinter jene stellen, die dieses Modernisierungsprojekt längst verfolgen.

Das muslimische Leben in Deutschland ändert sich ständig. Dass auch muslimische Frauen eine Ausbildung machen oder studieren sollten, war vor einigen Jahrzehnten noch nicht selbstverständlich, heute ist es normal. Ein mittlerweile ebenfalls gewohntes Bild sind Imame in Jeans. »In den 1980er oder 90er Jahren wäre man deswegen noch als Abtrünniger behandelt worden«, amüsiert sich der Vertreter einer Hamburger Moscheegemeinde.

Einige prominente muslimische Funktionäre in Deutschland verstärken jedoch leider die Weltsicht der Traditionalisten, weil sie die geistigen Ursachen des Islamismus *dem* Westen zuschreiben und Islamkritik mit Rassismus gleichsetzen.

So benennt Aiman Mazyek, Vorsitzender des Zentralrats der Muslime in Deutschland, als Hauptursache für Terrorismus »den Krieg und die Kriegstreiberei«. Die Ideologie, die hinter dem militanten Dschihadismus stehe, habe nichts mit Religion zu tun, sie sei vielmehr »areligiöser Nihilismus«. Das spalterische Denken zwischen Muslimen und Nichtmuslimen werde durch »antimuslimischen Rassismus« gestärkt.[119] Das ist nicht nur intellektuell dürftig. Mazyek zeigt damit leider auch, dass er Teil jenes Reformstaus innerhalb des Islam ist, der einen wesentlichen Anteil an der politischen Missbrauchbarkeit der Religion hat.

Diese Gesellschaft befragt sich ständig über den Beitrag, den die Kriege im Mittleren Osten zur Radikalisierung von Muslimen in Paris, Birmingham oder Berlin leisten. Sie befragt sich auch ständig darüber, was die Diskriminierung von Migranten anrichtet. Zu Recht. Sie kritisiert heftig, wenn der christliche Glaube zu politischen Zwecken missbraucht wird, etwa durch die Anordnung des bayerischen Ministerpräsidenten, Kreuze über allen Behördeneingängen aufzuhängen. Warum sollte sie sich nicht auch darüber befragen dürfen, welchen Anteil bestimmte Islamlesarten am Islamismus haben?

Nach Ansicht von Aiman Mazyek müssten auch Mouhanad Khorchide, Reza Aslan und Irshad Manji ins Lager des »antimuslimischen Rassismus« gehören – was den Widersinn seiner Wortwahl zeigt. Vielleicht fürchtet Mazyeks konservativer Verband schlicht, Macht an Modernisierer zu verlieren und in Talkshows oder in der Deutschen Islamkonferenz buchstäblich alt auszusehen.

Es ist natürlich kein Rassismus, den Islam zu kritisieren, denn Religion ist keine Rasse. Man kann sie verändern. Wohl aber können Rassisten oder Nativisten Islamkritik nutzen, um ihre Fremdenfeindlichkeit liberal erscheinen zu lassen. Auch diese Heuchler muss man stellen.

Eine verfassungswidrige Religion?

Im April 2017 sagte der AfD-Bundestagsabgeordnete Albrecht Glaser: »Der Islam ist eine Konstruktion, die selbst die Religionsfreiheit nicht kennt und die sie nicht respektiert. Und die da, wo sie das Sagen hat, jede Art von Religionsfreiheit im Keim erstickt. Und wer so mit einem Grundrecht umgeht, dem muss man das Grundrecht entziehen.«

Keine Freiheit für die Feinde der Freiheit? Keine Toleranz der Intoleranz? Würde das auch zu einem aufgeklärten Umgang mit dem Islam gehören? Nein, das tut es nicht, jedenfalls nicht so, wie Glaser sich das vorstellt.

Mit seiner Diagnose hat Glaser zwar nicht ganz unrecht. Dort, wo der Islam Staatsreligion ist, gibt es oft keine Glaubensfreiheit. In Pakistan steht auf Blasphemie die Todesstrafe. In Saudi-Arabien ist die Ausübung des Christentums verboten, dort ebenso wie im Jemen und im Sudan wird der Abfall vom islamischen Glauben mit dem Tode bestraft.[120] In Ägypten stellte der Generalstaatsanwalt gegen sieben koptische Christen, die im Jahr 2011 angeblich an der Herstellung des niveaulosen YouTube-Videos *The Innocence of Muslims* mitgewirkt hatten, Haftbefehle aus.[121] Und im größten islamischen Land der Welt, in Indonesien, brachte die aufstrebende Islamisten-Partei PAN im Jahr 2017 den bekanntesten christlichen Politiker des Landes, den Ex-Gouverneur von Jakarta, wegen »Beleidigung des Islam« ins Gefängnis.[122] Nur sollten Bundestagsabgeordnete etwas genauer wissen, wie Grundrechte funktionieren, und das tut Glaser offenbar nicht.

Die Geltung eines Grundrechts hängt nicht davon ab, wie sein Träger mit diesem Grundrecht umgeht. Oder hat man schon gehört, dass Diebe ihr Recht auf Eigentum verloren hätten? Sehr wohl eingeschränkt werden kann allerdings die Ausübung eines Grundrechts, auch das der Religionsfreiheit.

Die Religionsfreiheit bedeutet gerade nicht, dass jeder alles, was er glaubt, in Deutschland auch verwirklichen darf. Die Freiheit, seine Religion auszuleben, endet vielmehr dort, wo gleichrangige Freiheitsrechte anderer betroffen sind. Diese Unterscheidung bedeutet als Erstes: Glaubensinhalte selbst müssen nicht verfassungskonform sein, um von Artikel 4 GG umfasst zu werden. Ansonsten müsste zum Beispiel der Katholizismus verboten werden, denn seine Dogmen (nur Männer können zum Priester geweiht werden oder das Zölibat) verstoßen eindeutig gegen den Gleichberechtigungsartikel 3, gegen das Grundrecht auf freie Berufswahl aus Artikel 12 und gegen das Recht auf individuelle Selbstbestimmung aus Artikel 2 des Grundgesetzes.

Niemand ist verpflichtet, verfassungsgemäß zu denken, um den Schutz der Verfassung zu genießen. Freie Meinungsäußerung bedeutet beispielsweise auch nicht, nur liberale Meinungen äußern zu dürfen. Sie garantiert auch das Recht auf Radikalismus, Rohheit, Dumpfheit, Selbsterniedrigung. Das Bundesverfassungsgericht hat 2009 in seiner »Wunsiedel-Entscheidung« (BvR 2150/08) festgestellt: »Geschützt sind (…) von Art. 5 Abs. 1 GG auch Meinungen, die auf eine grundlegende Änderung der politischen Ordnung zielen, unabhängig davon, ob und wie weit sie im Rahmen der grundgesetzlichen Ordnung durchsetzbar sind. Das Grundgesetz vertraut auf die Kraft der freien Auseinandersetzung als wirksamste Waffe auch gegen die Verbreitung totalitärer und menschenverachtender Ideologien. Dementsprechend fällt selbst die Verbreitung nationalsozialistischen Gedankenguts als radikale Infragestellung der geltenden Ordnung nicht von vornherein aus dem Schutzbereich des Art. 5 Abs. 1 GG heraus.«

Die Garantie der Freiheitsrechte gebietet aber auch, dass der demokratische Rechtsstaat keinen Millimeter von seinen Grundsätzen abrücken darf, sobald die Rechte Dritter bedroht sind. Wer glaubt, er könne seinen Töchtern aus religiösen Gründen die Teilnahme an Klassenfahrten oder am Sportunterricht untersagen, wird diese Vorstellung mit Artikel 3 und 7 des Grundgesetzes versöhnen müssen, dem Gleichberechtigungsgrundsatz und dem Erziehungsauftrag des Staates. Das Bundesverwaltungsgericht und der Europäische Gerichtshof für Menschenrechte haben bereits in diesem Sinne geurteilt: Die Teilnahme am Schwimmunterricht ist einer Muslimin – im Burkini – zumutbar, egal was die Eltern denken.

Religiöse Gebote können es ebenso wenig rechtfertigen, Kinder, die noch nicht religionsmündig sind, körperlich zu verletzen. Deswegen steht das »Beschneidungsgesetz«, das der Bundestag Ende 2012 verabschiedete, quer zur Grundrechtsdogmatik. Es ist vollkommen unlogisch, dass das Erziehungsrecht Eltern untersagt, ihre Töchter vom Schwimmunterricht fernzuhalten, es ihnen hingegen erlaubt, ihren Söhnen einen hochsensiblen Teil des Körpers abschneiden zu lassen. Jungen wird die Selbstbestimmung über die Integrität ihrer Genitalien mit Verweis auf die Religion abgesprochen, während bei Mädchen der Gesetzgeber niemals auf die Idee käme, auch nur die leichteste Form von Beschneidungen unter Hinweis auf Glauben oder Tradition zu legitimieren – obwohl in Teilen Afrikas auch die Mädchenbeschneidung zur religiösen Tradition gehört. In den USA wehren sich bereits Muslime vor Gericht gegen eine Bestrafung wegen der Beschneidung von Mädchen. Sie verteidigen sich mit dem Argument, in anatomischer Hinsicht sei die von ihnen praktizierte Schamlippenbeschneidung eine viel geringere Verletzung als die gängige Penisbeschneidung.[123]

Doch in der deutschen Beschneidungsdiskussion ging es nie bloß um rechtliche Fragen. Er fühle sich, sagte in der Plenardebatte von 2012 der damalige SPD-Fraktionsvorsitzende Frank-Walter Steinmeier, »ausgesprochen unwohl mit der Vorstellung, dass ausgerechnet wir Deutschen unseren jüdischen Mitbürgern beibringen, was Inhalt von Lebensschutz und Kindeswohl ist. Und dasselbe gilt für Muslime.«

Wer wollte dies mit Blick auf die Geschichte bestreiten? Doch wer »gerade in Deutschland« sagt, der muss den Blick auch nach vorne richten. Der Anteil der Muslime an der deutschen Bevölkerung wächst. Deshalb ist es Zeit, neu darüber zu debattieren, wie die Prioritäten geordnet werden müssen, wenn religiöse Gebote mit weltlichen Werten kollidieren.

Was die Beschneidung betrifft, wäre der richtige Ausgleich zwischen Religionsfreiheit und dem Recht auf körperliche Unversehrtheit, eine Beschneidung erst ab der Volljährigkeit des Betroffenen zuzulassen, egal ob es sich um Muslime oder Juden handelt.

Wie der richtige Ausgleich in anderen Fragen aussehen könnte, muss Deutschland in einer Weise diskutieren, die Muslime weder herabwürdigt noch besonders schont. Das eine wie das andere hieße, sie als Bürger nicht ernst zu nehmen. Es darf keine Diskriminierung, aber auch keinen Rechtebonus geben wegen des islamischen Glaubens.

Wenn Eltern ihren Kindern während des Ramadans im Hochsommer verbieten, zu essen und zu trinken, ist das eine Gefährdung des Kindeswohls, gegen die Jugendämter und Lehrer einschreiten müssen. Ebenso ist das Schächten, also das Töten von Tieren, indem man ihnen die Kehle durchschneidet, Tierquälerei. Sie wird in Deutschland nicht bestraft, wenn die Religion das Schächten »zwingend vorschreibt«. Was in einer Religion allerdings »zwingend« ist, können deren Anhänger neu aushandeln. So großes Verständnis man für jahrhundertealte Traditionen haben muss, Muslime in Deutschland müssen auch Verständnis für gewachsene Werte dieser Gesellschaft haben, zumal dann, wenn sie sich in allgemein gültigen Gesetzen niederschlagen. Das geschieht, wenn auch langsam. Wiederum gilt hier: Während viele Muslime vor zwanzig Jahren nicht daran gedacht hätten, ein betäubtes Tier zu schlachten und zu essen, ist die Betäubung beim muslimischen Schächten nach Auskunft des Deutschen Tierschutzbundes heute die Regel.[124] Die betäubungslose Kastration von Ferkeln, deren Fleisch auf dem Mittagstisch der meisten deutschen Nichtmuslime landet, ist mittlerweile die grausamere Variante der Lebensmittelgewinnung.

Für eine Schubumkehr

Verständnisvoll und reflektierend im Ton, aber hart in der Sache: Die Prinzipien der Aufklärung müssen jedem Bewohner dieses Landes zumutbar sein, ohne dass er sich beleidigt fühlt. Diese Zumutung hätte früher formuliert werden müssen. Es nützt nichts, Lessings Ringparabel hochzuhalten, wenn am Ende nur der Vortragende tolerant bleibt. Wenn man die notwendigen Konfrontationen allerdings AfD-Politikern überlässt, muss sich niemand wundern, wenn Muslime nicht mit Offenheit, sondern mit Rassismusvorwürfen antworten. Ebenso muss sich niemand darüber wundern, dass sich auf Seiten der Muslime wenig bewegt, wenn man dogmatischen Vorstellungen des Islam überhaupt kein Paroli bietet. Es geht anders. Nur wartet dieser Weg noch darauf, beschritten zu werden.

Zwei Beispiele aus eigenem Erleben dafür, wie Bewegung entstehen kann, und zwar auf beiden Seiten.

Das eine Beispiel
An einem heißen Sommerabend während des Ramadans traf ich einen syrischen Bekannten vor einem Geschäft in unserem gemeinsamen Wohnort. Ich hatte mir gerade ein Eis gekauft und bemerkte seinen neidischen Blick. Daraufhin fragte ich ihn, ob in Damaskus, seiner Heimat, die Sonne nicht schon untergegangen sei. Warum sollte er in Norddeutschland mit dessen langen Sommerabenden länger fasten als im Mittleren Osten – das habe der Prophet vielleicht nicht bedacht, als er das Gebot aufstellte?

Mein Bekannter lächelte, entgegnete aber, das Gebot laute nun mal, erst nach Sonnenuntergang zu essen und zu trinken, und das habe er zu befolgen.

»Und wenn du als Flüchtling in Nord-Norwegen am Polarkreis gelandet wärst«, fragte ich, »wo die Sonne drei Monate lang nicht untergeht, würdest du dann nicht verdursten?«

Er lachte auf, ließ sich aber nicht beirren. Trotzdem hatte ich den Eindruck, einen neuen, kritischen Gedanken geweckt zu haben.

Das andere Beispiel
Ich diskutierte einmal mit einer (kopftuchtragenden) Muslimin darüber, ob Richterinnen in Deutschland Kopftuch tragen dürfen sollten. Ich fand nein. Bei Richterinnen habe die Person in den Hintergrund und die Funktion in den Vordergrund zu treten. Der Bürger begegnet vor Gericht schließlich dem Staat, und der dürfe kein weltanschauliches Bekenntnis abgeben, sondern müsse neutral bleiben, weil er allein und zweifelsfrei weltliche Gesetze zu vertreten hat. Daraufhin erwiderte die Muslimin: »Eine Richterin ohne

Kopftuch ist für mich nicht neutral. Sie signalisiert, dass es richtig ist, ihre Haare zu zeigen.«

Damit hatte sie einen neuen, kritischen Gedanken in meinen Kopf gepflanzt. Ich frage mich seitdem, wie eine weltanschaulich neutrale Richterin aussehen könnte – und ob die Pferdehaarperücken der britischen Richter und Strafrechtsanwälte vielleicht gar nicht aus der Zeit gefallen, sondern zeitgemäßer sind denn je.

Was folgt daraus politisch? Am besten wäre eine Schubumkehr: Die Politik sollte ihre Unterstützung viel mehr als bisher denjenigen Muslimen geben, die einen Islam schaffen wollen, der zu Deutschland passt. Der Erneuerungsprozess ist in vielen Gemeinschaften längst im Gange, und gerade junge Menschen wollen oft einen anderen Islam leben als ihre Verwandten in der Türkei – oder einen anderen als den, den konservative Importimame predigen.

Denen, die sich, teils mit hanebüchenen Argumenten, gegen diese Erneuerung sträuben, sollte die Politik die Unterstützung entziehen. Denn, wie der grüne Vordenker Ralf Fücks es formuliert, die Warnung vor Islamophobie könne sich im Handumdrehen in die Bereitschaft verwandeln, dem Islam und seinen Vertretern Sonderrechte einzuräumen. Damit behandele man Muslime aber nicht als mündige Menschen, »sondern als affektgetriebene Zeitbomben auf zwei Beinen, die man keinesfalls provozieren darf«, und übernehme damit im Grunde die These von der Unvereinbarkeit von Islam und Demokratie.[125]

In konkrete Politik umgemünzt hieße das zum Beispiel, dass zur Deutschen Islamkonferenz mehr Modernisierer als Beharrer eingeladen werden sollten, auch wenn die Beharrer lautstärker sind. Bisher ist es nach Ansicht vieler Kritiker umgekehrt.[126]

Der Staat sollte aber auch mit anderen Finanzierungsmodellen darauf hinwirken, dass möglichst viele Muslime die (negative) Glaubensfreiheit anderer respektieren. Er sollte zum Beispiel vermehrt staatlichen islamischen Religionsunterricht anbieten, in dem diese aufgeklärte Position vertreten wird. Wenn die religiöse Erziehung in Deutschland Ditib-Imamen aus der Türkei überlassen wird, die von der dortigen Religionsbehörde bezahlt werden, überlässt man junge Deutschtürken der Ideologie eines Islamo-Nationalismus. Die Ditib, die in Deutschland rund 900 Moscheen betreibt, ist der deutsche Ableger der türkischen Religionsbehörde. Sie untersteht damit letztlich dem türkischen Staatschef Recep Tayyip Erdoğan. Das ist nicht nur ein Anachronismus, es ist auch ebenso absurd, als ließe man die katholischen Kirchen im Land von der italienischen Regierung bezahlen und steuern.

In Belgien hat sich die Regierung ein anderes Modell einfallen lassen. Sie drängt ausländische Moscheen-Finanziers, vor allem Saudi-Arabien, dadurch aus dem Land, indem Moscheen von belgischen Provinzen oder Städten finanziert werden können. Die Moscheen müssen sich zwar einer Prüfung, unter anderem durch die Sicherheitsdienste, unterziehen, aber der Geldfluss der öffentlichen Hand setzt auch einen Anreiz, moderne Islaminterpretationen zu etablieren.[127] Warum sollte ein solches Anreizsystem zum gegenseitigen Nutzen nicht auch in Deutschland möglich sein?

Ja, einige Muslime haben noch ein paar Zumutungen zu durchstehen, wenn ihr Glauben unzweifelhaft zu einem Teil Europas, zu einem Teil Deutschlands werden soll. Diese Zumutungen müssen nicht so weit reichen, über Mohammed-Karikaturen lachen zu können. Aber die Gleichberechtigung von Kindern und Frauen muss sie ebenso umfassen wie die gleichberechtigte Anerkennung anderer Religionen.

Wer den militanten Dschihad attraktiver findet als den zweifelnden Idschithād, der gehört ebenso wenig zum Deutschland des 21. Jahrhunderts wie Rassisten, Nativisten und Suprematisten. Muslime in dieser Hinsicht besonders zu schonen, hieße, sie als Bürger nicht ernst zu nehmen. Das gilt umgekehrt auch für die Wahrnehmung jener Muslime, die einen deutschen Islam längst leben und für die Kritik, Toleranz und Ambiguität selbstverständlich sind. Diese Gleichberechtigung hat Deutschland in den vergangenen Jahrzehnten zu wenig gelebt.

Integration
Linke und rechte Lebenslügen

> *Eine Gesellschaft ist in der Tat ein Vertrag.*
> *Sie ist eine Partnerschaft (…) zwischen denen,*
> *die gerade leben, denen, die tot sind,*
> *und denen, die noch geboren werden.*
> EDMUND BURKE

Man stelle sich einen deutschen Politiker vor, der der Bundesregierung »Nazi-Methoden« vorwirft, der die Wiedereinführung der Todesstrafe verspricht und der die Inhaftierung Hunderter Journalisten und Oppositioneller fordert. Nicht wählbar, so ein Typ? Für die meisten Deutschtürken ist er es leider.

Die Zahl war ein Schock: Beim Referendum über die neue türkische Verfassung, bei der die 1,5 Millionen Türken in Deutschland mitwählen konnten, die ausschließlich oder auch die türkische Staatsbürgerschaft besitzen, stimmten fast zwei Drittel von ihnen, 63 Prozent, mit Ja. Dabei ging es um einen Machtzuwachs für das türkische Präsidentenamt, unter anderem dafür, dass der Staatspräsident das Parlament ohne bestimmte Voraussetzungen auflösen und Neuwahlen ausrufen kann sowie länger im Amt bleiben darf als bisher.

Der Amtsinhaber, Recep Tayyip Erdoğan, hatte zuvor den deutschtürkischen Journalisten Deniz Yücel inhaftieren lassen, das öffentliche Zweifeln der Bundeskanzlerin an einem Abschluss der EU-Beitrittsverhandlungen mit der Türkei als »Nazismus« und »Faschismus« bezeichnet und nach dem Putschversuch in Istanbul im Juli 2016 Tausende Oppositionspolitiker, Journalisten, Richter und Akademiker ohne ernsthafte rechtsstaatliche Prüfung inhaftieren lassen.

Wie kann es sein, dass Deutschtürken, die seit Jahrzehnten in der Bundesrepublik leben, eine derart starke Loyalität zu einem Autokraten empfinden, der ihr Heimatland entdemokratisiert? Die Zustimmungsrate zu Erdoğans Präsidialverfassung lag unter den Deutschtürken deutlich höher als in der türkischen Gesamtbevölkerung. Dort hatten nur 51,4 Prozent für den Systemwechsel gestimmt. Leben viele türkische Immigranten und ihre Nachfahren also in Wahrheit in zwei Welten? Genießen sie die Vorzüge der deutschen Demokratie, laben sich aber gleichzeitig am Stolz auf *ihren* starken Mann, der es den Deutschen so richtig zeigt? Die Zahlen verstärkten auch die Skepsis gegenüber der »Wir schaffen das«-Ansage der Kanzlerin. Wenn es nach fünfzig Jahren offenbar nicht gelungen war, große Teile der ersten muslimischen Einwanderer für liberale Werte zu gewinnen oder sie an den Illiberalismus verloren gingen, warum sollte es jetzt mit den neuen Einwanderern besser laufen?

Der CDU-Bundestagsabgeordnete Ruprecht Polenz warnte eilig davor, das Wahlverhalten als Beweis fehlgeschlagener Integration zu lesen. Es gebe schließlich 3,5 Millionen türkischstämmige Menschen in Deutschland und nicht einmal die Hälfte von ihnen dürften in der Türkei wählen. Da von diesen wiederum nur die Hälfte ihre Stimme abgegeben hätten, hätten im Endeffekt nur 13 Prozent aller Türkeistämmigen für Erdoğan gestimmt. Das ist Schönrechnerei, denn zum einen unterstellt Polenz, dass überhaupt nur jene 1,5 Millionen Türkeistämmigen in Deutschland Erdoğan-Anhänger sein könnten, die in der Türkei wahlberechtigt sind. Die übrigen 2 Millionen Türkeistämmigen nimmt er von dieser Möglichkeit aus. Dass seine Rechnung stimmt, ist deshalb nicht besonders wahrscheinlich. Zum anderen würde es ihm nie einfallen, ein Wahlergebnis der AfD um den Faktor der Wahlbeteiligung zu relativieren.

Polenz' Reaktion ist auf unfreiwillige Art ein Teil der Antwort auf die Frage, was bei der Integration von Einwanderern in Deutschland falschgelaufen ist. Die Beschwichtigung von kulturellen Unterschieden, das Nichtaussprechenwollen von Schwierigkeiten aus Angst, als rassistisch zu gelten, gehören dazu. Der andere Teil der Antwort lautet, das Türken tatsächlich diskriminiert und als nicht zugehörig betrachtet wurden.

Die Defizite liegen auf der Hand. Weniger klar ist, ob Deutschland aus den Fehlern der vergangenen fünfzig Jahre ausreichend Schlüsse für die kommenden Jahrzehnte gezogen hat.

Für einen Teil der Deutschen, auch für die damalige CDU, galten die »Gastarbeiter«, die von 1961 bis 1973 von der Bundesrepublik angeworben wurden, als buchstäblich »vorübergehende« Menschen, als ein paar Fremde, die irgendwann wieder nach Hause zurückkehren würden. Daraus leitete man ab, dass man sich nicht weiter um sie kümmern müsste.

Die deutsche Linke, unter anderem SPD und Grüne, erlag einer anderen Naivität, aber mit demselben Ergebnis. Sie hieß alle Fremden und alles Fremde willkommen, weil dies helfen sollte, die angebliche Nazi-DNS der Deutschen zu verdünnen – oder zumindest für eine Abwechslung im Schweinebraten-Sauerkraut-Bier-Mief deutscher Restaurants zu sorgen. Ihren pointiertesten Ausdruck findet diese Sicht in dem Slogan »Liebe Ausländer, lasst uns mit diesen Deutschen nicht allein«, der bis heute auf Demos zu sehen ist. Kritische Fragen nach der Werteordnung von Zuwanderern aus Anatolien zu stellen, galt per se als fremdenfeindlich. Das Resultat war das Gleiche wie das der konservativen Die-gehen-schon-wieder-Attitüde, nur aus einer anderen Motivation heraus: eine apathische Vernachlässigung der Einwanderer.

Unfreundliches beziehungsweise freundliches Desinteresse, die Betrachtung von Integration als überflüssige Anstrengung beziehungsweise als multikultifeindlichen Assimilierungsversuch – vielleicht ist vor allem durch die fatale gegenseitige Selbstlähmung der beiden bundesdeutschen Politiklager zu erklären, warum viele Einwanderer lange Zeit weder die fördernde Unterstützung noch die fordernde Leitung bekamen, die sie gebraucht hätten.

Sicher, beide Seiten haben dazugelernt. Die Christdemokraten gehen heute davon aus, dass sich viele Flüchtlinge und ihre Nachkommen in Deutschland verwurzeln werden. Und die Linke setzt Integration nicht mehr mit der Aufgabe der eigenen Kultur gleich.

Doch die Herausforderung ist heute eine intensivere als im Vergleich zur ersten Einwanderungsphase von Muslimen in den 1960er- und 1970er-Jahren. Noch nie sind so viele Menschen aus so anderen Sprach- und Kulturkreisen in so kurzer Zeit in die Bundesrepublik eingewandert wie in den Jahren 2015 und 2016 (im Jahr 2016 kamen über 320 000 Menschen aus Syrien, Afghanistan, dem Irak, Iran und Eritrea nach Deutschland[128]). Wie viele von ihnen, gerade Kinder, schwer traumatisiert sind, lässt sich kaum verlässlich sagen. Und noch etwas ist heute anders: Die Erwartungen an Gleichbehandlung sind gestiegen. Falsche Demut vor weißen Europäern ist der Forderung nach gleicher Augenhöhe gewichen. Dieser berechtigten Forderung hat der politisch-gesellschaftliche Wandel nicht überall und vor allem nicht schnell genug Rechnung getragen.

Für die Integrationspolitik muss all dies bedeuten, den Turbo einzulegen, zumal die Immigration nicht enden wird. Mitte 2017 bezogen laut dem Deutschen Städte- und Gemeindebund fast 600 000 Flüchtlinge die Grundsicherung Hartz IV. Welche Lehren lassen sich aus der Vergangenheit ziehen, damit diese Zahl in der Zukunft ab- statt zunimmt – und kein neuer Pool von fremd bleibenden Zuwanderern entsteht, über deren politische Präferenzen man sich eines Tages womöglich wundert?

In meiner Grundschulklasse gab es einen türkischen Jungen, dessen Deutschland im Vergleich zu meinem keine ebene Spielfläche war, sondern ein Bergkamm, dessen Bewältigung ihm ungleich mehr Energien abverlangte. Viel Rücksicht darauf wurde nicht genommen. Unsere Deutschlehrerin kontrollierte regelmäßig unsere Hausaufgabenhefte, und wer beim Abschreiben von Wortschätzen oder Arbeitstexten grobe Fehler gemacht hatte oder nicht alle Substantive mit Bleistift und Lineal unterstrichen hatte, musste seinen Namen an eine Tafel an der Seitenwand des

Klassenzimmers schreiben und einen Strich dahintersetzen. Erst wenn die Hausaufgaben neu und fehlerfrei abgeliefert worden waren, durfte man den Strich wegwischen. Die Striche hinter dem Namen unseres türkischen Klassenkameraden verschwanden aber nicht. Im Gegenteil, es wurden immer mehr. Und er selbst wurde immer zurückgezogener. Zwanzig Jahre später traf ich den Jungen von damals wieder. Er arbeitete in einer Autowaschanlage und reinigte die Felgen meines Autos, während ich auf die Einfahrt wartete. Sein Deutschland war immer schon ein steiler Hang gewesen, wo meines ein ebenes Feld war.

Spricht man heute mit Grundschullehrern, nimmt man zwar ein ausgeprägtes Bewusstsein für die Nöte von Zuwandererkindern wahr – aber man hört auch Verzweiflung. Wie sollen die Kinder von Flüchtlingen und Migranten, die zu Hause kein Deutsch hören und sich ein Zimmer mit mehreren Geschwistern teilen, in der Schule mithalten mit Kindern, die weder Verständigungs- noch Raumprobleme haben? Wir wissen, dass es Vorschulklassen braucht und Deutschunterricht, aber, so heißt es, wo soll das Personal herkommen?

Zwar hat die Bundesregierung in ihrem Koalitionsvertrag von 2018 eine »Investitionsoffensive für Schulen« angekündigt. Der Bund will für den Ausbau von Ganztagsschul- und Betreuungsangeboten zwei Milliarden Euro zur Verfügung stellen und für die Digitalisierung von Schulen mittelfristig fünf Milliarden Euro. Bemerkenswert unkonkret aber bleiben die Ideen, auf welche Weise die »besonderen Aufgaben der Integration« geschultert werden sollen. »Der Bund sorgt dabei für die Förderung der begleitenden Forschung sowie die Evaluierung der Wirksamkeit der getroffenen Maßnahmen«, heißt es etwa. Ende 2018 scheiterte der »Digitalpakt« für Schulen, mit dem der Bund den Ländern Finanzhilfen zur Verfügung stellen wollte, am Widerstand der Bundesländer. Einige von ihnen sahen wegen der geplanten Grundgesetzänderung ihre Rechte in der Bildungspolitik in Gefahr.[129] Geht so »Wir schaffen das« in einem der reichsten Länder der Welt, dessen wichtigstes Gut die Bildung seiner Bürger ist?

Kritiker wie die Bildungsforscher der wirtschaftsnahen Initiative Neue Soziale Marktwirtschaft (INSM) glauben, die Pläne der Bundesregierung reichten bei Weitem nicht aus, um einen besorgniserregenden Rückschritt zu stoppen: Die Schulabbrecherquote unter ausländischen Jugendlichen war seit dem Jahr 2000 rückläufig. Zwischen 2013 und 2016 ist sie wieder gestiegen, von 10,7 auf 14,2 Prozent. Um Bildungsarmut zu bekämpfen und Teilhabechancen zu erhöhen, seien weitere Investitionen von 12 Milliarden Euro pro Jahr nötig, ansonsten drohe sich die Negativentwicklung fortzusetzen.[130]

Ungleiche Teilhabechancen allein erklären aber nicht, warum gerade türkische Staatsbürger in Deutschland fast dreimal so häufig arbeitslos sind wie deutsche Staatsbürger (15,9 Prozent zu 5,4 Prozent im Jahr 2017) und fast doppelt so oft wie beispielsweise Polen (8,4 Prozent). Es erklärt auch nicht, warum gut ausgebildete, gut verdienende und scheinbar gut integrierte Türkeistämmige Recep Erdoğan als *ihren* Staatspräsidenten verteidigen, wie mein Kollege Jörg Lau schreibt: »Es sind interessanterweise junge Leute aus der dritten Generation, die den Kern jener national-islamischen Bewegung ausmachen, die in deutschen Städten Erdoğans Wahlsieg organisiert hat. Unter ihnen finden sich viele Akademiker, eloquente Juristen und Jungunternehmer, die in Talkshows flüssig erklären können, warum die Abschaffung aller Checks and Balances im neuen Präsidialsystem ein Meilenstein für die türkische Demokratie ist. Was nun? Wütende Forderungen bringen nichts: Geht doch nach drüben? Hat schon im Kalten Krieg nicht funktioniert. Den Doppelpass abschaffen? Das bestraft auch die Neinsager, die man eher stützen müsste. Besser wäre es, ohne Scheu und Herablassung eine Ideologie zu bekämpfen, die auf demokratischem Weg die Demokratie abschaffen will.«[131]

Um dies zu tun, müssten sich die Deutschen an eine neue Differenzierung gewöhnen: Es gibt nicht nur Deutsche, deren nativistisches Weltbild Integration erschwert. Es gibt diese Suprematisten auch auf Seiten der Einwanderer. »Es gibt hier eine türkische Pegida«, sagt Ali Ertan Toprak, der führende Repräsentant der kurdischen Gemeinschaft in Deutschland. Nur sei die noch gefährlicher, weil ein Staat hinter ihr stehe. Viele seiner Bekannten, so Toprak, trauten sich nicht mehr, auf Facebook mitzudiskutieren, aus Angst, von Erdoğan-Unterstützern niedergemacht und diffamiert zu werden. »Viele meiner liberalen Freunde, Ärzte, Rechtsanwälte, fühlen sich nicht mehr wohl.« Diese gut integrierten Türken drohe Deutschland zu verlieren, denn sie fühlten sich vom deutschen Staat und der Solidarität ihrer Mitbürger verlassen. Wo, fragt Toprak, blieben deutliche Worte aus der Politik, wenn Erdoğan-Anhänger anderen Türken drohten?[132]

Ahmad Mansour, arabischer Israeli mit deutschem Pass, der sich in der Extremismusprävention engagiert, schildert, dass Integrationsverweigerung zu einer eigenen Identitätsform werden könne. Vielleicht aus einem gewissen Neid heraus würden jene, die es geschafft haben, in Deutschland erfolgreich zu sein, diffamiert, als »Hausmuslime, dreckige Kupfer, Ungläubige also, Onkel Toms Muslime«. Wie Toprak hat Mansour die Sorge, dass Deutschland zu viel Kulturrelativismus gelten lasse, statt für seine gesellschaftlichen Fundamente einzustehen. »Viele, die zum Beispiel neu nach Deutschland kommen, wissen gar nicht, was es heißt, gleichberechtigt zu sein, was Säkularität und Meinungsfreiheit bedeuten und warum Antisemitismus hier keinen Platz hat. Das sind Dinge, die werden nicht richtig kommuniziert. Nicht in den Schulen, nicht in den Integrationskursen und vor allem nicht in den Debatten.«[133]

Viele Deutsche brauchen nicht nur eine neue Einstellung gegenüber Einwanderern, viele Einwanderer brauchen auch eine neue Einstellung gegenüber Deutschland. Und das eine bedingt das andere. Ahmad Mansour nennt die wünschenswerte Bewegung eine »Wir-Wende«. Er vergleicht Integration, wie Zuwanderer sie bisher in Deutschland erfahren, mit einer Lotterie. Mit Glück erwische man einen guten Integrationskurs, eine gute Schule, aufgeklärte Nachbarn. Mit Pech bekomme man nichts von alledem. So könne es in einer Einwanderungsgesellschaft nicht weitergehen. Aus der Lotterie müsse eine Brücke werden: »Stabile Brücken zu bauen, um Konfliktpotential zu verringern, ist Kernaufgabe der aufnehmenden Gesellschaft. Über die Brücken zu gehen, um wirklich anzukommen, ist Kernaufgabe der Neuankömmlinge.«[134]

Was könnte dies konkret bedeuten? Zweierlei: Auf politischer Ebene sollte es bedeuten, die Integrationsanstrengungen zu professionalisieren, und auf gesellschaftlicher Ebene, den Ton gegenüber Zuwanderern neu zu kalibrieren.

Es gibt in Deutschland ein Bundeslandwirtschaftsministerium, obwohl der Anteil der in der Landwirtschaft beschäftigen Menschen an der Gesamtbevölkerung bei unter zwei Prozent liegt. Der Anteil der Menschen mit Migrationshintergrund an der Bevölkerung beträgt über 20 Prozent. Warum gibt es kein Bundesintegrationsministerium? Die Regierungen von Israel, Dänemark, Frankreich, Kanada und Australien haben dieses Kabinettressort.

Zum anderen hieße dieser Brückenbau, freiheitliche Prinzipien freundlich, aber nachdrücklich einzufordern. Es würde bedeuten, Einwanderern nicht mit Beschützerinstinkt, sondern mit Bürgersinn zu begegnen. Nicht weniger Zuwanderer etwa wählen AfD als sogenannte »Bio-Deutsche« – ein schlechter Begriff übrigens, weil er ethnische Ressentiments fördert. Bei der hessischen Landtagswahl im Oktober wählten laut infratest dimap sogar mehr Wähler mit Migrationshintergrund AfD (14 Prozent) als solche ohne Migrationshintergrund (13 Prozent).

Der richtige Ton würde nicht nur die Unterschiede feiern, sondern auch für das Gemeinsame zu begeistern versuchen. Eine »Wir-Wende« müsste zudem einschließen, Migranten nicht bloß Wohnungen zu geben (zumal in Stadtteilen, in denen eine Ghettoisierung droht), sondern einen Platz, eine Bedeutung in der Gesellschaft. Gerade in der muslimischen Community ist eine Sehnsucht womöglich stärker ausgeprägt als bei vielen Deutschen: der Wunsch, Teil einer Gruppe, eines bedeutsamen Ganzen zu sein. Viele Immigranten sitzen deswegen offenbar zwischen den Stühlen, seit Jahrzehnten. Gehört es vielleicht auch zum Problem, dass jemandem, der Wert auf eine attraktive Gemeinschaftsidentität legt, Deutschland im Vergleich zur Türkei oder auch zur Umma, der Gemeinschaft der Muslime, eher wie ein abweisender, harter Hocker vorkommt?

Leitkultur
Das falsche Wort für die richtige Sache

*Es kennzeichnet die Deutschen, dass bei ihnen
die Frage »Was ist deutsch« nie ausstirbt.*
FRIEDRICH NIETZSCHE

Seit ungefähr zwanzig Jahren läuft die Debatte ums Deutschsein in Deutschland zugespitzt so ab: Ein Konservativer fordert eine »Leitkultur«, ohne genau sagen zu können, was er damit meint, und Linke brüllen ihn nieder, ohne genau zu wissen, warum. Die ursprüngliche Idee einer deutschen Leitkultur kam von einem zugewanderten Syrer. Und der wusste noch recht genau, was er damit meinte. Der aus Damaskus stammende Göttinger Politikwissenschaftler Bassam Tibi formulierte im Herbst 2000 die Vorstellung von potenziell verbindenden Verbindlichkeiten, weil er, wie er sagte, ein Miteinander statt ein Nebeneinander zwischen Einwanderern und Deutschen schaffen wollte. Die Debatte verlief kurz und explosionsartig – auch deshalb, weil Tibi in teilweise grotesker Weise missverstanden worden war.

Die Missverständnisse, bilanzierte Tibi später, hätten damit begonnen, dass unterstellt worden sei, Leitkultur gehe von einer homogenen Bevölkerung aus und verlange eine »Unter-/Überordnung in der Beziehung zu den Fremden«.

Genau darum, um eine Rangordnung zwischen »Sauerkraut« und »Knoblauch« sei es ihm aber nicht gegangen, sondern um die Unterscheidung zwischen demokratischen und undemokratischen Werten.

Die Bundesrepublik, so lautete Tibis These, habe das Problem, dass viele *Zu*wanderer keine *Ein*wanderer würden, weil Deutschland sich ethnisch-exklusiv definiere, als Kulturnation, deren Zugehörigkeit eine deutsche Abstammung erfordere. Tatsächlich richtete sich die deutsche Staatsbürgerschaft bis zu einer Gesetzesreform im Jahr 2000 ausschließlich nach dem Prinzip des *ius sanguinis*, also der Blutsabstammung, und nicht danach, wo jemand geboren war, dem *ius soli*.

Deutschland könne deswegen den Einwanderern keine Identität bieten, so Tibi. Statt Deutschland derart exklusiv zu halten, solle sich die deutsche Gesellschaft lieber »eine Art innere Hausordnung« über allgemeingültige Werte und Normen geben. Sie könne sowohl Orientierung wie Klammer sein zwischen den in diesem Gemeinwesen lebenden Menschen, unabhängig von ihrer Religion, Ethnie oder Ursprungskultur. Ein Land, das keine Identität geben könne, könne auch keine Integration leisten. Deshalb kam Tibi zu dem Schluss: »Zu jeder Identität gehört eine Leitkultur.«[135]

Die Reaktionen waren heftig. »Eine deutsche Leitkultur (…) knüpft offen und schonungslos an den gewalttätigen Imperialismus von Wilhelm II. an. So wurde für die Nazis der gesellschaftlich-kulturelle Boden bereitet (…) Das ist die deutsche Leitkultur«, entgegnete der hessische SPD-Politiker Gerhard Kadelbach.[136] Die Pons-Redaktion kürte »Deutsche

Leitkultur« zum Unwort des Jahres 2000, mit der Begründung, es sei wünschenswert, Begriffe zu verwenden, die für alle Bürger eines Landes eindeutig seien und die sachliche Auseinandersetzung nicht behindern. »Das muss bei politisch sensiblen Fragen wie der Einwanderung, zumal vor dem Hintergrund fremdenfeindlicher Gewaltakte, umso mehr gelten.«[137]

Wahrscheinlich waren Tibis Thesen einfach ihrer Zeit voraus. Sie blieben nach diesem Kritiksturm jedenfalls erst einmal verschüttet. Zwar glühte die Debatte weiter und flackerte ab und zu auch wieder auf. Dann aber litt sie daran, dass ihre meist konservativen Verfechter die Idee der Leitkultur ähnlich falsch verstanden hatten wie ihre linken Kritiker, nämlich als Mittel, »Roten und Grünen die multikulturellen Flausen auszutreiben«, wie der CDU-Politiker Heinz Daum sagte.[138] Das wollte Tibi nie. Ihm schwebte vielmehr eine Kultur vor, die selbst Kulturpluralismus erlaubte. Diesen Pluralismus wiederum erlauben aber nicht alle Kulturen – weshalb zwar sehr wohl viele Kulturen in Deutschland zu Hause sein könnten, aber eben nicht jede Kultur in jeder Facette.

Auch für die Leitkulturdebatte galt: Oft sind die kleinen Unterschiede die eigentlich großen, gehen aber am leichtesten unter. Leitkulturdiskussion in Deutschland, das hieß lange Zeit, mit einer groben Keule auf die Karikatur einer Idee einzudreschen.

Als die Debatte nach dem Flüchtlingsjahr 2015 erneut aufkam, tat sie es mit einer etwas anderen Qualität. Konservative entwarfen die Idee einer inklusiven Leitkultur, und Linke verwarfen sie nicht sofort. Der damalige Bundesinnenminister Thomas de Maizière (CDU) veröffentlichte im April 2017 die Skizze einer Leitkultur in zehn Punkten, die er als Einladung zur Diskussion verstanden wissen wollte. Leitkultur bedeute für ihn eine Richtschnur des Zusammenlebens. Zu ihr gehörten (Zusammenfassung nicht vollständig und nicht immer wörtlich):

Wir geben uns die Hand. Wir zeigen unser Gesicht. Wir sind nicht Burka. Wir fordern Leistung. Wir bekennen uns zu den tiefsten Tiefen unserer Geschichte, wozu auch ein besonderes Verhältnis zum Existenzrecht Israels gehört. Religion ist Kitt und nicht Keil der Gesellschaft. Es gilt der unbedingte Vorrang des Rechts über alle religiöse Regeln im staatlichen und gesellschaftlichen Zusammenleben. Wir verknüpfen Vorstellungen von Ehre nicht mit Gewalt. Es gibt »Unverhandelbares«, auf dessen Einhaltung wir bestehen müssten. Daneben gibt es »Auszuhaltendes«. Je mehr die Leitkultur Zuwanderer überzeugt, desto weniger gibt es auf Dauer auszuhalten.

Die Hauptkritik von linker und liberaler Seite auf de Maizière lautete: Zuwanderer bräuchten keinen Benimmkatalog. Die deutsche Leitkultur sei das Grundgesetz. Es reiche aus, sich daran zu halten.

Wieder wurde so die Gelegenheit verpasst, einen Konsens über ein modernes deutsches Selbstverständnis zu schmieden, darüber, wie ein nicht chauvinistisches, aber eben auch ein forderndes Nationalnarrativ klingen könnte. Die Verführung, alte Lagerklischees zu bedienen, war größer.

Denn in der Befolgung des Grundgesetzes kann sich dieses Selbstverständnis nicht erschöpfen. Die Verfassung ist nicht bloß Ausdruck, sondern selbst Produkt einer Kultur.

Wer die Gesellschaftsordnung schätzt, die dieses Grundgesetz schützt, muss sich deshalb auf die Suche nach den Grundlagen seiner freiheitlich-demokratischen Ordnung unterhalb des Grundgesetzes machen. Und dann landet man eben schnell bei historisch-kulturellen Fundamenten.

Die Überzeugungen, aus denen der Rechtekatalog des Grundgesetzes geboren wurde, sind teils hart erkämpfte, teils genial erdachte, teils aus Katastrophen geborene zivilisatorische Errungenschaften. »Der freiheitliche, säkularisierte Staat lebt von Voraussetzungen, die er selbst nicht garantieren kann«, hat der Rechtsphilosoph und Verfassungsrichter Ernst-Wolfgang Böckenförde 1976 formuliert. Welches aber sind die Grundnormen dieser Gesellschaft, jene Werte und Überzeugungen, die eine so kostbare Verfassung wie das Grundgesetz erst entstehen und dann weiter haben wachsen lassen?

Worauf die Deutschen und die Zuwanderer sich besinnen sollten

Eine Selbstbesinnung darüber, welche Werte und Identitätsmerkmale ein Land vermitteln und verteidigen möchte, könnte in der Tat eine verbindende Übung sein, nicht nur gegenüber Zuwanderern, sondern auch zwischen den polarisierten Deutschen selbst. Aber aus der Sorge heraus, dass diese Selbstbesinnung als Patriotismus falsch verstanden werden könnte, und aufgrund der Angst, dass Patriotismus als Nationalismus missdeutet werden könnte, unterbleibt sie eher. Anlass zur Sorge ist allerdings vor allem dann gegeben, wenn scheinbare Selbstverständlichkeiten nicht mehr begründet werden, sondern zu Dogmen gerinnen, die viele Bürger immer weniger überzeugen.

Gerade in einer Zeit, in der nicht nur viele Migranten aus zum Teil unaufgeklärten Weltregionen zuwandern, sondern in der sich auch viele Deutsche von bisher sicher geglaubten gesellschaftlichen Standards abwenden, wäre eine solche Besinnung wichtig.

»Die meisten Europäer, so meine These, sind nicht mehr in der Lage, für ihre Kultur substanziellere Argumente vorzubringen als die Effizienz ihrer Volkswirtschaften und den politischen und sozialen Frieden, der im Westen und in der Mitte des Kontinents seit dem Ende des Zweiten Weltkrieges aufrechterhalten werden konnte«, schreibt der schweizerisch-israelische Philosoph Carlo Strenger. »Wenn jedoch die Fähigkeit verloren geht, die eigene Lebensform und ihre Werte argumentativ zu verteidigen, ist der Weg frei für rückwärtsgewandte Rechtsparteien, deren Programm am Ende darauf hinausläuft, dass Deutschland den Deutschen gehört, Frankreich den Franzosen und die Schweiz den Schweizern.«[139]

Lohnend wäre deshalb eine unterscheidende Besinnung; zum einen auf die Werte, die den Westen seit Langem ausmachen, und zum anderen eine Realisierung jener Werte, die Deutschland im Besonderen seit 1945 prägen. Nennen wir sie die europäischen Werte und die bundesdeutschen Werte. Die einen stehen für ein universelles Wertefundament, die anderen, die auf ihm aufbauen, bilden das nationale Wertegerüst. Zusammen ergeben sie einen progressiven Pluralismus, ganz im Sinne des Politikwissenschaftlers Ernst Fraenkel: »Pluralistisch ist nicht ein Staat, der *nur* pluralistisch, pluralistisch ist ein Staat, der *auch* pluralistisch ist. Pluralismus ist ein dialektischer Begriff. (…) Pluralismus bedeutet Übereinstimmung und Differenzierung.«[140]

Das Fundament dieser pluralistischen Ordnung steht eben nicht zur Disposition, es kann nicht jeden Tag neu ausgehandelt werden. Das nationale Wertegerüst, das auf diesem Boden steht, ist hingegen entwicklungsoffen. Welche Werte welchen Stellenwert besitzen sollen, darüber kann in einer Demokratie stets gestritten werden. Das deutsche Wertegerüst nach 1945 unterscheidet sich deshalb in mancherlei Hinsicht von den meisten seiner Nachbarländer. Vor allem ist es eins: wackliger.

Nach der nationalistischen Manie der Nazizeit standen die Deutschen jedem Kollektivgefühl mit tiefer Skepsis gegenüber. »Nie wieder«, das hieß auch, sich nie wieder von dem Wunsch nach nationaler Größe zu Überheblichkeit, Machtansprüchen und Ausgrenzung alles »Undeutschen« verführen zu lassen, der zu Krieg, Mord und Vernichtung führte. Die Deutschen müssen sich auf ihrem Wertegerüst also etwas vorsichtiger bewegen als die Bürger anderer Länder, umsichtiger. Oder auch: balancierter. Das erscheint erst einmal wie eine Schwäche. Aber könnte es nicht auch – selbstbewusster betrachtet – eine nationale Stärke sein?

Zunächst aber einmal zum Reich des Unverhandelbaren, dem Fundament. Welches sind die Werte, bei denen es kein Schwanken geben darf und warum nicht?

Die europäischen Werte

Was europäische oder auch westliche Werte besonders macht, ist, dass sie sich von ihren Ursprüngen emanzipiert haben, ohne zugleich an Gültigkeit verloren zu haben. Europa (und Nordamerika) haben es geschafft, die religiöse Begründung für fundamentale Werte zumindest teilweise in rationale Begründungen zu überführen und, in einem nächsten Schritt, für weltlich-prozessuale Garantien dieser Werte zu sorgen. Es war eine lange, freiheitsstiftende Wanderung von den Predigten in Tempeln und Kathedralen zu den Auseinandersetzungen in Gerichtssälen und Parlamenten. Die Gesellschaften in manch anderen Weltregionen haben noch einige Stücke dieses Weges vor sich.

Die Idee der Menschenwürde etwa gründet in der jüdisch-christlichen Vorstellung, Gott habe den Menschen nach seinem Ebenbild geschaffen; was bedeutet, dass er alle Menschen gleich geschaffen hat. Dieser Gedanke ist der Nukleus der Menschenrechte. Die Denker der Renaissance, der Aufklärung und des Humanismus dachten ihn weiter, einige versuchten auch, Glauben und Rationalität zu versöhnen. Der Aufklärer Immanuel Kant argumentierte, weil der Mensch vernunftbegabt sei, könne er moralisch handeln und das bedeute, Freiheit, Rechte und Würde des anderen so zu achten, als wären es die eigenen. Sein kategorischer Imperativ gründet auf einer Gleichberechtigungstheorie der Gerechtigkeit: Die Freiheit jedes Einzelnen darf nur in dem Maße eingeschränkt werden, wie es notwendig ist, um ein gleiches Maß von Freiheit für alle zu sichern. Dieser Maxime müssen Gesetze folgen.

Nicht zuletzt der Reformismus Luthers brachte die Erkenntnis, dass Ketzer oft recht haben können. Mit anderen Worte, die Meinungsfreiheit mag für die Herrschenden oder die Bevölkerungsmehrheit oft schmerzhaft sein, sie ist aber Grundbedingung allen gesellschaftlichen Fortschritts. Meinungsfreiheit macht das Hinterfragen möglich. Dadurch können Fehler entdeckt werden. Fehler zu beheben, bedeutet Fortschritt.

Historiker gehen davon aus, dass es um 1517 in Deutschland und Mitteleuropa schon 3000 Druckerwerkstätten gab, weshalb sich Luthers 95 Thesen innerhalb von Wochen im ganzen Reich verbreiten konnten.[141] Im Osmanischen Reich hingegen blieben Druckerpressen bis ins Jahr 1727 verboten, weil die Sultane sie als Bedrohung betrachteten. So hielten sie ihre Untertanen ungebildeter und unkritischer. Um 1800 konnten wahrscheinlich nur zwei bis drei Prozent der Bürger des Osmanischen Reiches lesen und schreiben. In Mitteleuropa waren es gut die Hälfte.[142] Die französischen Revolutionäre des Jahres 1789 nannten die Meinungsfreiheit in ihrer Erklärung der Menschen- und Bürgerrechte *un des droits les plus précieux de l'Homme*, eines der kostbarsten Rechte des Menschen.

Die Weisheit Voltaires »Ich missbillige, was du sagst, aber würde bis auf den Tod dein Recht verteidigen, es zu sagen« ist ebenso westliche Denktradition geworden wie Lessings Begründung der religiösen Toleranz im Richterspruch seiner Ringparabel: »Mein Rat ist aber der: ihr nehmt die Sache völlig wie sie liegt. Hat von Euch jeder seinen Ring von seinem Vater: So glaube jeder sicher seinen Ring den echten.«

Es waren religiöse Flüchtlinge, Puritaner in Nordamerika, die auf der von Montesquieu erdachten Gewaltenteilung zwischen Legislative, Exekutive und Judikative erstmals ein politisches System gründeten, das diese Rechte für die Bürger sicherte. Die Herrschaft des Rechts oder das *government of laws, not of men*, wie es die *Massachusetts Bill of Rights* von 1780 nennt, und die angeborenen und unveräußerlichen Menschenrechte, wie sie erstmals in der *Virginia Bill of Rights* von 1776 formuliert wurden, wurden später auch Basis der europäischen Verfassungsstaaten.

Die Hauptstadt der amerikanischen Demokratie wurde dennoch von Sklaven erbaut. Es sollte weitere zweihundert Jahre dauern, bis Schwarzen in den Vereinigten Staaten die gleichen Bürgerrechte gewährt wurden wie Weißen.

Nach dem Ersten Weltkrieg schließlich verschaffte sich langsam, aber sicher auch die Erkenntnis Durchbruch, dass die andere »Körperlichkeit« von Frauen keine andere soziale oder rechtliche Stellung rechtfertige.

Eben dieser aufgeklärte, liberale Säkularismus hat sich anderswo nicht oder kaum entwickelt. Laut dem anerkannten Pew Research Center würden es 99 Prozent aller Afghanen begrüßen, wenn die Scharia in ihrem Land das offizielle Recht würde. Im Irak sagen dies 91, in Marokko 83 und in Ägypten 74 Prozent.[143] Auch diese Zahlen sind freilich unter dem Vorbehalt zu lesen, dass es in all diesen Ländern religiöse Extremisten gibt, die es gefährlich machen, eine andere Auskunft zu geben.

Eben weil es einen Unterschied für das Vertrauen von Staatsbürgern zueinander macht, ob man Gesetze nur befolgt oder ob man deren Geist verinnerlicht hat, ist Verfassungstreue kein hinreichendes Kriterium für eine Einwanderungsgesellschaft, die ihre Identität schützen und weitervermitteln will. Ein Staat mag von Pflichtbürgern leben. Ein Staatswesen braucht Willensbürger. Dann kann das Land immer wieder erneuert, modernisiert und verbessert werden, ohne seinen grundlegenden Charakter zu verlieren. Es ist wie mit dem Schiff des Theseus: Man kann nacheinander sämtliche Planken, Ruder, Nägel und Masten austauschen, ohne Angst haben zu müssen, das ursprüngliche Schiff zu verlieren.

In Deutschland freilich ist es mit der Loyalität zur nationalen Kultur so eine Sache, denn zu diesem Erbe gehört die Erkenntnis, dass die hohe europäische Aufklärung kippen kann in tiefste nationalistische Finsternis. Eine Nachkriegsgeneration wuchs sogar mit der Lehre auf, die Aufklärung habe letztlich nach Auschwitz geführt.

Bundesdeutsche Werte

Der Katechismus der deutschen 68er-Bewegung war die *Dialektik der Aufklärung* von Theodor W. Adorno und Max Horkheimer. In ihrem Buch vertraten die Frankfurter Soziologen die These, die Aufklärung habe letzten Endes zur Entmenschlichung und zum industriell-organisierten Massenmord geführt. Durch die Aufklärung sei auch ein Wirtschaftssystem entstanden, das den Menschen zu einem Posten in Nützlichkeitsberechnungen gemacht habe. Die Verabsolutierung des vernunftgeleiteten wissenschaftlichen Fortschritts habe zu einem instrumentellen Denken geführt. Als eine Hervorbringung der Aufklärung sahen Adorno und Horkheimer deshalb den »spezifisch abendländischen, auf Selbsterhaltung und Herrschaft abzielenden Rationalitätstypus«. Was heute wenig differenziert erscheint (war es nicht auch der »abendländische Rationalitätstypus«, der Europa von der

Naziherrschaft befreite?), erschien einer Generation, die fassungslos vor den Verbrechen ihrer Eltern stand, als einleuchtende Erklärung: Natürlich, der weiße Mann war der Verbrechertyp der Weltgeschichte.

Auf diese Weise sorgten Adorno und Horkheimer tragischerweise selbst dafür, die Kultur der Aufklärung zu relativieren. Denn wenn man den Thesen der »Frankfurter Schule« glaubte, gab es keinen Grund, der europäischen Kultur, der deutschen noch viel weniger, irgendeinen höheren Wert zuzuschreiben. Im Gegenteil, dann gab es vor allem Grund zur Scham.

Die schlimmsten Zeiten deutschen Selbsthasses sind glücklicherweise vorbei. Deutsche, die glauben, es gebe keine deutsche Kultur oder höchstens eine, deren man sich schämen sollte, gibt es allerdings immer noch einige. »Eine spezifisch deutsche Kultur ist, jenseits der Sprache, schlicht nicht identifizierbar«, schrieb Aydan Özoğuz (SPD), die damalige Integrationsbeauftragte des Bundes, im Mai 2017.[144] Im Oktober 2018 rechtfertigte die Sprecherin der »#Unteilbar«-Demonstration in Berlin, Theresa Hartmann, die Tatsache, dass die deutsche Flagge bei dem Marsch für Vielfalt »unerwünscht« gewesen sei, damit, dass »diese Flagge gerade unglaublich von rechts konnotiert ist, und wir wollten auch nicht für Nationalstolz stehen«.[145]

Deutsche, die so über ihr Land und seine Symbole sprechen, begehen drei verhängnisvolle Fehler. Erstens überlassen sie die Verteidigung der deutschen Kultur, samt Flaggezeigen, jenen Rechtsradikalen, die am wenigstens von dieser Kultur geprägt sind und sie sogar pervertieren. Zweitens befördern sie ein Verständnis von deutscher Kultur, das 1871 zu beginnen, 1945 zu enden und im Wesentlichen in

Burschenschaftskellern und auf Kasernenhöfen zu spielen scheint. Drittens bieten sie Einwanderern keine kulturelle Vorstellung davon, wo hinein sie sich eigentlich integrieren sollen. Würde Aydan Özoğuz umgekehrt jemals auf die Idee kommen, Zuwanderern die Existenz ihrer Kultur jenseits ihrer Sprachen abzusprechen?

Natürlich ist eine spezifisch deutsche Kultur vor der Militarismus- und der Nazizeit ebenso identifizierbar, wie es eine spezifisch bundesdeutsche Kultur für die Zeit danach ist.

Was ist deutsche Kultur?

Wo fängt man da an? Vielleicht im eigenen Kinderzimmer. Die *Kinder- und Hausmärchen* der Brüder Grimm sind ebenso Teil des prägenden deutschen Kulturkanons wie *Jim Knopf und Lukas, der Lokomotivführer*, *Bibi Blocksberg* oder die Neue Deutsche Welle. Irgendwann liegt bei jedem Schüler in Deutschland der Nationalmythos *Faust* auf dem Schreibtisch – oder sollte es jedenfalls. Überhaupt Goethe, der mit seinem jungen Werther selbst jung zum deutschen Shakespeare wurde und später zum Sinnbild des weltoffenen Gelehrten, der sich für persische Dichtung ebenso interessierte wie für die Geschichte und Kultur Italiens und Chinas. Gehört das nicht auch zur deutschen Kultur, jedenfalls als Ideal?

Landschaften prägen die Seele. Hat der Erfolg der deutschen Grünen, die hohe Bedeutung der Ökologie, womöglich auch etwas mit dem deutschen Sehnsuchtsort, dem Wald, zu tun? Er bedeckt ein Drittel der deutschen Landfläche. Könnte dies die Vorstellung von der Welt und damit die Kultur mitgeprägt haben?

Was ist mit Dichtern und Denkern wie Heinrich Heine, Kurt Tucholsky, Hannah Arendt, Thomas Mann und Hermann Hesse? Haben sie nicht das Selbstbild vieler Deutscher geprägt? Was ist mit Karl dem Großen (die Franzosen reklamieren ihn zwar als ihren Kaiser, aber sein Dom steht in Aachen, und man wird ihn zumindest einen Auch-Deutschen nennen dürfen), was ist mit den genialen Baumeistern, deren Kathedralen in Ulm, Mainz, Köln, Speyer, Berlin oder Dresden bis heute die Stadtbilder prägen? Deutschlands Künstler, Johann-Sebastian Bach, Georg Friedrich Händel, Joseph Haydn, Herbert Grönemeyer, Caspar David Friedrich, Hans Holbein, Albrecht Dürer, Käthe Kollwitz, Ernst Barlach, Neo Rauch, Walter Gropius und das Bauhaus sind natürlich identifizierbare deutsche Kultur. Auch der Erfindergeist war es einmal. Das Auto, das Flugzeug, der Computer, das Röntgengerät, das alles wurde in Deutschland erdacht.

Deutsches Bier, deutsche Wurst und deutsches Sauerkraut steckten zwar längere Zeit in einer Sinn- und Qualitätskrise, erholen sich aber allmählich. Currywurst und Döner Kebab, beides in Berlin erfunden, gehören ebenfalls zur deutschen kulinarischen Kultur.

Wer die Bundesflagge schließlich für ein Symbol des Nationalismus hält, kennt ihre Geschichte schlecht. Die schwarz-rot-goldene Trikolore war im Revolutionsjahr 1848 ein Ruf nach einem einigen Deutschland, in dem endlich seine 37 Kleinstaaten aufgehen sollten. Vor allem aber war sie das Symbol der Volksherrschaft gegen den Absolutismus. Schwarz, Rot, Gold waren die Farben, unter denen die Bundesversammlung in der Frankfurter Paulskirche nach einer Verfassung verlangte, die die Grundrechte vor obrigkeitlicher Willkür schützen sollte. Die deutsche Flagge ist wahrlich kein Symbol, für das man sich schämen müsste. Eher eines, dessen Geschichte die Rückeroberung aus den Händen von Pegida-Hetzern befiehlt.

Damit zur bundesdeutschen politischen Kultur nach 1945. Ob es nun eine alte deutsche Tugend war oder neue, eine Spielart originären Grübelns oder zuvor nie dagewesene Selbstreflexion: Was die Deutschen (jedenfalls die Westdeutschen) nach dem Nazihorror entwickelten, ist ein Merkmal, das sie heute ohne Scham einen Teil ihrer nationalen Identität nennen können. *Vergangenheitsbewältigung* ist ein so eigener deutscher Begriff, dass er mangels guter Übersetzbarkeit – und angesichts wachsender internationaler Nachfrage – allmählich Einzug in den englischen Wortschatz hält.

Die Deutschen haben sich, gerade weil ihr Wertegerüst nach 1945 wacklig erschien und gerade weil sich das linke und rechte Lager lange Zeit scheinbar unversöhnlich gegenüberstanden, ein paar Qualitäten antrainiert, die bei genauerer Betrachtung sehr wohl eher Stärken als Schwächen sind. Jedenfalls schienen diese Qualitäten auf einem guten Weg, bis die neue Polarisierung ausbrach.

Eine der Qualitäten der bundesdeutschen Kultur ist die Kanarienvogel-in-der-Kohlemine-Sensibilität. Durch die ständige Beschäftigung der Deutschen mit der Frage, wie und warum die Weimarer Republik keinen Bestand hatte, hat die Berliner Republik ein besonderes Sensorium dafür entwickelt, wann der demokratische Sauerstoff knapp wird. Diese Empfindlichkeit kann hysterische Züge annehmen (siehe den oft zu schnell entsicherten Nazivorwurf), aber sie hat Deutschland auch imprägniert gegen populistische Verlockungen.

Eben nicht in Deutschland, sondern in Frankreich wurde eine autoritäre Bewerberin im Jahr 2017 fast Staatspräsidentin. Eben nicht in Deutschland, sondern in Polen schaltet eine Regierung die Justiz gleich. Eben nicht in Deutschland, sondern in Großbritannien, Italien, Österreich, Tschechien, Ungarn und Griechenland sitzen geifernde EU-Hasser in den Regierungen. Die Mitte schrumpft zwar auch im Mitte-Land Europas, aber im Nachbarschaftsvergleich erscheint sie widerstandsfähiger.

Vielleicht liegen die Gründe dafür tiefer in der Geschichte, als man glaubt. Um Deutschlands Kleinstaaten zusammenzuhalten, um Gräben zwischen den protestantischen und katholischen Regionen zu überbrücken, um einem dezentralen Land zumindest einen gemeinsamen Leitstrahl zu geben, waren über Jahrhunderte Versöhnung und Diplomatie, Einfühlungsvermögen und Kompromisse gefragt. Welches andere große EU-Land etwa gönnt sich eine derart hemmende und anachronistisch wirkende Kammer wie den Bundesrat? Im Vergleich zu anderen politischen Kulturen mag die deutsche dadurch oft gemächlich, ja schneckenhaft erscheinen. Aber dafür sind ihre Konsense auch durchdachter und haltbarer.

Bundesdeutsche Kultur heißt auch, die Demokratie ständig auf einer Art TÜV-Prüfstand zu halten, ständig nach Roststellen oder mangelhaften Bremsen zu suchen. Für Zuwanderer kann diese permanente Selbstbefragung die deutsche Identität zu einer ziemlich schwierigen, ja unattraktiven Wahl machen. Im Vergleich zu den deutschen, wenn man so sagen will, Allgemeinen Nationalbedingungen ist etwa die amerikanische Identität ein Drive-in. Einwanderern ist ebenso klar, was amerikanisch ist, wie klar ist, was als »unamerikanisch« gilt. Aber diese Instantidentität erweist sich eben auch als anfälliger für Selbstgefälligkeit, einreißende Mängel und Exzesse.

Einen irischen Freund, der nach langer Zeit in Deutschland überlegte, die deutsche Staatsbürgerschaft zu beantragen, fragte ich einmal, wie er es denn dann mit der Verantwortung für die Erinnerung an den Holocaust halten wolle, die er in diesem Fall schließlich mit übernehme. Darüber müsse er in der Tat noch nachdenken, antwortete er. Er ließ seinen Plan erst einmal ruhen. Irland, das Land, das nie einen Krieg angezettelt hatte, das einen unschuldigen Stolz zelebrierte, wurde durch Heinrich Bölls *Irisches Tagebuch* Ende der 1950er-Jahre für viele Deutsche zu einer Art Zufluchtsidentität. Im Cottage mit Blick auf den Atlantik konnte man das von Deutschland zerstörte Europa buchstäblich hinter sich lassen. Was den Iren selbst ihr *Irishness*, ihr Irischsein, heute bedeutet, formulierte ihr Staatspräsident Michael Higgins nach seiner Wiederwahl im Oktober 2018 so: »Sie (die Iren, JB) möchten das Hoffnunggeben teilen, (…) tiefe Verbindungen und neue Solidarität.« Darauf sei er stolz.[146] Seine flammende Ansprache wurde in den sozialen Netzwerken zehntausendfach geteilt und gefeiert.

Bundesdeutsche Kultur äußert sich hingegen bisweilen auch darin, was diese Kultur *nicht* feiert: Zum Beispiel feierte Deutschland 2009 nichts. Was da zu feiern gewesen wäre? Immerhin der Sieg über das Römische Imperium durch Hermann den Cherusker im Teutoburger Wald im Jahr 9 nach Christus. Aber eine Bundespräsidentenrede am Hermannsdenkmal, diesem preußischen Monumentalbau, das drohend Richtung Süden blickt? Unvorstellbar.

Zur 200-Jahr-Feier der Völkerschlacht, der Befreiung Deutschlands von der napoleonischen Besetzung, richtete die Stadt Leipzig ein »Europäisches Fest« aus, »im Sinne der europäischen Verständigung mit Menschen aus allen an der Völkerschlacht beteiligten Nationen«. Und welcher Berliner weiß schon, dass Kreuzberg Kreuzberg heißt, weil auf dem Hügel, von dem aus die Bevölkerung damals die französischen Truppen abziehen sehen konnte, ein Monument mit einem Eisernen Kreuz an der Spitze errichtet wurde, dem Symbol, das in Preußen für deutsche Standhaftigkeit stand.

Warum das alles so ist beziehungsweise nicht ist? Weil der Mehrheit der Bundesdeutschen eine gedeihliche Zukunft mit ihren Nachbarn wichtiger ist als ein stolzer Rückblick in die Vergangenheit. Über 80 Prozent der Deutschen halten die Mitgliedschaft in der EU für eine gute Sache. Damit liegen sie deutlich über dem Mittel der EU-Bevölkerungen von 62 Prozent Zustimmung.[147] Einem aufgeklärten Patriotismus, sagte Bundespräsident Frank-Walter Steinmeier am 9. November 2018 im Bundestag, gehe es »weder um Lorbeerkränze noch um Dornenkronen. Er ist niemals laut und auftrumpfend – es ist ein Patriotismus mit leisen Tönen und mit gemischten Gefühlen.«

Einen ziemlich witzigen und gelungenen Versuch, deutsche Leitkultur zu vertonen, unternahm 2016 der Satiriker Jan Böhmermann mit seinem Song »Be deutsch!«. In dem Video stürzt eine Horde Birkenstock-Träger mit dem Schlachtruf auf den Zuschauer los:

> *We are proud of not being proud!*
> *We are here to remind you,*
> *that we have once been stupid, too.*

Überhaupt ist Musik ein gutes Bild für das, was Deutschland braucht. Wer Musiker beobachtet, die ihre Instrumente beherrschen und spontan zusammen musizieren, erlebt Kulturschöpfung live. Plötzlich entstehen aus bekannten Melodien neue Variationen, die selbst wieder Melodien werden könnten – aber das funktioniert nur, wenn alle die Harmonielehre kennen, mit den Tonarten vertraut sind und Taktgefühl haben.

Bundesdeutsche Kultur heißt auch, sich nicht verleiten zu lassen. Schon deswegen ist der Begriff der Leitkultur der falsche für das, was gemeint ist. Zum Erbe der Aufklärung gehört, andere nicht leiten, sondern sie überzeugen zu wollen. Dazu gehört selbstverständlich auch Religionskritik – in respektvollem Ton.

Manche nationale Identitäten wirken wie Metaphysiken, sie wollen die Bürger von der Last ihrer individuellen Verantwortung befreien, indem sie sie mit einer Gruppe assoziieren, die an sich schön und richtig ist. Wahrscheinlich macht dies die türkische Identität für viele Deutschtürken so anziehend, gerade für jene, die ihren Stolz durch Zurückweisung verletzt sehen. Die deutsche Identität ist in gewisser Weise das Gegenteil einer Richtigkeitsüberzeugung; sie spornt zum Hinterfragen von Gruppenwahrheiten an, und sie warnt beständig vor dem metaphysischen Glanz des Nationalen.

Aber genau das kann auch eine nationale Identität ausmachen: die Überwindung des Stammesdenkens und die Entwicklung einer offenen, aber eben nicht naiv-toleranten Gesellschaft. Deutschland könnte so einladend werden wie Amerika und so selbstkritisch bleiben, wie es ist – es müsste dazu die Selbstkritik nur zu einem etwas zündenderen Markenzeichen machen. Sich zu hinterfragen, heißt eben nicht, sich zu negieren. Es heißt, sich noch besser bejahen zu wollen. Es heißt, aus Fehlern lernen zu wollen, um sie nicht noch einmal zu begehen. *Sapere aude*, wage es, dich deines Verstandes zu bedienen, die berühmten Worte Immanuel Kants wären womöglich ein gutes Nationalmotto.

Deutschsein verlangt heute, eine schwierige, aber auch eine reizvoll moderne Identität zu pflegen, eine, die stets die Rückwirkungen auf andere Identitäten im Blick hat. Das verlangt eine gewisse Anstrengung, verdient aber genau deswegen auch Respekt. Und es sollte das Selbstbewusstsein ermöglichen, diese moderne Identität mit der Deutschlandflagge zum Ausdruck zu bringen – nicht als Zeichen einer ethnischen Kultur, sondern einer ethischen Kultur. Deutsche Kritikkultur wäre vielleicht der bessere Begriff. Eine Leitkultur haben Lemminge.

Heimat

Es geht auch modern

> *Und weil wir dieses Land verbessern,*
> *Lieben und beschirmen wir's.*
> *Und das liebste mag's uns scheinen,*
> *So wie andern Völkern ihrs.*
> BERTOLT BRECHT IN »KINDERHYMNE«

Am 9. Februar 2015 entschließt sich ein bis dahin völlig unbescholtener Familienvater im schleswig-holsteinischen Eschenburg, ein Haus anzuzünden. Der damals 39-jährige Finanzbeamte erträgt den Gedanken nicht, dass in dem Ort vor den Toren Hamburgs, wo er, seine Frau und seine Kinder sich ein Eigenheim geschaffen haben, am nächsten Tag Asylbewerber aus dem Irak einquartiert werden sollen. Er wirft einen brennenden Lappen durch ein Fenster des rot-weißen Holzhauses, das in dem Neubaugebiet als Flüchtlingsunterkunft dienen soll. Die Feuerwehr ist schnell zur Stelle, es entsteht leichter Sachschaden. Vier Wochen später ziehen die Asylbewerber ein.

Zu Beginn des Gerichtsprozesses wenige Wochen später sagt der Mann: »Die Anklage ist richtig. Ich bekenne mich dazu, und ich schäme mich. Ich kann nicht begreifen, warum ich das getan habe.«

Konnte er nicht? Die Richterin half ihm bei der Urteilsverkündung auf die Sprünge: »Für den Angeklagten liegt die Schuld zum großen Teil beim Amt Hohe Elbgeest, weil es die Anwohner nicht frühzeitig über die geplante Unterbringung der Asylbewerber informiert hat. Er selbst sieht sich dagegen als Beschützer von Frauen und Kindern. (…) Hier sollte die Idylle derjenigen verteidigt werden, die das Glück haben, dass es ihnen gutgeht.«

Dafür verhängte das Gericht eine Strafe von zwei Jahren Haft auf Bewährung. Seine Beamtenstellung war der Mann damit los.[148]

Das Ereignis war eine extreme Ausformung dessen, was die Princeton-Psychologin Karen Stenner »autoritäre Dynamik« nennt: Intoleranz kann in eigentlich toleranten Gesellschaften scheinbar wie aus dem Nichts entstehen, wenn die gewohnte moralische Ordnung, die Berechenbarkeit des Umfelds oder auch nur die Nestwärme der Insider-Gruppe gefährdet erscheint.[149] Man könnte auch sagen: Wenn die Heimat bedroht wirkt.

Heimat war immer schon ein besonders deutscher Begriff, und ein besonders ambivalenter. Heimat beschreibt nicht nur einen Ort, sondern auch ein Zugehörigkeitsgefühl. Heimat ist dort, wo man sich das Gegenteil von fremd fühlt: geborgen, verstanden, akzeptiert. Heimat ist mit Sinneserfahrungen verbunden. Zum Beispiel mit dem Duft von Weihnachtskeksen aus der elterlichen Küche, mit der Sprachfarbe einer Region, mit eher salziger oder eher blumiger Luft. Es ist die Zuhause-ist-es-doch-am-schönsten-Erleichterung, die sich einstellt, wenn man nach einer Reise in die eigenen vier Wände zurückkehrt.

Heimat als Liebe zu einem Ort wird immer mächtiger, je mehr Menschen aus diesem Ort diese Liebe teilen. Diese Gruppenverliebtheit in ein Zuhause entspringt zwei Urbedürfnissen des Menschen: das Gewohnte dem Fremden vorzuziehen und Teil einer Gruppe zu sein. Heimat ist deshalb genau das, was den verwurzelten *Somewheres* tendenziell heilig und den kosmopolitischen *Anywheres* tendenziell verdächtig ist.

Skepsis vor der Wirkung von Heimatgefühlen ist in der Tat angebracht. Dass Heimat die mildeste Form von Patriotismus ist, muss zwar kein Schaden sein. Aber vor der Romantisierung des Gewohnten zu warnen, ist trotzdem berechtigt. Heimat kann von einer Prägung in eine Einbildung kippen, in eine Absolutierung des Eigenen. Wenn das passiert, wird Heimat zu einer gefährlichen Utopie.

In Deutschland ist das schon einmal passiert. Für Romantiker wie Novalis, Hölderlin und Eichendorff war die Harmonie mit der Natur, mit der deutschen Landschaft das bestimmende Gefühl, das Heimat erzeugte. Heimat war auch das Refugium vor dem »Weltgewirr«, wie Hölderlin es nannte. Im Gedicht »Die Stille« beschwört er eine *My Heimat is my Castle*-Heimeligkeit:

O! in meines kleinen Stübchens Stille
War mir dann so über alles wohl,
Wie im Tempel, war mirs in der Nächte Hülle,
Wann so einsam von dem Thurm die Glocke scholl.

Diese Verklärung lässt sich nationalistisch ausschlachten durch den Umkehrschluss: Wer die Harmonie stört, bedroht die Heimat; wer das Weltgewirr anheizt, fördert das bedrohliche Fremde. Von der heimeligen Stube zur heiligen Nation ist dann nur ein kurzer gedanklicher Schritt.

Genau diesen unternahmen die Nazis. Sie verwandelten die Liebe zum Land in einen mörderischen Hass auf alle, die mangels richtiger »Rasseneigenschaften« oder Meinungen nicht zu dieser Heimat gehörten, ihr mit ihrer Weltläufigkeit und ihren Entgrenzungsfantasien angeblich schadeten.

Nach dem Zweiten Weltkrieg erlebte Heimat dann eine rosarote Renaissance. Die Weiße-Rößl-Alpenkitsch-Filme waren regressive Sehnsuchtsträume nach einem unschuldigen Deutschland. Sie bedienten das Bedürfnis vieler Bundesdeutscher nach Amnesie. Heimat wurde wieder zum geistigen Refugium; diesmal aus dem Horrorgewirr, das Nazideutschland über Europa gebracht hatte.

Heute, im 21. Jahrhundert, erlebt Heimat erneut ein Comeback, allerdings vereint sie diesmal Heimatschützer über Ländergrenzen hinweg. Die Idee von Heimat ist ein Glutpunkt des neuen globalen Großkonflikts, in dem es nicht mehr um Kapitalismus versus Kommunismus geht, sondern um Identität versus Diversität. Deswegen ist sie emotional so aufgeladen, so polarisierend und einladend für Missverständnisse auf beiden Seiten.

Ein Beispiel dafür bot nach der Bundestagswahl von 2017 der Vorstoß der CSU, nach dem Aufbau eines entsprechenden Ressorts in Bayern auch in Berlin ein Heimatministerium anzusiedeln. Das Innenministerium heißt seitdem Bundesministerium des Innern, für Bau und Heimat.

Die Initiative von Horst Seehofer wurde von vielen Hauptstadtjournalisten und Twitterern schnell ins Lächerliche gezogen, mit dem Tenor, »Heimathorst« wolle womöglich eine wöchentliche Ration Sauerkraut und eine Lederhosenpflicht einführen. »Weiß man schon, wer Schunkelminister wird?«, fragte ein User, und der Parodie-Account »Heimatministerium« witzelte: »Zum Mittagessen empfiehlt das Heimatministerium heute deutsche Hausmannskost! Dazu darf es dann auch schon mal ein kühles Bier sein. Wir müssen uns unserer Traditionen nicht schämen.«

Das war keine besonders reflektierte Reaktion. Gefährlich ist schließlich nicht nur die Angst vor dem Fremden. Gefährlich ist es auch, vor lauter Sorge um das Schicksal der Menschheit das Schicksal seiner Mitmenschen zu vernachlässigen. In den USA ließ sich bereits beobachten, wohin eine solche Geringschätzung führen kann: Unter anderem die Abgehobenheit und Ignoranz weiter Teile der politischen Klasse war es, die viele Amerikaner in die Arme Donald Trumps getrieben hat. Dessen Heimatversprechen wiederum war ein reaktionäres *Make America Great Again*. In dieses neu-alte Amerika sollten keine Muslime mehr hineingelassen werden, versprach Trump im Wahlkampf, schließlich wisse man bei denen nie, ob sie nicht gefährlich seien.[150]

Es ist hingegen nichts Fremdenfeindliches daran, wenn viele Deutsche in einer zunehmend unordentlichen Welt Sehnsucht haben nach Ordnung und Vorhersehbarkeit wenigstens in ihrer unmittelbaren Lebenswelt. Erfolge wie die der Zeitschrift *Landlust* sprechen für diesen Trend. Das Magazin, das Bastelanleitungen für Weihnachtsengel liefert, Tipps zur richtigen Brennholzlagerung oder jahreszeitlich-regionale

Kochtipps, war der Shootingstar der deutschen Printbranche nach der Wiedervereinigung. Es meldete Ende 2013 eine Auflage von über einer Million Exemplaren.[151]

Ende 2018 verkündete die Bertelsmann-Stiftung ein Umfrageergebnis, wonach 61 Prozent der Deutschen der Ansicht sind, früher sei die Welt besser gewesen. Die Forscher führen diese Nostalgie auf die Angst vor Veränderung zurück.[152] Vielleicht hat die Vergangenheit einfach den unschlagbaren Vorteil, nicht unvorhersehbar zu sein. Wenn also Nostalgie, mit anderen Worten, die Sehnsucht nach einer Vorhersehbarkeit ist, wie sie in Reinform nur die Erinnerung an Geschehenes liefern kann, dann wäre es politisch klug, dort, wo es möglich ist, für etwas mehr Bestandssicherheit zu sorgen. Ansonsten könnten sich die Menschen nach so viel kultureller Sicherheit sehnen, dass die Vergangenheitsdosis giftig wird.

Wo einige Parteien zu wenig anbieten, bieten CSU und AfD solche Überdosen an; ein neues Biedermeier der Ausgrenzung. »Der Islam gehört egal in welcher Form nicht zu Deutschland«, versicherte der CSU-Landesgruppenchef Alexander Dobrindt Anfang 2018 der Bevölkerung. Die AfD veröffentlichte zur Bayernwahl im selben Jahr ein Plakat mit der Aufschrift »Islamfreie Schulen!«. Beides überschreitet eine Grenze zurück in Richtung einer geschlossenen, exklusiven Heimatidee, die an Rassismus grenzt, weil sie pauschal eine Gruppe von Menschen für unerwünscht erklärt.

Letztlich erinnert diese Denkart an den Salafismus; in dem Wahn, existenziell angegriffen zu sein, fallen seine Anhänger auf das Zerrbild ihrer Kultur zurück und zelebrieren es auf eine Weise, die wenig bis nichts mit den besten Qualitäten der eigentlichen Kultur zu tun hat.

Ist denn in der Berliner Republik keine aufgeklärte Idee von Heimat denkbar? Kann es nach der Romantik, dem Rassismus und dem Röcke-Kitsch nicht eine vierte Variante geben, eine gut dosierte Heimatidee, die bestimmte Ängste mildert, ohne neue Ängste zu schüren?

Natürlich ist das denkbar. Eine Voraussetzung dafür wäre, zwischen nachvollziehbarer Nostalgie und falscher Nostalgie zu unterscheiden, zwischen einer Nostalgie, die sich nach menschlichen Stärken zurücksehnt, und einer, die den Menschen, siehe Hölderlin, in seinen Schwächen schwelgen lässt.

Eine nachvollziehbare Nostalgie ist beispielsweise die nach stärkerem sozialem Zusammenhalt und danach, nirgendwo in Deutschland von der Politik vergessen zu werden. Die Digitalisierung hat, wie es oft heißt, unsere Netzwerke breiter und unsere Sozialbeziehungen dünner werden lassen. Ist es da nicht nachvollziehbar, dass sich viele Menschen etwas von der menschlichen Nähe früherer Zeiten zurückwünschen? Dieser Verlust ist schließlich nicht immer nur eingebildet.

In vielen deutschen Dörfern etwa sind in den vergangenen Jahrzehnten Gemischtwarenläden gestorben, weil weiter entfernt auf der grünen Wiese immer größere Supermärkte gebaut wurden. Arztpraxen auf dem Land können oft nicht neu besetzt werden, weil junge Medizinabsolventen das Risiko von ungeregelten Arbeitszeiten nicht eingehen wollen oder weil sie die Kitas und Kinos der Stadt vermissen würden. Die Niedrigzinsen zwingen Sparkassen dazu, Filialen in manchen kleinen Orten zu schließen. Gerade für die älteren Bewohner dieser Landstriche sind das Katastrophen. Haben sie kein Auto, kommen sie schlecht an Bargeld, ohne

Bargeld können sie schwer einkaufen, und gibt es dann keinen Arzt mehr, der Hausbesuche macht, bedeutet dies alles: dramatisch weniger menschlichen Austausch. Sparkassen zum Beispiel sind in kleinen Orten oft echte Institutionen; braucht ein Landwirt einen Kredit für eine neue Maschine, kann er den örtlichen Bankangestellten um Rat fragen, der ihn und seinen Betrieb seit Jahren kennt. Was bleibt ihm, wenn die Filiale schließt? Nur eine Hotline, bei der er lange darauf warten muss, mit einem Unbekannten zu sprechen.

Im 19. Jahrhundert beschrieb der Soziologe Ferdinand Tönnies die Auflösungen und Neuformationen, die mit der Industrialisierung einhergingen, als Wandel von der *Gemeinschaft* zur *Gesellschaft*. Einen solchen Wandel erleben wir heute wieder, zum einen durch die digitale Revolution, zum anderen durch die Internationalisierung. Die analoge Nationalgemeinschaft wird zur digitalen Weltgemeinschaft.

Viele Stadtbewohner, gerade Politiker, Journalisten und Entscheider, haben die Verluste, die diese Entwicklung für Teile der Gesellschaft mit sich bringt, zu spät oder noch gar nicht erkannt. Für viele von ihnen bedeuteten Globalisierung und Digitalisierung oft sogar noch mehr soziale Kontakte, noch mehr Aufmerksamkeit. Aber das ist eben nur die eine Seite der Berliner Republik. Auch die andere anzuerkennen, zu realisieren, warum manch einer den Verlust von Heimat beklagt, wäre verbindender, als zu unterstellen, dass, wer sich nach dem Gestern sehne, sich deswegen nach Rückständigkeit sehne. »Die Nostalgie nach größerer sozialer Intimität, wie es sie früher gab, wird oft von Anywheres verunglimpft, die auf die gewaltigen Genderungleichheiten oder den Rassismus oder die Homophobie der 1950er- und

60er- Jahre hinweisen. Aber warum sollte es nicht möglich sein, sowohl stabilere menschliche Gemeinschaften als auch Gleichheit zu haben?«, fragt David Goodhart.[153]

Der Wunsch nach Heimat ist oft eben nicht nur die Sehnsucht nach Überschaubarkeit, sondern der Wunsch, das Land, das einen prägt, mitprägen zu können. Besonders dringend untererfüllt ist er in Teilen Ostdeutschlands. Dort stellen sich gerade vielen Männern sehr essenzielle Fragen, solche nach privater Sicherheit und Lebensglück. Nach dem Mauerfall haben 10 Prozent der Bevölkerung Ostdeutschland verlassen. Zwei Drittel jener, die sich verabschiedeten und nie wiederkamen, waren Frauen. Dies sei der extremste Fall von Frauenflucht in Europa gewesen, sagt Reiner Klingholz, Direktor des Berlin-Instituts für Bevölkerung und Entwicklung. Nur am Polarkreis und auf einigen türkischen Inseln gebe es ein vergleichbares Mann-Frau-Ungleichgewicht.[154]

Dass die Bundesregierung mit der Einrichtung eines »Heimatministeriums« zu verstehen gibt, in Zukunft einen genaueren Blick auf die Herstellung vergleichbarer Lebenssituationen in allen Regionen Deutschlands zu haben, ist ein richtiges Signal. »Es ist leicht, sich gegenüber einem ›Heimatministerium‹ verächtlich zu zeigen, wenn man solche Regionen nur durch das Fenster des ICE kennt«, stellte die *Süddeutsche Zeitung* richtig fest.[155]

Die sächsische Integrations- und Gleichstellungsministerin Petra Köpping (SPD) hat in Gesprächen mit Bürgern, die teilweise Pegida-Anhänger waren, so oft den Satz »Integriert doch erst mal uns!« gehört, bis sie ein Buch mit diesem Titel verfasste – eine »Streitschrift für den Osten«. Eines Tages, so Köpping, habe sie eine Postkarte von einem Mann bekommen, den sie bei einer Pegida-Demo kennengelernt habe. »Liebe Frau Köpping«, schrieb er ihr, »wenn Sie mir eine Frau besorgen, höre ich auf, bei Pegida mitzumarschieren.«[156] Globalisierung, Mobilität und Digitalisierung gefährden in der Tat manche Heimat, vor allem die ländliche. Diese Verluste gilt es politisch anzuerkennen, wenn sie nicht in aggressiven Frust umschlagen sollen. Das heißt nicht, die Globalisierung anhalten oder die Uhr zurückdrehen zu wollen. Es heißt, Regierungsenergien neu auszurichten.

Der Aufmerksamkeitsfokus nicht nur der Bundesregierung, sondern auch der Medien hat sich zwischen 2001 und 2016 aus Deutschland herausgedreht, erst nach Brüssel, dann hin auf die Kriege im Mittleren Osten, in die arabische Welt, später in die Ukraine. Deutsche Innenpolitik geriet zum Nischenthema, die Politik in deutschen Bundesländern ohnehin. Lange Zeit war es wichtiger, die Probleme des griechischen Staatshaushalts zu verstehen, als den Gefühlshaushalt deutscher Landbewohner. Es wird deshalb Zeit, ein Deutschland neu zu entdecken, das während dieser Jahre manchem Journalisten und Politiker zur *terra incognita* geworden ist.

Die Berliner Republik ist nicht allen ihren Bewohnern im selben Maße Heimat. Die Beispiele USA und Großbritannien mahnen, was passieren kann, wenn die Unterschiede in sozialer Wertschätzung und Lebenschancen zu krass werden. Ein aufgeklärt-selbstbewusstes Verständnis von Heimat kann dem entgegenwirken, es kann die gegenseitige Entfremdung zwischen Verunsicherten und Verunsicherern stoppen. Wer Aufmerksamkeit bekommt, der gibt sie auch bereitwilliger weiter; wer keine Angst vorm Fremdwerden im eigenen Land hat, ist auch offener für Fremde. Immerhin verbindet ihn und den Neuankömmling ja dieselbe Sehnsucht: Teil von etwas Gewohntem, von etwas Eigenem zu werden.

Eine Heimat, die ihre Qualitäten bewahrt und die offen ist für Neumitglieder, ist eben kein Widerspruch. Nur die Balance muss stimmen; für die Welt da draußen und die Welt da drinnen.

Feminismus
Ja, aber bitte ein mehrheitsfähiger

> *Ich liebe den Mann als meinen Gefährten.*
> *Aber seine Herrschaft, sei sie rechtmäßig oder angemaßt,*
> *erkenne ich nur an, wenn seine Vernunft mir*
> *Hochachtung gebietet: und selbst dann unterwerfe*
> *ich mich nur der Vernunft, nicht dem Mann.*
> MARY WOLLSTONECRAFT

Als die Business-Class-Passagiere an Bord gehen, begrüßt die Cockpit-Besatzung die erschöpften Gesichter mit einem aufbauenden »Guten Abend«, während das Kabinenpersonal Schokoherzen verteilt. Das Vorstandsmitglied, das in der ersten Reihe sitzt, hat Probleme, seinen schweren Aktenkoffer in der Ablage zu verstauen. Ein Mitglied des Kabinenpersonals eilt herbei. Schnell hat er ihr geholfen. Der Kapitän klopft dem Kopiloten auf die Schulter. »Auf geht's«, sagt sie.

Wenn Sie, liebe Leserinnen und Leser, jetzt irritiert waren, beweist das, dass der Feminismus noch immer eine Mission hat. Gerade viele Männer werden sich bei der geschilderten Szene Folgendes vorgestellt haben: Manager in Anzügen betreten das Flugzeug, bekommen Schokoherzen von Frauen im Stewardess-Dress und werden von einem Mann im Cockpit geflogen.

Was noch zu tun ist

Warum heißt es *das* Mädchen und *der* Junge? Warum ist die Anzahl der weiblichen Führungskräfte immer noch deutlich geringer als die der männlichen? Warum müssen Frauen in ihren Karrieren häufig von vornherein Nachteile einpreisen, nur weil sie es sind, die schwanger werden können?

Weil diese Gesellschaft auf einer jahrtausendealten Tradition des Patriarchats sitzt, also auf einer Ordnung, die auf einem Fehlschluss beruhte. Dieser Fehlschluss lautete, dass ungleiche Körperlichkeit ungleiche soziale und rechtliche Positionen nach sich ziehe.

Es fing damit an, dass Eva aus der Rippe von Adam geschaffen wurde. Subtext: So ein bisschen Frau in die Welt zu setzen, das macht ein ganzer Kerl mit links. Als Nächstes war die Eva schuld daran, dass sie und Adam aus dem Paradies vertrieben wurden, und Gott gab ihr mit: »Er (dein Mann) aber wird über dich herrschen.« Im Koran, Sure 4, Vers 34, heißt es: »Männer stehen über den Frauen. (…) Und wenn ihr fürchtet, dass Frauen sich auflehnen, dann vermahnt sie, meidet sie im Ehebett und schlagt sie.« Und während die Menschheit sprechen lernte, befahlen Männer Frauen immer wieder zu schweigen. »In der antiken Literatur wird die Autorität der tiefen männlichen Stimme immer wieder betont, als Gegensatz zur weiblichen«, schreibt die britische Historikerin und Frauenrechtlerin Mary Beard. »Wie ein wissenschaftlicher Traktat es explizit formulierte, war die tiefe Tonlage das Kennzeichen männlichen Mutes, während eine hohe Tonlage auf weibliche Feigheit hindeutete.«[157]

Jean-Jacques Rousseau leitete nicht nur aus der unterschiedlichen Anatomie von Mann und Frau eine Gegensätzlichkeit ab, sondern auch aus der ungleichen Stellung beim Sexualakt. Vom Geschlechtsakt auf weibliche Unterlegenheit zu schließen, hat sich in der abendländischen Kultur hartnäckig festgesetzt: »Das eine muss aktiv und stark, das andere passiv und schwach sein. (…) Aus dieser Verschiedenheit der Geschlechter (…) im Hinblick auf das Geschlechtliche (…) folgt, dass die Frau eigens dazu geschaffen ist, dem Mann zu gefallen.«[158] Mädchen stammt übrigens vom Mittelhochdeutschen *magedin*, Magd, ab, und ist ein Diminutiv, also eine Verniedlichungsform.

Männer leisteten körperlich schwerere und oft auch gefährlichere Arbeiten als Frauen, in Bergwerken, Stahlhütten oder auf Baustellen. Als Soldaten verteidigten sie das Land mit ihrem Leben. Die Ansicht, dass Männer mehr Gefahren akzeptieren könnten, weil sie über mehr Körperkraft verfügten, äußerte sich auch in der Notfallregel »Frauen und Kinder zuerst!«. Wegen dieser, in Wahrheit längst nicht immer eingelösten Beschützerqualitäten wiederum verlangten Männer, als heldenhaft und tonangebend angesehen zu werden.

Die Nachteile dieser unterschiedlichen sozialen Rollen wirken bis heute fort, für Frauen wie für Männer. Im Jahr 2017 wurden laut Bundeskriminalamt fast 114 000 Frauen in Deutschland Opfer von Partnerschaftsgewalt. Einschließlich versuchter Delikte zählten dazu 80 000 einfache und gefährliche Körperverletzungen, 1500 Fälle von Freiheitsberaubung und 364 von Mord und Totschlag. Statistisch wird also jeden Tag eine Frau in Deutschland Opfer einer Tötung oder eines Tötungsversuchs durch ihren Partner.[159]

Eine andere Zahl, die diese Statistik weder relativieren soll noch kann, sagt ebenfalls etwas über soziale Rollen aus. Sie betrifft nicht Männer, die Täter werden, sondern Opfer, und zwar nicht von Kriminalität, sondern von unterschiedlichen Arbeitswelten. Im Jahr 2016 starben in Deutschland 231 Männer bei Arbeitsunfällen, gegenüber 9 Frauen (Straßenverkehrsunfälle nicht mitgerechnet).[160]

Einer der Verfasser des napoleonischen Zivilgesetzbuches, Jean-Etienne-Marie Portalis, glaubte fest daran, dass, weil die Natur Mann und Frau verschieden gemacht habe, diese Ungleichheit auch »ihren Rechten und Pflichten zugrunde« liege.[161] Der Code Civil galt in vielen Teilen Deutschlands bis ins Jahr 1900, als er vom Bürgerlichen Gesetzbuch (BGB) abgelöst wurde. Auch das BGB, das die Rechtsbeziehungen zwischen den Bürgern regelt, ging in zahlreichen Einzelregelungen von einer unterschiedlichen Rechtsstellung von Mann und Frau aus. Viele dieser Anachronismen lebten trotz der anderslautenden Garantie des Artikels 3 Grundgesetz (»Männer und Frauen sind gleichberechtigt«) in der Bundesrepublik teils noch jahrzehntelang weiter. Bis 1958 konnte der Ehemann den Arbeitsvertrag seiner Ehefrau fristlos kündigen. Noch bis 1962 durften Ehefrauen ohne Zustimmung des Ehemanns kein eigenes Konto eröffnen. Bis zu einer Reform des Ehe- und Familienrechts 1976 durfte eine Ehefrau nur dann berufstätig sein, wenn dies mit ihren Pflichten in Ehe und Familie vereinbar war. Mit der Reform wurde bei Scheidungen das Schuldprinzip durch das Zerrüttungsprinzip ersetzt, was bedeutete, dass der wirtschaftlich stärkere

Ex-Partner unterhaltspflichtig bleibt. Bis dahin war es der oder die »Schuldige«, was bedeuten konnte, dass Frauen, die sich auf Kindererziehung statt auf Karriere konzentriert hatten, mittellos werden konnten. Auch musste die Frau nicht mehr automatisch den Nachnamen des Mannes annehmen. Erst ab 1974 blieb der Schwangerschaftsabbruch unter bestimmten Voraussetzungen straflos, und es dauerte bis 1997, bis die Vergewaltigung in der Ehe strafbar wurde.

Feminismus, das bedeutet nach der Definition der Frankfurter Soziologin Ute Gerhard das Streben danach, »Frauen in allen Lebensbereichen, in Staat, Gesellschaft und Kultur und vor allem auch in der Privatsphäre, gleiche Rechte und Freiheiten sowie gleiche Teilhabe an politischer Macht und gesellschaftlichen Ressourcen zu verschaffen«.[162]

Das klingt selbstverständlich. Und doch, vermengt diese Formulierung bei genauer Betrachtung nicht zwei Dinge? Gleiche Rechte und Freiheiten sind schließlich etwas anderes als gleiche Teilhabe. Wer gleiche Rechte und Freiheiten genießt, der hat dieselben Teilhabe*chancen* wie jeder andere. Ob er oder sie daraus tatsächliche Teilhabe macht, bleibt seine oder ihre Sache. Eine Gesellschaft, die jedem die gleiche Teilhabe verschafft, unabhängig davon, was er oder sie für diese Teilhabe tut, ordnet sich nicht mehr nach Verdiensten, sondern nach – ja, was eigentlich? – nach der Zugehörigkeit zu einem Geschlecht? Das kann kaum die Lösung für ein fortwährendes Problem sein, das Frauen auch in Deutschland haben.

Dieses Problem besteht darin, dass das Patriarchat zwar rechtlich erledigt ist, aber in der sozialen Wirklichkeit fortwirkt. Anspruch und Wirklichkeit sind noch nicht deckungsgleich. Es gibt eine Teilhabelücke. Aus dieser Tatsache, vor allem aber auch aus dem Streit darüber, wie groß diese Lücke ist und wer daran Schuld hat, speist sich die gesellschaftliche Spannung, mit der über *den* Feminismus diskutiert wird.

Nehmen wir als Beispiel für Chancenungleichheit ausgerechnet Margaret Thatcher, die Frau, die gern als Gegenargument dafür herangezogen wird, dass es eine Frauenbewegung brauche. Wie kam die ehemalige britische Premierministerin in ihr Amt? Sie kam es eben nicht, ohne vorher einen biologisch bedingten Nachteil ausgeglichen zu haben. Sie unterzog sich vor ihrer Kandidatur zur Tory-Parteivorsitzenden einem speziellen Sprachtraining, um mithilfe männlicher Rhetorikmuster mehr Autorität auszustrahlen. Wäre ein umgekehrtes Training denkbar? Weibliche Machtsprache für Männer?

Eine Erfahrung, glaubt die britische Feministin Mary Beard, machten Frauen aus allen gesellschaftlichen Schichten bis heute. Ihre Redebeiträge wögen weniger schwer als die von Männern. Die »klassische Erfahrung einer gescheiterten Intervention« gehe so: »Sie nehmen an einem Meeting teil, Sie sagen etwas. Dann folgt ein kurzes Schweigen, und nach ein paar peinlichen Sekunden fährt ein Mann da fort, wo er gerade aufgehört hatte.«[163]

Von Zurücksetzungen und Übergriffen aufgrund von kulturellen Projektionen und Machtverhältnissen konnten die meisten Frauen Männern schon länger etwas erzählen, wenn diese sie danach fragten. Ab Oktober 2017 berichteten ihnen Tausende Frauen ungefragt und massenhaft davon. Unter dem Twitter-Hashtag #MeToo posteten Frauen aus aller

Welt Erlebnisse von sexuellen Übergriffen, Missbrauch und Diskriminierungen. Auslöser der Bewegung waren Anschuldigungen gegen den Hollywood-Produzenten Harvey Weinstein, Schauspielerinnen sexuell genötigt und missbraucht zu haben. Die Filmdarstellerin Alyssa Milano twittert daraufhin »Me too«, es ist mir auch passiert, und forderte alle Frauen, die schon einmal sexuell genötigt worden sind, auf, ihre Erlebnisse ebenfalls zu twittern.

Schon am ersten Tag wurde der Hashtag 200 000-mal verwendet, am Folgetag eine halbe Million Mal. Viele Frauen schilderten oft knapp und nüchtern und gerade deshalb schockierend, was ihnen widerfahren ist; teils schon als Kind, teils durch Angehörige, Vorgesetzte oder Partner. Die MeToo-Kampagne wurde zum beherrschenden Twitter-Trend in 85 Ländern. Einige Beispiele aus deutschen Postings:

- *»Stiefvater. Kurz danach heiratete meine Mutter ihn. Sie wusste alles.«*
- *»Ein Kino, ca. 2005. Freundin rechts. Ein alter Mann rückt auf, links neben mir, während des Films. Grabschend. Beschissenste 10 min.«*
- *»Früher habe ich viel in der Gastronomie / Service gejobbt. Zu später Stunde wurde man zum Freiwild.«*

MeToo war für viele Männer ein Dauerbombardement von Berichten, die sie überraschten – und erschütterten. Gerade für jene Männer, die in eine Rechtsordnung hineingeboren waren, aus der sich das Patriarchat verabschiedet hatte, war es oft, als würde ein Schleier vor ihren Augen weggezogen. Was sie selbst nicht erlebt hatten oder was sie nicht genug interessiert hatte, erfuhren sie jetzt umso eindringlicher. Diese Männer – unter ihnen auch der Autor – staunten ehrlich darüber, dass Frauen noch immer und so häufig derartige Gewalt- und Herabsetzungserfahrungen machten. In Teilen einer anderen Männergeneration, grob gesagt bei den über 50-Jährigen, machte sich zunächst zwar ebenfalls Staunen breit. Gleichzeitig setzten aber auch Abwehrreflexe ein. Da sei doch wohl viel Hysterie dabei, hieß es, die Frauen sollten es mal nicht übertreiben. Womöglich fühlten sich einige, die sich für schwer liberal gehalten hatten, in ihrem tiefsitzenden Machotum ertappt.

Was schiefläuft

Es dauerte allerdings auch nicht lange, bis auf Seiten der MeToo-Kampagne einiges durcheinandergeriet. Unter dem Hashtag fanden sich neben Berichten über Vergewaltigungen und andere Gewalt bald ebenso Hinweise auf sexistische Witze, auf misslungene Flirts, längere Blicke und schließlich Beschwerden über angeblich typisch männliche Verhaltensweisen in der U-Bahn – vom Manspreading, also dem breitbeinigen Sitzen, bis hin zum besonders selbstbewusst-aggressiven Drücken auf den Türöffnungsknopf.

Gerade als viele Männer durch MeToo hellhörig wurden, fanden sie sich von einigen Frauen der Bewegung pauschal in Haftung genommen für das Verhalten von Machos, schlecht erzogenen oder weniger aufgeklärten Geschlechtsgenossen. Im August 2018 wurde auf Twitter ein Hashtag so oft geteilt, dass er kurzzeitig »trendete«, also die Debatte im Netzwerk mitbeherrschte. Er lautete #MenAreTrash, Männer sind

Müll. Die *taz*-Autorin Sibel Schick erklärte auf Twitter, warum sie den Slogan für richtig hielt: »Männer werden nicht pauschalisiert, sondern wegen ihres Verhaltens gebasht. Sie dominieren alle Ressourcen und besetzen alle Räume, ohne ihre Privilegien infrage zu stellen, sehen nicht ein, sich zurückzuziehen, nehmen keine Kritik an.«[164]

Viele Frauen distanzierten sich in scharfer Form von dieser These und dem Hashtag. Und selbstverständlich wäre es ungerecht, solche Äußerungen ohne Weiteres feministisch zu nennen. *Den* Feminismus schließlich gibt es ebenso wenig wie *den* Islam. Nicht jede Feministin etwa hängt der radikalen Variante des dekonstruktiven Feminismus an, wie ihn Judith Butler vertrat. Butler verlangte, gänzlich damit aufzuhören, von Männern und Frauen zu sprechen, denn es gebe keine natürliche Zweiteilung der Geschlechter; Geschlechter seien lediglich gesellschaftliche Normen. Ebenso wie diese Thesen sehen viele Feministinnen die Gendertheorie kritisch, nach der Weiblichkeit ein soziales Konstrukt ist, das vor allem durch Männer aufrechterhalten werde, um Frauen an ihrer Emanzipation zu hindern.

Wer von »Feminismus« redet, sollte also dazusagen, von welchem. Der sogenannte Fourth-Wave-Feminismus, also der zeitgenössische Feminismus, der sich vor allem der sozialen Netzwerke bedient, ist innerhalb der feministischen Schulen heute allerdings besonders lautstark. Weil das so ist, werden Varianten von Feminismus in die breite Öffentlichkeit getragen, die vermutlich nicht von einer Mehrheit aller Frauen geteilt werden. Durch das Internet ist die Gleichberechtigungsbewegung aus der Blase der Akademia und interessierter Kreise herausgetreten. Das ist gut so. Das meiste Gehör finden in dieser neuen Öffentlichkeit bloß nicht unbedingt seine klügsten, sondern eher seine lautesten Vertreterinnen. Das ist weniger gut. Einige Netzfeministinnen fallen durch regelrechte Eskalationslust auf. Die richtige Forderung nach einem Ende des Sexismus und gleicher Achtung kippt bei nicht wenigen von ihnen immer wieder in einen Gegensexismus oder in eine Männerverachtung, die viele Beobachter irritiert zurücklässt.

Im Netz ist es nicht nur akzeptabel, sondern hip geworden, Sexismus mit Sexismus zu kontern. Die steile Karriere des Begriffs *Mansplaining* ist ein Beispiel dafür. Zusammengesetzt aus *man* und *explaining*, steht er für eine herablassende Erklärung von etwas, von dem der Erklärende weniger versteht als diejenige, der er es erklärt. Natürlich gibt es Männer, die sich so verhalten, vor allem die der älteren Generation. Viele Männer finden diesen Typus von Geschlechtsgenossen ziemlich peinlich (weil Männer durchaus auch Männern *mansplainen* können). Und natürlich gibt es auch Frauen, die meinungsstark und faktenschwach zu dozieren verstehen. Gleichwohl fallen unter den Verdacht des *Mansplaining* nun erst einmal sämtliche Männer, die in einer gemischtgeschlechtlichen Runde den Mund aufmachen; der Vorwurf *typisch männlich-arrogant* lässt sich unabhängig davon erheben, ob sie zur Herablassung neigen – oder ob sie vielleicht wirklich einiges von der Sache verstehen, die es zu erklären gilt.

Was viele zeitgenössische Feministinnen zu Recht als Zumutung empfinden, nämlich pauschale Rollenzuschreibungen, muten sie umkehrt Männern zu. Warum?

Zum einen mag es an den Funktionsmechanismen der sozialen Netzwerke selbst liegen, die Aufregung und Unsachlichkeit belohnen. Aber es hat sicher auch mit einem Affekt zu tun, der bis zu einem gewissen Grad verständlich ist. Nennen wir ihn die Verzögerungsfrustration.

Die Verzögerungsfrustration

Aus vielen Kanälen des deutschen Netzfeminismus dringt ein Sound, der paradox klingt: Es ist eine wachsende Ungeduld, das Patriarchat zu beseitigen, obwohl es gerade schwindet. Während das Problem der männlichen Hegemonie immer kleiner wird, wird der Ton immer schriller. Paradox ist dies allerdings überhaupt nicht, sondern psychologisch sehr verständlich. Die Erwartungen an Chancengleichheit werden ja nicht kleiner, je mehr sie sich erfüllen. Im Gegenteil, je mehr Chancengleichheit geschaffen ist, je gerechter eine Gesellschaft wird, desto untolerierbarer erscheinen weiterbestehende Gerechtigkeitsdefizite. Es ist 2019, und wir müssen immer noch über Frauendiskriminierung reden? Dieser Gedanke wird in der Tat mit jedem Jahr schwerer zu ertragen. Die Folge ist eine teilweise wutgeladene Enttäuschung darüber, dass die Gesellschaft den Wandel, den Verfassung und Gesetz gebieten, nicht schnell genug umsetzt.

Diese Verzögerungsfrustration ist verständlich. Sie birgt aber auch die Gefahr von Fehlurteilen. Die Wut darüber, dass der politisch-gesellschaftliche Wandel in Deutschland nicht schnell genug zu den wachsenden Ansprüchen aufschließt, sucht, wie jede Wut, einen Schuldigen. Gefunden ist er verführerisch einfach in der großen Mehrheit der deutschen Männer. Dass es immer noch bestehende Diskriminierungen gibt, kann nur daran liegen, dass Männer sie aufrechterhalten, vor allem der gerne bemühte Typus »alter weißer Mann«. Die Indizien sprechen gegen diese These. Im Jahr 2010 stimmten nur 28 Prozent der Männer in Deutschland der Aussage zu, dass Frauen im Beruf gleichberechtigt seien (von den Frauen sagten dies 19 Prozent). Dass in der Politik Gleichberechtigung herrsche, sagten 69 Prozent der Männer und 56 Prozent der Frauen.[165] Mangelndes Unwucht-Bewusstsein wird man den meisten Männern also nicht unterstellen können, es sei denn, man unterstellt es einer Mehrheit der Frauen ebenfalls.

Die Frustration über das langsame Fortschrittstempo im eigenen Land erklärt vielleicht auch, warum manche Feministinnen von unvergleichbar schlimmeren Zuständen in anderen Ländern seltsam kaltgelassen wirken. Einige prominente deutsche Netzfeministinnen etwa ignorierten die mutigen Anti-Kopftuch-Prosteste vieler Frauen im Iran Anfang 2018 komplett.[166]

Auf diese Art entsteht gerade bei solchen Männern, die in Geschlechterfragen durchaus sensibler sind als ihre Väter, der Eindruck, es gehe vielen heutigen Feministinnen nicht um Gerechtigkeit, sondern um das Rückzahlen historischer Schulden, und zwar ausgerechnet von einer Generation Männer, die sehr wenig falsch gemacht hat, an eine Generation von Frauen, die in der Epoche mit der geringsten Ungleichbehandlung lebt.

Warum zum Beispiel muss ausgerechnet heute ein aufgeklärter 30-Jähriger, der für Chancengleichheit eintritt, hinter einer Frau zurückstehen, die aufgrund einer Quotenregelung eine bestimmte Position bekommen soll? Weil sein

Großvater ein Macho war? Die Ungeduld vieler Frauen, dass ihnen eine Berufswelt, die lange Zeit männlich dominiert war, endlich ohne Vorurteile begegnen möge, ist berechtigt. Die Annahme aber, das Unrecht vergangener Zeiten rechtfertige besondere Vorrechte in der Gegenwart, ist es nicht.

Das Gegenargument lautet, dass Männerbünde und die Bevorzugung des eigenen Geschlechts eben nichts Vergangenes sind, sondern zur Gegenwart gehören. Das mag in vielen Betrieben, Büros, Redaktionen und Parteiverbänden noch so sein. Aber ändert sich das nicht gerade? Und wenn es immer noch so ist, ist dann eine Quote das richtige Instrument, um für gerechte Teilhabe zu sorgen? Und schließlich: Welchen Anteil haben eigentlich Frauen selbst daran, dass sich manche Unwuchten nicht schneller ausgleichen?

Die Quote: Parität bis in die Parlamente?

»Quoten waren wichtig. Aber das Ziel muss Parität sein, Parität überall«, sagte Bundeskanzlerin Angela Merkel im November 2018 zur Feier des hundertsten Jahrestages der Einführung des Frauenwahlrechts. Parität, eine 50-Prozent-Frauenquote, soll also auch im Bundestag gelten. Die Forderung findet immer mehr Unterstützer, sowohl bei der SPD und den Grünen als auch innerhalb der CDU.[167] Merkel forderte keine Quote fürs Parlament. Doch nur zwei Monate später, im Januar 2019, beschloss der Landtag von Brandenburg mit den Stimmen der SPD, Linkspartei und Grünen, dass sämtliche Parteien ab 2022 ihre Wahlliste je zur Hälfte mit Männern und Frauen besetzen müssen. Das Gesetz stieß auf heftige Kritik.

Zu Recht. Denn Geschlechterparität schadet einer Grundbedingung der deliberativen Demokratie: dass Politikerinnen und Politiker sich wegen ihrer Argumente und ihres Engagements durchsetzen, nicht wegen ihres Geschlechts. Natürlich ist es beklagenswert, dass derzeit nur 31 Prozent der Bundestagsmandate von Frauen eingenommen werden. Weil Männer und Frauen geschlechtsspezifisch unterschiedliche Blickwinkel auf die Welt haben, ist es wünschenswert, diese unterschiedlichen Perspektiven gleichrangig im Parlament vertreten zu sehen. Aber sticht dieser Wunsch ein Grunderfordernis der repräsentativen Demokratie aus, nämlich das Recht der Bürger, ihren bevorzugten Kandidaten in den Bundestag zu schicken, und zwar völlig unabhängig von dessen Geschlecht? Ende 2018 tat die SPD das Gegenteil.

Die Landesdelegiertenversammlung Schleswig-Holstein hatte den 40-jährigen Enrico Kreft, der fünf Jahre auf diese Kandidatur hingearbeitet hatte, zu ihrem Spitzenkandidaten für die Europawahl gekürt. Die Bundes-SPD ignorierte das Votum und setzte stattdessen die 27-jährige Delara Burkhardt auf den sicheren Listenplatz. Sie war zuvor, in der Landeswahl, gegen Kreft unterlegen. Zur Begründung der Vorzugsbehandlung hieß es, die SPD-Spitze wünsche sich mehr Frauen.[168] Zuvor hatte schon der schleswig-holsteinische Landesvorstand Delara Burkhardt als Spitzenkandidatin vorgeschlagen, weil »junge Frauen« bessere Chancen auf einen vorderen Platz der SPD-Bundeslisten hätten.[169] Hier hatte niemand Chancengleichheit.

Wenn die beste Begründung für eine Quote gesellschaftliche Benachteiligung ist, ist die Frauenquote darüber hinaus ein in sich selbst ungerechtes Instrument. Denn warum sollte die mehrsprachig aufgewachsene Diplomatentochter, deren Eltern ihr exquisite Ausbildungschancen und Kontaktwelten aufgestoßen haben, ebenso einen Teilhabeschubs bekommen wie die Tochter einer alleinerziehenden Hartz-IV-Empfängerin, die sich das Studium mühsam erarbeiten musste? Und was ist mit Migranten oder Ostdeutschen aus strukturschwachen Regionen, die sozial häufig deutlich benachteiligter sind als junge Frauen in großen Städten? Was ist mit Schwulen, Lesben und Intersexuellen? Machen sie nicht viel schlimmere Diskriminierungserfahrungen als heterosexuelle Frauen? Warum dann keine Quote für sie?

Es ist gerade nicht das Wesen der repräsentativen Demokratie, die Bevölkerung entlang von bestimmten Merkmalen im Bundestag widerzuspiegeln. Dann bräuchte es keine Wahlen mehr, dann könnte man es einem Algorithmus überlassen, die Parlamente zu besetzen. Repräsentative Demokratie heißt, inhaltliche Vertretungsangebote zu machen, die die Wähler annehmen können oder nicht. Eine Partei, die sich eine Frauenquote gibt, kann damit werben. Und wer glaubt, dass Frauen diese Förderung brauchen, kann sie wählen.

Bei der Listenbesetzung achten die meisten Parteien im Übrigen bereits auf eine möglichst paritätische Auswahl. Selbst der Chef der FDP, Christian Lindner, der Partei also, die Leistung belohnen will, zeigt sich offen für eine Quote bei Listenaufstellungen und Vorstandswahlen.[170] Leicht verspätet wünscht sich auch der CSU-Chef Markus Söder, seine Partei müsse »jünger, grüner, weiblicher« werden.[171] Frauen sind, nicht zuletzt als Beweis des Strebens nach Gleichrangigkeit der Geschlechter, in den meisten Parteien heute gefragter als je zuvor.

Der Frauenanteil im 2017 gewählten Bundestag liegt zwar so niedrig wie seit 20 Jahren nicht. Gleichzeitig aber kommen weibliche Politiker im Verhältnis zum Frauenanteil in der Parteibasis häufiger ins Parlament als Männer. In der Bundestagsfraktion der Grünen und der Linkspartei sind die Frauen in der Mehrheit, obwohl sie nur knapp 40 beziehungsweise 36,5 Prozent der Parteimitglieder stellen. Der Frauenanteil in der SPD-Parlamentsfraktion liegt bei 42 Prozent – und damit zehn Prozent höher als der Frauenanteil in der Partei. Bei der Unions-, der FDP- und AfD-Fraktion liegt der Frauenanteil bei unter 25 Prozent, was ungefähr den Frauenanteilen in den jeweiligen Parteien entspricht (bei den Erststimmenerfolgen sieht es deutlich anders aus; nur jeder vierte Direktkandidat ist weiblich).[172]

Gemessen an den Zahlen von Frauen und Männern, die sich an der Basis engagieren, sind Frauen im Bundestag also über- und nicht unterrepräsentiert. Dass Frauen im Parlament noch immer schwächer vertreten sind als in der Gesamtbevölkerung, scheint mithin nicht an einer strukturellen Benachteiligung innerhalb der Parteiapparate zu liegen. Mit einer verbreiteten Frauenfeindlichkeit der Wählerschaft kann es auch wenig zu tun haben. Die Deutschen haben dreimal einer Frau zur Kanzlerschaft verholfen.

Liegt es also womöglich zum Teil an den Frauen selbst?

Die Macht der Frauen

Der norwegische Soziologe und TV-Komiker Harald Eia tat 2013 etwas ziemlich Mutiges. Er ging zunächst in einem Krankenhaus in die Teeküche für das Pflegepersonal und fragte, warum dort so wenige Männer arbeiteten. Als Nächstes besuchte er die Kantine eines Ingenieurbetriebs und fragte, wieso dort so wenige Frauen säßen. In Norwegen!, wunderte sich Eia. In einem der freiheitlichsten, fortschrittlichsten Land der Welt, mit einer der besten Annäherungen an die Chancengleichheit (im »Global Gender Gap Index« des Weltwirtschaftsforums, der Geschlechtergerechtigkeit misst, lag Norwegen auf Platz 2 von 200 Ländern, auf Platz 1 kam Island[173]), segregieren sich die Geschlechter nach Jobs – offenbar freiwillig.

Nun ja, antworteten ihm die Krankenpflegerinnen, Männer interessierten sich halt eher für Technik, Maschinen, solche Dinge. Ja nun, sagten die Ingenieure, Frauen fänden es wohl spannender, mit Menschen zu arbeiten.

Harald Eia, der unerschrockene pseudonaive Fragesteller, interviewte als nächstes Genderforscher, die ihm sagten: Das Interesse von Mädchen an Puppen und das Interesse von Jungs an Autos sei auf soziale Prägung zurückzuführen, dieser Unterschied habe nichts mit der Gehirnstruktur zu tun. Zwar gebe es Wissenschaftler in den USA, die dies anders sähen, aber die seien nicht ernst zu nehmen.

Eia flog trotzdem nach Amerika, interviewte auch diese Wissenschaftler, und die berichteten ihm von ihren Forschungen. Sie hätten festgestellt, sagten sie, dass Säuglinge, die noch keine nennenswerte soziale Prägung erfahren hätten, auf unterschiedliche Symbole unterschiedlich intensiv reagierten; Mädchen eher auf Gesichter, Jungs eher auf geometrische Formen. Evolutionswissenschaftler erläuterten Eia außerdem, dass es für die Fortpflanzung einer Art vorteilhaft sei, wenn weibliche Wesen soziale Aufgaben als etwas Erfreuliches empfänden, schließlich müssten sie den

Nachwuchs gebären und stillen. Die Evolution habe deshalb dafür gesorgt, dass Frauen typischerweise zu mehr sozialer Empathie und Geselligkeit neigten.[174]

Der *New York Times*-Journalist David Brooks, der sich lange mit Verhaltensforschung und Fragen zur Charakterbildung beschäftigt hat, kommt ebenfalls zu dem Schluss, dass im Streit um genetische oder soziale Prägung die Evolutionsbiologie den Sieg davongetragen habe.[175]

Wenn es stimmt, dass Frauen andere Präferenzen haben als Männer, die sich unter anderem in der Berufswahl äußern, wäre es also mitnichten Ausweis von Gleichberechtigung, das Ziel auszugeben, mehr Frauen in Informatik- oder Ingenieursstudiengänge zu bringen. Sie sollen studieren können, was wollen. Dazu gehört nicht, dass irgendjemand ihnen sagt, was sie besser wollen sollten.

Ebenso wenig geschlechtergerecht ist es allerdings, dass Berufe, die typischerweise von Frauen ergriffen werden, typischerweise schlechter bezahlt werden als Berufe, die typischerweise von Männern ergriffen werden. Eine faire und aufgeklärte Gesellschaft sollte nicht zulassen, dass biologisch bedingte Präferenzen finanziell unterschiedlich belohnt werden. Denn das nennt man Diskriminierung. In Deutschland geschieht dies aber immer noch. Ein Facharbeiter in einer Autofabrik verdient mehr als eine Krankenpflegerin. Ein Elektriker hat einen besseren Stundenlohn als eine Grundschullehrerin. Mag sein, dass die Arbeit an Maschinen profitabler ist als die Arbeit für Menschen. Aber ist sie wertvoller?

Damit zurück zur Politik: Gerade wenn Frauen eher zu sozialen Berufen neigen, scheint umso weniger erklärlich, warum so verhältnismäßig wenige von ihnen sich in Parteien engagieren. Recht sicher hat dies wiederum etwas mit kultureller Rollenzuschreibung zu tun. Macht ist etwas traditionell Männliches, und wenn sich Frauen in Machtstrukturen beweisen wollen, müssen sie steiler bergan laufen als Männer. Die Sache ist also schwierig. Was ein sexistischer Ausschluss aus einem Berufszweig ist und was selbstgewähltes Draußenbleiben, lässt sich nicht immer haarscharf trennen.

Nur, überziehen manche Feministinnen, die systematische und generelle Unterdrückung beklagen, Frauen nicht selbst mit einer problematischen Rollenzuschreibung, nämlich grundsätzlich Opfer von Männern zu sein und daran nichts ändern zu können, solange diese herrschenden Männer sich nicht änderten?

Autonomie heißt auch, Risiken in Kauf zu nehmen, gerade dann, wenn man sich herabgesetzt fühlt. »Vielleicht riskiert eine Frau durch entschiedenes Widersetzen gute Beziehungen, vielleicht sogar den eigenen Arbeitsplatz«, schreibt die Philosophin Svenja Flaßpöhler. »Aber – und genau dieser Punkt wird von den Hashtag-Feministinnen übersehen – es war noch nie so einfach, Selbstbestimmung nicht nur zu fordern, sondern auch konkret zu leben.« Der Hashtag-Feminismus reproduziere ein patriarchales Welt- und Weiblichkeitsbild, weil er Frauen als hilflos ausweise. Flaßpöhler wird noch kritischer, indem sie fragt, warum so viele Frauen, die sich an MeToo beteiligten, nachträglich Überschreitungen anprangerten, die sie hätten verhindern können. »Um es zugespitzt zu sagen: Mit welchem Recht beanspruchen Frauen für sich, paritätisch Führungspositionen zu besetzen, wenn sie sich auf solche Weise selbst infantilisieren?«[176]

Das ist natürlich ein Punkt. Was Flaßpöhler andererseits übersieht, ist, dass viele Frauen durch das Verhalten von Männern erst dazu gezwungen werden, Risiken in Kauf zu nehmen, die Männer selbst in der Regel gar nicht eingehen müssen. Wie wehrt frau sich beispielsweise gegen eine unerwünschte Anmache durch ihren Chef, ohne ihre Karrierechancen zu trüben? Wie viel Nachdruck darf sie in Konferenzen an den Tag legen, um männliche Redehoheit zu brechen, ohne unangemessen aggressiv zu wirken? Auf der anderen Seite gibt es selbstverständlich auch Frauen, die ihre Attraktivität zur Karriereförderung einsetzen. Auch dies sollten Männer, denen Gleichberechtigung am Herzen liegt, im Berufsalltag reflektieren – und solche Versuche abwehren.

Und wie weiter?

»Menschenrechte haben kein Geschlecht«, sagte die feministische Vordenkerin Hedwig Dom (1831–1919) treffend. Heute möchte man hinzufügen: Bremser der Gleichberechtigung haben auch keins. Es gibt sie unter Männern ebenso wie unter Frauen, bewusst, unbewusst und sicher in unterschiedlicher Ausprägung. Aber der Gegensatz Männer kontra Frauen, den der Netzfeminismus derzeit neu befeuert, ist im Deutschland von heute so falsch und unterkomplex wie noch nie. Beide Geschlechter gewinnen, wenn beide Geschlechter die Prägungen abschütteln, die ihnen das Patriarchat anerzogen hat.

Quoten sind dafür der falsche Weg. Sie sind ein unfreiwilliges Eingeständnis von Passivität, denn sie fordern ein

Ergebnis unabhängig vom Engagement. Und sie bestrafen Männer, die an Benachteiligungen unschuldig sind. Frauen und Männer an einen gleichen Platz zu stellen, ist nicht das Versprechen von Gleichberechtigung. Gleichberechtigung bedeutet, für eine vergleichbare Anstrengung eine vergleichbare Anerkennung zu bekommen. Das Geschlecht selbst berechtigt ebenso wenig zu einer Vorzugsbehandlung, wie es eine Benachteiligung rechtfertigt.

Das Ziel muss nicht Parität im Bundestag sein, das Ziel muss sein, dass die Klügsten und Besten unter den politisch Engagierten Parlamentsposten bekommen, und zwar völlig unabhängig davon, ob sie Männer oder Frauen sind. Wenn Frauen sich weniger oft in Parteien engagieren als Männer, dann muss von Männern alles unternommen werden, um eventuell bestehende äußere Hürden zu beseitigen. Dazu gehören beispielsweise familienunfreundliche Sitzungszeiten. Innere Hürden zu beseitigen, ist hingegen vor allem Aufgabe der Frauen selbst. Wenn das alles gelingt und der Bundestag dann irgendwann zu 70 Prozent aus Frauen besteht, wäre das auch gut – und sicher kein Grund, nach einer Männerquote zu rufen.

Eine Quote ändert ja nichts an den Ursachen von Ungleichbehandlung. Das Denken von Männern, die Frauen noch immer nicht als ebenbürtig betrachten, wird eine Quote kaum wenden, im Gegenteil, es wird sie in der Annahme bestärken, dass Frauen von sich aus nicht in der Lage sind, mit Männern gleichzuziehen. Die Achtung, die Frauen verdienen, bekommen sie mit zugewiesenen Karriereplätzen ebenfalls nicht, im Gegenteil, der Vorwurf, lediglich eine »Quotenbesetzung« zu sein, wird immer über ihnen schweben und schwer zu entkräften sein.

Der Feminismus hat weiterhin seine Berechtigung. Aber wenn er aus wütender Ungeduld heraus die Geschlechter spaltet, statt über die Geschlechter hinweg zu mobilisieren, wird er den Wandel eher verzögern als beschleunigen. Ein kluger Feminismus sollte sich deshalb mehrheitsfähiger machen. Mit latenter oder gar offener Männerfeindlichkeit, sei sie auch ironisch gemeint, erreicht er keine Gleichbehandlung. Damit nimmt er einer guten Sache die Glaubwürdigkeit.

Journalisten

Diskursermöglicher oder Diskursverhinderer?

> *Lasst sie (die Wahrheit) und die Falschheit miteinander ringen; wer hat je erkannt, dass die Wahrheit den Kürzeren gezogen hat in einem freien und offenen Kampf?*
> JOHN MILTON IN »AEROPAGITICA« (1644)

In diesem letzten Kapitel soll es um jene gehen, die große, ja vielleicht sogar die größte Verantwortung dafür tragen, dass die Spaltungen der Berliner Republik sich nicht weiter vertiefen: die Medien. Journalisten sind, wenn man so will, die Regisseure der öffentlichen Debatte. Zu welchen Themen und in welche Richtungen Diskussionen geführt werden, wer in welcher Weise zu Wort kommt, all das liegt ganz wesentlich in ihren Händen, ebenso wie die Pflege der Debattenkultur. Zeitungen, Online-Medien, Radio- und Fernsehsender sind es, die immer wieder Fenster aufstoßen und für frischen Gedankenwind im Land sorgen sollten. Daran, dass sie diese Aufgabe gut erledigen, zweifeln seit einigen Jahren immer mehr Bürger – jedenfalls ventilieren immer mehr von ihnen ihre Unzufriedenheit.

Ein gängig gewordener Vorwurf gegen die Medien lautet, mindestens kulturell gleichgeschaltet zu sein, oder politisch korrekt: nicht mehr die Politik zu kontrollieren, sondern gemeinsam mit der Politik das Denken der Bürger auf dessen Richtigkeit hin zu überprüfen. Ende 2015 sagten laut einer Allensbach-Studie 39 Prozent der erwachsenen Bevölkerung, an dem Vorwurf der »Lügenpresse« sei etwas dran. Medien verdrehten Sachverhalte und verheimlichten wesentliche Informationen. In Ostdeutschland hielten sogar 44 Prozent diesen Vorwurf für zutreffend.[177]

Dieser Vertrauensverlust vollzog sich in drei Episoden. Die Eurokrise ab 2008 war der erste, die Ukrainekrise ab 2014 der zweite und die Migrationskrise ab 2015 der dritte Schritt. Warum?

Jede dieser Krisen forderte der Bundesregierung grundsätzliche und weitreichende Entscheidungen ab. Zugleich fehlte es jedes Mal an einer nennenswerten Opposition, die eine kontroverse Auseinandersetzung mit den Kernfragen dieser drei Herausforderungen provoziert hätte. War es richtig, das Bail-out-Verbot der EU-Verträge zu ignorieren und milliardenschwere Bürgschaften für andere Staaten zu übernehmen? War es richtig, auf Russlands Annexion der Krim mit Sanktionen und einer militärischen Stärkung der östlichen Nato-Partner zu reagieren? War es richtig, das Dublin-System zur europäischen Verteilung von Asylbewerbern de facto und dauerhaft aufzugeben? Alle diese Entscheidungen wurden nicht nur mit dem TINA-Argument *(There Is No Alternative)* begründet, sondern auch von einem breiten journalistischen Konsens über die Politik der Kanzlerin begleitet. Fast alle wichtigen Medien versammelten sich sowohl in der

Euro- als auch in der Russland- und der Flüchtlingspolitik hinter Angela Merkel. In der Folge wurden vor allem drei inhaltliche Vorwürfe gegen *die* Medien erhoben: Sie seien zu europaselig, zu russlandkritisch und zu migrantenfreundlich.

In Zeiten Großer Koalitionen kommt der Presse die besondere Verantwortung dafür zu, Fragen zu stellen, die im Parlament nicht oder zu leise gestellt werden. Dass dies nur unzureichend geschah, liegt freilich nicht daran, dass Journalisten sich zu Pressesprechern der Bundesregierung gemacht hätten. Es lag daran, dass sehr viele Journalisten, auch der Autor dieses Buches, mit den Entscheidungen der Kanzlerin mindestens im Grundsatz einverstanden waren. Der Großteil der Deutschen war es offenkundig auch, sonst wäre Merkel nicht zweimal wiedergewählt worden.

Wahrscheinlich hat ein Großteil der Leser aber auch gar nicht erwartet, dass die Presse als Fundamentalopposition auftritt, und nur wenige teilten im wörtlichen Sinne die Vorwürfe der »Lügenpresse« oder des Elitenkartells. Die Erwartungen, die eher in der Breite enttäuscht wurden, waren vielmehr solche an die Urtugenden des Journalismus, vor allem an deren richtiges Maß: an die Gründlichkeit der Beobachtung, an die Nüchternheit der Kritik und an die Ausgewogenheit der Perspektiven.

Nur 25 Prozent der Bevölkerung glaubten zum Beispiel Ende 2015, dass die Medien ein realistisches Bild des Anteils von Familien und jungen Männern vermitteln, die zu Hunderttausenden nach Deutschland kamen, und auch von der Qualifikation vieler Flüchtlinge und Migranten. Fast jeder Zweite kritisierte, es werde zu wenig über die Risiken des Flüchtlingszustroms berichtet. Knapp jeder Zweite monierte, wichtige Fakten seien in der Berichterstattung zu kurz gekommen. Und 41 Prozent hatten den Eindruck, dass kritische Stimmen weitgehend ausgeblendet wurden.[178]

Die Silvesternacht von Köln: War das funktionierender Journalismus?

Eine Katalysatorwirkung auf die Skepsis gegenüber den Medien hatte die Kölner Silvesternacht 2015/2016. Das Verhalten vieler Journalisten angesichts der dortigen Ereignisse als Medienversagen zu bezeichnen, wäre sicher übertrieben. Es ein Beispiel für eine funktionierende kritische Presse zu nennen, wäre es aber auch. In der Nacht des Jahreswechsels 2015/2016 hatten sich auf dem Vorplatz des Kölner Hauptbahnhofs rund eintausend junge Männer versammelt, die, wie ein späterer Untersuchungsbericht des nordrhein-westfälischen Landtags festhielt, dem »äußeren Erscheinungsbild nach (…) weit überwiegend dem nordafrikanischen/arabischen Raum zuzuordnen« waren. Aus dieser Gruppe heraus wurden im Verlauf der Nacht zahlreiche Feiernde auf dem Vorplatz bestohlen, beraubt oder begrapscht, in der großen Mehrzahl Frauen. Mit Stand 18. Januar 2016 waren 1049 Menschen als Opfer erfasst, davon 482 als Opfer von Sexualdelikten.[179]

In den Tagen nach den Geschehnissen mussten sich Journalisten von Bürgern zum Jagen kritischer Fragen tragen lassen. Nachdem sich in den sozialen Netzwerken Berichte über Belästigungen und sexuelle Übergriffe gegen Frauen auf dem Bahnhofsvorplatz häuften, fragte das *ZDF* am Abend des 4. Januar vorsichtig über seinen Twitter-Account: »Was denkt ihr: Wie sollte @heuteplus über die Angriffe in der Silvesternacht in Köln berichten?« Über diese Frage regten sich eine Menge User auf. Heuteplus ist zwar eine interaktive Fernsehsendung, die oft Zuschauer befragt, aber diese spezielle Frage sagte doch etwas mehr über die Frager aus als über die Adressaten. Sie legte einen Mangel an innerer Unabhängigkeit nahe, wie man ihn in einer Nachrichtenredaktion nicht erwarten würde.

Woher kommt diese Unsicherheit? Es gibt dafür gute und schlechte Gründe. Zu den guten Gründen zählt, dass Journalisten, anders als rein private Twitterer, eine besondere Verantwortung haben: Es ist ihre Pflicht zu recherchieren, bevor sie publizieren. Diese Pflicht besteht auch dann fort, wenn das, was geschieht, vermeintlich offenkundig ist.

Natürlich, es gibt Ereignisse, die sich für jedermann offenkundig vollziehen. Terroranschläge, die von zig Kameras gefilmt werden, zum Beispiel. Was in Köln passiert ist, war nicht auf diese unmittelbare Weise offenkundig. Das Geschehen, das später zu über 1200 Strafanzeigen führte, fügte sich vielmehr erst allmählich zu einem Bild, und zwar vor allem durch die Meldungen in sozialen Netzwerken. Immer mehr Twitter- und Facebook-Nutzer verbreiteten Opferberichte, und immer mehr zeigte sich, dass es sich nicht um ein paar Einzelfälle handelte, sondern um eine Massenbelästigung, wie sie die Republik womöglich noch nicht gesehen hatte.

Während sich diese Konkretisierung vollzog, wuchs zugleich die Wut auf die sogenannten Mainstreammedien: Wo blieben die denn? Diese Wut ist zwar verständlich, aber Tatsache ist: Professioneller Journalismus braucht schlicht eine gewisse Zeit der Informationssammlung, nicht zuletzt eine Überprüfung der Inhalte wütender Postings, um sich ein einigermaßen verlässliches Bild zu machen.

Private Twitter-»Berichterstatter« können es sich gönnen, zu dokumentieren und zugleich emotionsgetriebene Richter des Geschehens zu sein. Journalisten dürfen das nicht. Sie müssen auch dann nüchtern bleiben, wenn das Netz durchdreht. Natürlich ist es auch als Journalist bisweilen schwer, seine Wut im Zaum zu halten. Die Professionalität verlangt dies aber. Ein hartes Urteil lässt sich später immer noch fällen.

Ein Teil der Antwort darauf, warum das Vertrauen in den Journalismus gelitten hat, ist also die unfaire Konkurrenz mit den sozialen Medien – die, wie gesagt, keine Medien sind. Der Wettbewerb zwischen Journalisten und Jedermann-Twitterern entspricht bei aufwühlenden Ereignissen einem Rennen zwischen einem grübelnden Igel und einem von der Tarantel gestochenen Hasen. Keine Frage, wer im reinen Geschwindigkeitstest unterliegt.

Das ist aber nur ein Teil der Wahrheit darüber, warum das Vertrauen in den Journalismus gelitten hat. Der andere Teil der Wahrheit ist eine falsche Vorsicht. Sie entspringt der Sorge, als Journalist selbst Teil der öffentlichen Debatte zu werden, und zwar in persönlicher Form. Gerade in Fragen, die stark emotionalisieren, balancieren Journalisten oft auf der Grenze zwischen verantwortlicher Berichterstattung und ängstlichem Schweigen, weil sie sich immer öfter fragen, ob sie sich gewissen Reaktionen aussetzen wollen. Soziale Netzwerke haben dafür gesorgt, dass zum Journalistensein mittlerweile ein inneres Ölzeug gehört, eine weiche Schutzhaut gegen die *shitstorms*, die umso zuverlässiger heraufziehen, je umstrittener die Themen sind, zu denen man sich äußert. Sowenig dies für die Streitkultur in diesem Land spricht – es ist schlicht der Preis geworden für das Privileg, seine Meinung an exponierter Stelle sagen zu können.

Die Sorge, mit massenhafter Kritik und Beleidigungen übergossen zu werden, kann zu einer inneren Selbstzensur führen, die das freie Denken, insbesondere die Suchrichtung von Recherchen, einschränkt. Im Falle von Köln war es die Angst, als Rassist oder Flüchtlingsfeind verunglimpft zu werden, sobald man die Frage aufwarf, ob die Herkunft der Täter etwas mit der Art der Tat zu tun gehabt haben könnte.

In Köln stellte sich übrigens, als die Recherchen erst einmal angefangen hatten, schnell heraus, dass es sich bei den Täter mitnichten um Flüchtlinge handelte, sondern zumeist um abgelehnte Schutzsuchende aus Nordafrika.[180]

Welche Auswirkungen hatte dieser falsche, der angstgeborene Teil der journalistischen Vorsicht, auf die Berichterstattung über Flüchtlinge und Migranten generell? Eine Studie der Hamburg Media School und der Universität Leipzig kam im Sommer 2017 zu dem Ergebnis, wichtige deutsche Medien hätten einen offenen Diskurs eher erstickt als ermöglicht.[181] Die Forscher hatten Tausende von Artikeln aus der *Frankfurter Allgemeinen Zeitung,* der *Süddeutschen Zeitung,* der *Welt,* der *Bild* sowie zahlreichen Regionalzeitungen analysiert, hauptsächlich im Zeitraum von Februar 2015 bis März 2016. Zugespitzt könnte man das Ergebnis in dem Urteil zusammenfassen, das Land habe unter einem publizistischen Stromausfall gelitten.

Nicht nur, so die Autoren der Studie, hätten sich die sogenannten Mainstreammedien einstimmig hinter Angela

Merkels Flüchtlingspolitik versammelt, sie hätten auch »Losungen der politischen Elite« unkritisch übernommen und eine »euphemistisch-persuasive Diktion« des Begriffs der Willkommenskultur verbreitet. Wer dieser Regierungslinie skeptisch gegenübergestanden habe, habe sich in den Augen vieler Journalisten der Fremdenfeindlichkeit verdächtig gemacht. Kritiker, so implizierte die Studie, mussten eines besseren Menschseins belehrt werden, mit Argumenten wie: Deutschland brauche Hunderttausende junger Flüchtlinge, als Arbeitskräfte und um der Überalterung der Gesellschaft entgegenzuwirken. Auf diese Weise sei »Willkommenskultur zu einer Art Zauberwort verklärt« worden, »mit dem freiwillig von den Bürgern zu erbringende Samariterdienste moralisch eingefordert werden konnten«.

Als Beispiel zitierte die Studie einen Videoblog-Kommentar der *Süddeutschen Zeitung* vom 2. Oktober 2015, in dem es hieß: »Vor zwei Wochen hatte ich noch den Eindruck, als würde (…) doch die Mehrheit der Menschen erkennen, wie gut, aber auch wie wichtig für Deutschland es ist, Flüchtlinge auch in großer Zahl aufzunehmen. Und mittlerweile ist es so, dass sich die Stimmung täglich verschlechtert …« Die Angst, in diesem Meinungsklima als moralisch schlecht zu erscheinen, habe eine »Schweigespirale« erzeugt. Kritiker der Flüchtlingspolitik hätten sich anderswo Ventile gesucht, »um ihrer Frustration umso heftiger Luft zu machen«, während das Vertrauen in die klassischen Medien erodiert sei.

Praktizierten deutsche Redaktionen also einen Dampfwalzenjournalismus, der sich am Ende selbst plättete? So ungefähr sei es gewesen, so die Studie. Große Teile der Journalisten hätten ihre Berufsrolle verkannt und die aufklärerische Funktion ihrer Medien vernachlässigt. Nachrichtliche

Texte seien häufig mit kommentierenden Passagen eingefärbt gewesen, Fachleute, Bürger und Migranten kaum zu Wort gekommen. Die Autoren der Studie zeigten sich sicher, dass der Journalismus eine beträchtliche Mitschuld an der »tiefen Spaltung« habe, die sich seit 2015 durchs Land ziehe. All die Dysfunktionen der Medien hätten »diesen polarisierenden und desintegrativen Prozess massiv gefördert«.[182]

Die Grundanalyse der Studie ist nicht verkehrt, ihr Urteil aber zu harsch. Die *FAZ* etwa warnte in vielen Kommentaren vor einer unbegrenzten Aufnahme von Flüchtlingen. Auch gab es in einigen Zeitungen Gastbeiträge von Autoren, die die Flüchtlingspolitik der Regierung Merkel problematisch fanden. Speziell die *FAZ* druckte mehrere derartige Texte, vor allem solche, die vor den ökonomischen Folgekosten der Massenzuwanderung warnten.[183]

Trotzdem ist richtig: Die meisten wichtigen Printmedien, von der *Bild* bis zur *ZEIT*, machten sich zu Fürsprechern und Förderern der Willkommenskultur. An offenen Armen für Menschen in Not ist zwar nichts falsch; aber die Ergriffenheit darüber, das Richtige zu tun, darf bei Journalisten nicht den Blick dafür trüben, was innerhalb dieses Richtigen falsch läuft.

Viele Medienkonsumenten dürften die Journalismusrüffel, die die Zeitungstudie austeilte, deshalb für richtig halten. Vermutlich hat das auch damit zu tun, dass die meisten Deutschen, etwa zwei Drittel[184], sich noch immer aus einer Quelle informieren, die die Forscher gar nicht berücksichtigt hatten: aus dem öffentlich-rechtlichen Fernsehen.

Die Öffentlich-Rechtlichen: Werden sie ihrer privilegierten Stellung gerecht?

Natürlich dürfen Journalisten auch loben, ja Beifall spenden, wann und wem sie möchten. Die Chefin des *ARD*-Hauptstadtstudios, Tina Hassel, etwa zeigte sich eines Tages regelrecht hingerissen von den Grünen. »Frische #grüne Doppelspitze lässt Aufbruchsstimmung nicht nur in Frankreich spüren. #Habeck und #Baerbock werden wahrgenommen werden! #Verantwortung kann auch Spaß machen u nicht nur Bürde sein. Wichtiges Signal in diesen Zeiten!«, twitterte sie von einem Parteitag der Grünen Anfang 2018.

Eine solche werbliche Sprache würde man zwar eher von der Pressesprecherin der Partei erwarten – andererseits, seien wir ehrlich: Das Temperament eines Berichterstatters, seine politischen Überzeugungen und menschlichen Sympathien bilden den ersten Filter, durch den jede Wirklichkeit rauscht. Menschen sind nie neutral, denn sie sind keine Neutren. Wenn zwei Reporter denselben Grünen-Parteitag sehen, sehen sie nicht das Gleiche. Ist es da wirklich schlimm, wenn Tina Hassel ihre Parteilichkeit durch unverhohlene Begeisterung transparent macht?

Wie souverän man Parteilichkeit eingestehen kann, nämlich als Selbstbezweiflung, hat George Orwell vorgemacht. Am Ende seines Erlebnisberichts aus dem Spanischen Bürgerkrieg, *Mein Katalonien*, schrieb er: »Wenn ich es in diesem Buch nicht schon vorhergesagt habe, möchte ich es jetzt aussprechen: Der Leser hüte sich vor meiner lebhaften Parteinahme, meinen Fehlern in der Darstellung der Fakten und der Verzerrung, die unausweichlich dadurch verursacht wird, dass ich nur eine Ecke des Geschehens gesehen habe.«

Orwell zeigt damit, dass er sich der potenziellen Fehlwahrnehmungen bewusst ist, die seine Ergriffenheit verursacht. Er weiß, mit anderen Worten, dass es für einen Journalisten prinzipiell gefährlich ist, ein allzu mitfühlender Beobachter zu sein.

Haben deutsche Journalisten, die sich für eine Sache begeistern und gegen eine andere engagieren, eine ähnlich kritische Sicht auf die potenziellen Zerrwirkungen ihrer Überzeugungen? Einiges spricht leider für das Gegenteil, dafür, dass die Grenzen zwischen Aktivismus und Journalismus verschwimmen – und dass einige Kollegen das nicht einmal mehr für problematisch halten.

Im Februar 2018 ist der *WDR*-Intendant Tom Buhrow in einer Maischberger-Sendung zu Gast, bei der es um die Frage »Wozu brauchen wir ARD und ZDF?« geht. Dabei kommt es zu einer denkwürdigen Szene. Mit in der Talk-Runde sitzt die stellvertretende AfD-Fraktionsvorsitzende Beatrix von Storch. Sie fragt, warum in der öffentlich-rechtlichen Berichterstattung die AfD stets mit dem Prädikat »die rechtspopulistische« versehen werde. Ein solches »Denkkorsett« brauche es doch nicht, wenn man lediglich informieren wolle.

Darauf antwortet Buhrow: »Also, das Wort Zwangsgebühr und Staatsfernsehen sind auch Kampfbegriffe, wo ich sagen würde, das ist nicht gerade der Höhepunkt der Neutralität.«

Daraufhin von Storch: »Ja, aber der Unterschied zwischen Ihnen und mir ist, dass ich Politik mache und Sie mit unseren Gebühren, Zwangsgebühren, Fernsehen machen.«

Von Storch hat in diesem Punkt völlig recht. Ein übliches Mittel des politischen Meinungskampfes sind Kampfbegriffe. Die üblichen Mittel des berichtenden Journalismus sollten Begriffsskepsis und -kritik sein, nicht deren Übernahme. Der Autor dieser Zeilen hält Beatrix von Storch für eine Populistin, weil sie regelmäßig Sachverhalte bewusst unterkomplex darstellt, um auf diese Weise Wut zu erzeugen, die wiederum ihrer Partei nutzt. Aber muss man als Journalist diese Beurteilung der AfD bei jeder Gelegenheit markieren? Es gibt auch Politiker anderer Parteien, die ganz ähnlich agieren, zum Beispiel mit Emotionalisierung bei ökologischen Themen.

Eine verbreitete Annahme unter Kollegen ist es, man müsse das Böse nur oft genug beim Namen nennen, um es zu vertreiben. Das ist ein Irrglaube. Falscher Politik begegnet man nicht dadurch, indem man sie dämonisiert – denn aus der Dämonisierung ziehen Populisten Kraft –, sondern indem man sie demontiert. Exkommunikation funktioniert in der Kirche, nicht in einer offenen Gesellschaft. Ebenso wenig hilft es der freiheitlichen Demokratie, wenn Journalisten Partei ergreifen für ihrer Ansicht nach gute Politiker, denn das führt schnell zu undifferenziertem Lagerdenken. Beständig zu fragen ist stattdessen, welche konkrete Politik gut oder weniger gut ist.

Die *ARD*-Journalistin Tina Hassel rechtfertigte sich nach der Kritik an ihren Tweets vom Grünen-Parteitag im Namen ihres Senders: »Was unsere Einschätzung vom Grünen-Parteitag angeht, gibt es eine große Übereinstimmung anderer Zeitungskollegen vor Ort – von *SZ* über *ZEIT* bis zur *Welt* –, die sich nun an die Spitze der Kritik gestellt hat. Gerade in Zeiten von zunehmender Politikverdrossenheit halten wir es für legitim, auch positiv zu würdigen, wenn einer Partei ein Führungs- und Generationswechsel souverän gelingt.«[185]

Selbstverständlich darf die *ARD* politische Aufbrüche würdigen. Allerdings finden twitternde *ARD*-Redakteure Führungs- und Generationswechsel bei anderen Parteien auffällig weniger großartig. So schrieb Mitte Dezember 2017 die *WDR*-Chefredakteurin Sonia Mikich auf dem Twitter-Account der *Tagesthemen* zu einem Bild, auf dem der neu gewählte österreichische Bundeskanzler Sebastian Kurz neben einen bewaffneten Maskenträger montiert worden war: »Warum sieht der da vorne wie ein Pimpf aus?« Dass *ARD*-Journalisten die Wahl von Alice Weidel – die immerhin zehn Jahre jünger ist als Robert Habeck – zur AfD-Covorsitzenden bejubelt hätten, ist ebenfalls nicht überliefert.

Hassels Behauptung, es sei der *ARD* um die Würdigung eines politischen Neustarts als solchem gegangen, war unglaubwürdig. Zudem steckte in ihrer Stellungnahme ein zweiter uneingestandener Doppelstandard: Wenn sie von »anderen Zeitungskollegen« spricht, setzt sie sich mit Kollegen gleich, für die völlig andere Bedingungen gelten als für Redakteure im öffentlich-rechtlichen Rundfunk.

Zeitungen müssen sich am Markt behaupten, weshalb ihre Verleger für eine gewisse politische Tendenz der Redaktionen sorgen dürfen. Sie müssen einen Blattcharakter schaffen, von dem sie glauben, dass er Käufer findet. Einige Verleger sorgen für eine Menge Tendenz, andere gestatten große innere Pressefreiheit, das Entscheidende aber ist: Gefällt den Leuten die Haltung einzelner Blätter nicht, müssen sie sie nicht kaufen.

Diese Wahlfreiheit besteht gegenüber dem öffentlich-rechtlichen Rundfunk nicht. Von dessen Vertretern darf der Gebührenzahler deshalb einen besonders strengen Anspruch erwarten, einen, den regelmäßig niemand erfüllt, der aber trotzdem den besonderen Charakter oder, wenn man so will, die Haltung gerade des beitragsfinanzierten Journalismus ausmachen sollte: bei der politischen Beobachtung persönliche Sympathien aus- und die kühle Sachlichkeit einzuschalten. Eine professionell-nüchterne Distanz ist als Preis für das großartige Privileg des gebührenfinanzierten Journalismus nicht zu viel verlangt.

Sicher, es gibt keine objektiven Wahrheiten, aber es gibt Redlichkeit. Sprich, den Versuch, fair zu berichten, ohne Rücksicht auf eigene Vorlieben. Den leidenschaftlich subjektiven Kommentar, den gibt es auch. Aber er sollte neben nachrichtlichen Berichten stehen, nicht zwischen ihren Zeilen. Um diese Trennung – auch in den sozialen Netzwerken – deutlicher zu machen, sollten ARD und ZDF über klarere Standards und Kennzeichnungen der journalistischen Genres nachdenken. Ebenso überlegenswert wäre ein Ethikkodex für das Verhalten öffentlich-rechtlicher Journalisten in sozialen Netzwerken. Jedenfalls dann, wenn sie erkennbar als Berichterstatter twittern und nicht als Privatpersonen, sollten sie sich an handwerkliche Standards halten, die für die Berichterstattung gelten. Denkbar wäre auch eine deutliche Kennzeichnung von privaten und beruflichen Tweets, etwa durch eine andere Schriftart. Private Medien könnten sich an diesen Kriterien ein Beispiel nehmen.

In Irland gibt es eine Rundfunkaufsicht, die bei strittigen Themen darauf achtet, dass jede Seite in den öffentlich-rechtlichen Sendern ausreichend zu Wort kommt. In den Regularien der Aufsichtsbehörde heißt es zum Ziel der *Fairness, Objektivität und Unparteilichkeit*, die Sender müssten sicherstellen, dass »alle Nachrichten in einer objektiven und unparteilichen Art berichtet und präsentiert werden, ohne jeglichen Ausdruck der eigenen Ansichten des Senders«. Die Berichterstattung über Themen einschließlich solcher, die öffentliche Kontroversen betreffen, solle »fair gegenüber allen betreffenden Interessen« erfolgen.[186]

An dieses Balancegebot halten sich auch die wichtigsten privatwirtschaftlichen Zeitungen und Radiosender Irlands, schlicht deswegen, weil sie es für richtig halten. Das führt in Irland zu sehr harten, aber auch klaren Debatten, etwa über die Zustimmung zu europäischen Verträgen oder, wie zuletzt, über die Frage, ob Abtreibungen gesetzlich erlaubt werden sollen. In der entsprechenden Debatte vor dem Referendum 2018 kamen in namhaften Zeitungen auch Interessenvertreter mit Positionen zu Wort, die in Deutschland zu einem Sturm der Entrüstung geführt hätten, vermutlich auch gegen die Boten, also die Redaktionen, die ihnen die Plattform geben. Im Radio sagte beispielsweise ein katholischer Bischof, eine Abtreibung sei für Frauen manchmal »sehr viel schlimmer als eine Vergewaltigung«.[187] In Irland war diese Meinung eine von vielen. Am Ende stimmten 66 Prozent der Iren für die Abtreibungsliberalisierung.

Der *BBC*-Journalist Hugh Greene, der nach dem Krieg den *NWDR*[188] aufbaute, brachte den schmalen, richtigen Grat der Reporterarbeit einmal so auf den Punkt: »Segle so hart am Wind, wie du kannst, und mach deine Sache gut.«[189] Es ist ein schönes Bild. Nicht der Journalist bestimmt den Kurs, sondern äußere Umstände, und balancierte Berichterstattung entsteht durch beständiges Widerhalten gegen Sogwirkungen von links und rechts.

Der öffentlich-rechtliche Rundfunk mit seiner wirtschaftlichen Unabhängigkeit könnte ein Schatz sein, würde er sich stärker auf dieses Prinzip besinnen. Man würde von seinen Qualitäten gerne noch mehr sehen, je komplexer die Zeiten sind. Dass zum Beispiel die *Tagesschau* noch immer lediglich 15 Minuten lang ist, während die Menge der relevanten Nachrichten sich für die Bürger seit den ruhigeren Zeiten der Bonner Republik vervielfacht hat, ist ziemlich unverständlich. Natürlich, die Nachrichtenproduktion wäre dann noch aufwendiger. Aber dann müssen eben die Kapazitäten anders verteilt werden. Wenn die Öffentlich-Rechtlichen ihre alten Stärken stärken und ihre neuen Schwächen schwächen, wären sie eine Institution, die viel zum Wiederzusammenwachsen des Landes beitragen könnte.

Haltung zeigen? Warum Journalismus und Aktivismus sich nicht vertragen

Das zunehmende Bedürfnis vieler Journalistenkollegen, der Öffentlichkeit zu beweisen, wo sie politisch stehen, ist in psychologischer Hinsicht verständlich. In polarisierten Zeiten, in denen die Einsortierung von Menschen schneller vonstattengeht als die Prüfung ihrer Argumente, will niemand in der falschen Schublade landen. Trotzdem sind allzu klare öffentliche Positionierungen von Journalisten verkehrt, denn sie befördern eben jenes polarisierte Klima, in dem die Schubladenangst erst gedeiht.

Berichterstatter sind Schiedsrichter der öffentlichen Debatte. Fallen sie aus der Rolle, indem sie dem Ball einer Mannschaft einen Schubs geben, leidet ihre Autorität. Und darunter leidet das Vertrauen darin, dass Journalisten sich um

Objektivität wenigstens bemühen. Sie sollten deshalb, um den Klassiker von Hajo Friedrichs aufzurufen, dem Bedürfnis widerstehen, sich mit einer Sache gemein zu machen, und sei sie eine gute.

Es gibt Journalisten, die dieser Distanz-Idee mittlerweile ausdrücklich widersprechen. Sie finden nicht, dass es parteilich ist, sich für universelle Werte zu engagieren. Sie halten im Gegenteil einen »werteorientierten Journalismus« für das Gebot der Stunde. Einfach nur zu sagen, was ist, legitimiert ihrer Meinung nach, was ist. Mit einem solchen Verständnis von Journalismus, schreibt etwa der Redaktionsleiter der *WDR*-Sendung *Monitor*, Georg Restle, »will ich nichts zu tun haben«. Zum einen, so Restle, liege die Wahrheit höchst selten in der Mitte, zum anderen drohten »Journalisten im Neutralitätswahn nicht mehr wahr(zu)nehmen, wenn sie längst zum verlängerten Arm derer geworden sind, die mit ihrem Beharren auf journalistischer Objektivität nur ihre eigene Agenda oder ihre eigenen Geschäftsinteressen im Sinn haben«.[190]

Restle trat deswegen unter anderem auf der Bühne einer Großdemonstration im Oktober 2018 in Berlin auf, die unter dem Motto »Unteilbar – Für eine offene und freie Gesellschaft – Solidarität statt Ausgrenzung« stand. Er sei von Kolleginnen und Kollegen im *WDR* gefragt worden, was ihm eigentlich einfalle, sich als Journalist mit einer Sache gemeinzumachen, berichtete er dem Publikum. »Ich habe den Kollegen gesagt: Verdammt noch mal, wie kann man sich mit einer solchen Sache, für die diese Demonstration, für die ihr alle steht, nicht gemeinmachen?« Wenn die Menschenwürde im Mittelmeer ertrinke, weil Deutschland dort Menschen sterben lasse, wenn Rassismus und völkischer

Nationalismus sich wieder breitmachten, wenn Religionsfreiheit nicht mehr für alle gelten soll, wenn neue Polizeigesetze elementare Freiheitsrechte einschränkten, so Restle, »wenn die Freiheitswerte dieser Demokratie in Gefahr sind, dann ist Haltung gefragt, und für diese Haltung sollten auch und besonders Journalisten stehen«.[191]

Diese Position klingt erst einmal nobel, sie ist aber aus mehreren Gründen problematisch. Einerseits unterstellt Restle damit, dass Journalisten, die an solchen Demos nicht teilnehmen, nicht oder nicht im selben Maße wie er für Freiheitlichkeit eintreten oder dass Journalisten gar der »verlängerte Arm« von Freiheitsfeinden seien, wenn sie diesen nicht auch durch bürgerschaftliches Engagement Paroli bieten.

Er übersieht zudem – was schwerer wiegt – den Grund dafür, warum Journalisten als Wahrnehmer der grundrechtlich garantierten Pressefreiheit eine besonders geschützte Institution der freiheitlichen Demokratie sind. Diesen Grund hat das Bundesverfassungsgericht in seinem berühmten *Spiegel*-Urteil aus dem Jahr 1966 auf den Punkt gebracht: »Eine freie, nicht von der öffentlichen Gewalt gelenkte, keiner Zensur unterworfene Presse ist ein Wesenselement des freiheitlichen Staates. (…) Soll der Bürger politische Entscheidungen treffen, muß er umfassend informiert sein, aber auch die Meinungen kennen und gegeneinander abwägen können, die andere sich gebildet haben. Die Presse hält diese ständige Diskussion in Gang; sie beschafft die Informationen, nimmt selbst dazu Stellung und wirkt damit als orientierende Kraft in der öffentlichen Auseinandersetzung. (…) Sie faßt die in der Gesellschaft und ihren Gruppen unaufhörlich sich neu bildenden Meinungen und Forderungen kritisch zusammen.«[192]

Genau dies, Meinungen und Forderungen kritisch zusammenzufassen und Orientierung in der Auseinandersetzung zu bieten, können Journalisten nicht glaubhaft leisten, wenn sie sich an Demonstrationen beteiligen. Schließlich machen sie sich damit zum Teil von Forderungen, über die sie unabhängig berichten sollten. Natürlich ist es unproblematisch, wenn ein Journalist einer überregionalen Zeitung sich gegen den Bau einer Mülldeponie in seiner Nachbarschaft engagiert, sofern diese Auseinandersetzung nicht sein Berichtsgebiet berührt. Wenn aber der Redaktionsleiter eines der wichtigsten politischen Magazine des öffentlich-rechtlichen Rundfunks auf einer Großdemonstration spricht, die sehr viele Menschen mobilisiert, dann begibt er sich in einen Interessenkonflikt, und zwar auch dann, wenn die Forderungen der Demonstration mutmaßlich von jedem Bundesbürger unterschrieben werden könnten.

Denn was passiert beispielsweise, wenn die Organisatoren der Demonstration das selbstgesetzte Motto gar nicht einlösen? Beim »Marsch für Vielfalt« waren laut der Organisatoren der Unteilbar-Demo Bundesflaggen unerwünscht. Ein Journalist, zu dessen Berichtsinteressen die Freiheitlichkeit der Bundesrepublik gehört, sollte hier doch eher Kritik anmelden als seine Teilnahme.

Journalisten sorgen dafür, dass die Demokratie wehrhaft bleibt, indem sie im Meinungsstreit gute Argumente von schlechten trennen, nicht indem sie sich zum Teil eines Arguments machen. Der Kampf von Journalisten – um es pathetischer zu formulieren – für Freiheit, Wahrheit und Gerechtigkeit besteht nicht im politischen Aktivismus für diese Werte, sondern in der kritischen Wacht über alle politisch

Aktiven. Journalisten sind Diskursbefeuerer, ihre Methode ist die Kritik, ihr Mittel ist die Vernunft, ihr Maßstab ist die Humanität – gegen jeden und alles. Objektivität ist keine Naivität gegenüber dem Bestehenden. Das Ringen um Objektivität ist der schlimmste Feind all jener, die versteckte Agenden betreiben, unter welchem Banner auch immer.

In den USA ist es den Journalisten vieler wichtiger Medien verboten, an Demonstrationen teilzunehmen. Im Ethikkodex des National Public Radio (NPR), eines Zusammenschlusses von 800 Stationen in den USA, heißt es: »Es liegt echter journalistischer Wert darin, Beobachter von öffentlichen Veranstaltungen wie Märschen oder Demonstrationen zu sein, auch ohne Auftrag zur Berichterstattung. Aber während wir beobachten, unterlassen wir es, aktiv an solchen öffentlichen Veranstaltungen (…) teilzunehmen, über die unsere Organisation berichten könnte.«[193] Journalisten der *New York Times* ist es strengstens untersagt, an Demonstrationen oder politischen Aktivitäten teilzunehmen. Sie dürfen Proteste ebenfalls ohne Reportageauftrag beobachten, aber nie die Linie überqueren und aktiv teilnehmen. Selbst Petitionen zu unterzeichnen, sei in der US-amerikanischen Medienbranche üblicherweise ein No-Go, berichtete mir ein Redakteur der *New York Times*. »Und der Himmel hilf, wenn ich jemals Geld für eine politische Kampagne spenden würde.«

Die deutsche Medienbranche sollte über solche Richtlinien ebenfalls nachdenken, im Interesse ihrer Glaubwürdigkeit und aus Respekt vor sich selbst.

Alle links? Unabhängig denken in abhängiger Beschäftigung

Ein weiterer Vorwurf gegenüber Journalisten lautet, sie stünden mehrheitlich links vom gesellschaftlichen Durchschnitt. Das ist zunächst einmal richtig. Nach einer Umfrage unter 775 Journalisten kamen Medienforscher der Universität München 2017 zu dem Ergebnis, dass sich die meisten deutschen Journalisten politisch links der Mitte positionierten. Auf einer Skala von 0 (links) bis 10 (rechts) lag der Mittelwert bei 3,96. Dieser Wert ist nun allerdings weder extrem noch überraschend. Zum Ethos des Journalisten gehört die Wächterrolle gegenüber den Mächtigen, und da die Regierungen der Bundesrepublik in der Regel von Mitte-Rechts-Bündnissen gestellt wurden, ist das Linksabrücken der Mehrheit der Journalisten ein Zeichen für einen gewissen Distanz-Ehrgeiz.

Außerdem muss die politische Einstellung kein Indiz für einen mangelnden Objektivitätsanspruch sein. Journalisten können sehr wohl abstrahieren zwischen ihrem beruflichen Handwerk und ihrer privaten Meinung. Ein Problem entsteht eher, wenn Journalisten missionarischen Eifer entwickeln, also glauben, eine bestimmte Weltsicht befördern zu müssen. Insofern sind zwei andere Werte aus der Studie interessanter. Demnach sehen 66,7 Prozent der befragten Journalisten es als ihre Aufgabe, »Toleranz und kulturelle Vielfalt« zu fördern. Nur 46,9 Prozent hingegen finden, es gehöre zu ihrer beruflichen Rolle, »den Menschen die Möglichkeit zu geben, ihre Ansichten zu artikulieren«.[194] Das ist ein seltsames Missverhältnis mit einem Zug ins Pädagogische.

Ein Beispiel für die Verlockung, in politisch aufgeladenen Zeiten in den Aktivismus zu kippen, lieferte Anfang 2019 der Sender *Deutschlandfunk Kultur*. Auf seinem Twitter-Account postete er ein *sharepic,* also ein Grafikbild, mit der Aufschrift »Nazis raus«. Dazu hieß es: »Ein Tweet für alle Trolle und Rechten«. Man muss sich vor Augen führen, was damit alles gleichgesetzt wird: der industrielle Massenmord an über 6 Millionen Menschen und ein Vernichtungskrieg in Europa, die politische Richtung des Konservatismus (klassischerweise als rechts bezeichnet) und Leute, die im Internet Beleidigungen oder Unfug von sich geben.[195]

Jeder Meinungsdrall, ob linker oder rechter, wird dann gefährlich, wenn er in Gruppen zum unhinterfragten Mainstream wird. Die Mehrheitsmeinung ist eine der stärksten Kräfte des Universums. Ihr skeptisch zu beggnen und prinzipiell zu widerstehen, gehört ebenfalls zum journalistischen Berufsethos. Aber diese Widerständigkeit muss man sich leisten können – und zwar ganz wörtlich, auch im wirtschaftlichen Sinne. Hier, bei der inneren Unabhängigkeit gerade vieler junger Journalisten, liegt die vielleicht größere Bedrohung für die Unabhängigkeit der Presse als bei politischen Einstellungen.

In seinem berühmten Konformitätsexperiment zeigte der Psychologe Solomon Asch 1951, dass Gruppendruck Menschen dazu verleiten kann, sogar offenkundig falsche Tatsachen als wahr anzuerkennen. In einer seiner Versuchsanordnungen hatte Asch jeweils sechs eingeweihte Probanden und einen Nichteingeweihten gebeten, die Länge von Strichen auf einer Tafel zu bewerten. Die Eingeweihten gaben bewusst die falsche Antwort, ein kürzerer Strich sei länger, als auf der Tafel zu sehen war. Die nichteingeweihten Testpersonen passten sich in 76 Prozent der Fälle dem eindeutig falschen Urteil der Gruppe an. Nur ein Viertel der Testpersonen widerstand der Mehrheitsmeinung und verhielt sich nicht konform. In einer idealen Welt wären hundert Prozent der Journalisten solche Abweichler. Aber die Welt ist natürlich auch für Journalisten alles andere als ideal.

Was wegen der gefühlt zunehmenden Präsenz von Journalisten in sozialen Netzwerken fast schon vergessen scheint, ist, dass es während der Wirtschafts- und Finanzkrisen ab 2001 auch zu einer Medienkrise kam. Die Anzahl der hauptberuflich tätigen Journalisten in Deutschland nimmt stetig ab. Waren es 1993 noch 54 000, sank die Zahl bis 2005 auf 48 000.[196] In den vergangenen zehn Jahren gab es nach Angaben des Deutschen Journalistenverbandes einen dramatischen Schwund bei seiner Mitgliederzahl, sie sank von 42 000 auf 36 000.[197] Die Zahl der arbeitslosen Journalisten in Deutschland stieg nach dem 11. September 2001 zwischenzeitlich auf rund 9000 an. Noch im Jahr 2017 strebten 4800 Männer und Frauen, die arbeitslos gemeldet waren, eine Tätigkeit als Redakteur oder Journalist an.[198]

Wer heute in den Journalismus einsteigen will, weiß, dass er eine Laufbahn in einer Branche mit oft prekären Arbeitsbedingungen wählt. Und selbst wer einen der begehrten unbefristeten Anstellungsverträge bekommt, muss damit rechnen, im Falle schwindender Einnahmen als junger Redakteur als Erster gekündigt zu werden. Wer einen Job hat, wird sich also an ihn klammern. Das wiederum kann dazu führen, in Konferenzen besser nicht zu laut zu widersprechen, sondern sich im Zweifel konform zu verhalten. Niemand verärgert gern den Chef, an dem seine Stelle hängt. Journalisten müssen aber jeden Tag dazu bereit sein, und zwar immer öfter bei den Themen, bei denen es gefühlt ums Eingemachte geht, wie etwa jenen, die in diesem Buch behandelt werden. Gute Chefs wissen das und lassen diese Freiheit zu. Aber wissen auch alle jungen Journalisten, dass sie sich diese Freiheit nicht nur nehmen dürfen, sondern müssen?

Journalismus ist auch schon lange nicht mehr der Job, in dem üppige Gehälter, großzügige Spesenkonten und Dienstwagen winken. Der größte Teil der hauptberuflichen Journalisten (24,5 Prozent) verdient heute zwischen 1801 und 2400 Euro netto im Monat. Nur ein kleiner Teil, weniger als das obere Zehntel, verdient sehr gut, mehr als 4801 netto im Monat.

Universitätsabsolventen mit guten Noten, denen anderswo auf dem Arbeitsmarkt deutlich bessere Bedingungen geboten werden, schrecken diese Aussichten möglicherweise vom Journalismus ab. Sicher, gerade der Journalismus ist für viele nicht nur ein Beruf, sondern eine Berufung, zu der der Idealismus treibt. Aber wie bei allem kommt es auf die richtige Mischung an, denn, wie Rosa Luxemburg einmal bemerkt haben soll: »Der Idealismus wächst mit dem Abstand zum Problem.«[199] Neben Idealismus braucht es deswegen Realismus, neben Politikwissenschaftlern, Soziologen und Germanisten brauchen Redaktionen auch Volkswirtschaftler, Juristen und Naturwissenschaftler. Je geringer aber die Auswahlbreite der Redaktionen für ihren Nachwuchs wird, weil die finanziellen Anreize abnehmen, desto größer wird die Gefahr von biografischer und fachlicher Homogenität im Journalismus. Das schrumpfende Sozialprestige kann zudem eine Wagenburgmentalität befördern, in die selbst gerechtfertigte Kritik nur noch schwer eindringt.

Journalist ist einer der großartigsten Berufe der Welt, und er wird mit mehr bezahlt als nur mit Geld. Trotzdem: Wer für guten Journalismus zu wenig bezahlt, wird dafür bezahlen. Das gilt für Leser ebenso wie für Verleger.

Schlusswort

Wenig von dem, was in diesem Buch steht, wird unangefochten bleiben, weder von Kritikern noch von den Zeitläufen. Als dieses Buch in den Druck ging, zeichneten sich in Deutschland bereits die nächsten Debatten ab, die das Zeug haben, zu Kulturkämpfen zu werden: der Streit um Fahrverbote, Feinstaubgrenzwerte oder der Kohleausstieg. Die Themen ändern sich, die Gefahr des falschen Debattenmusters bleibt: Lagerkampf statt Faktenkampf, Ideologieverdacht statt Vernünftigkeitsprüfung.

Journalisten geht es dabei nicht anders als ihren Lesern. Es wird immer mehr gedankliche Arbeit nötig, um zu begreifen, was vor unseren Nasen liegt, und Erkenntnisse altern schneller als je zuvor. Dazu trägt zum Glück die Kritik jener bei, die es besser wissen. Und es gibt so gut wie immer jemanden, der es besser weiß. Je komplizierter unsere Demokratie wird, desto genauer muss die Kritik an ihren Akteuren ausfallen. Das beste Mittel dafür ist die kultivierte Gegenkritik.

In den USA, schrieb der Kommentator und Pulitzer-Preisträger Bret Stephens, sei die Wahrheit mittlerweile das, »womit du davonkommst«. Wenn der Präsident nur genügend Menschen davon überzeugen könne, dass zur eigenen

Amtseinführung mehr Menschen als jemals zuvor erschienen seien – welchen Wert hätten dann Luftaufnahmen und Statistiken?[200]

Die Flucht vorm Zweifel als vermeintliche Flucht nach vorne, das ist die reine Antiaufklärung, und Trump hat entdeckt, wie viele Amerikaner genau dieses Bedürfnis verspüren. In Deutschland empfinden auch immer mehr Bürger ein einfaches, geschlossenes Weltbild als die beglückendere Alternative zu einer Dauerwahrheitsaustragung, die nie aufhört. Deswegen ist eine Erkenntnis des Philosophen Karl Popper heute so wichtig: Wer vernünftig argumentieren will, der muss davon ausgehen, dass seine Behauptungen nicht die letzte Wahrheit sind, sondern dass sie im Gegenteil falsifizierbar sind. Alles, was wir begründen, ist in jedem Augenblick nur eine Annäherung an die Wahrheit. Es gilt nur so lange, bis das bessere Argument es schlägt. Anstrengend ist das, sicher, heute noch anstrengender als zu Poppers Lebzeiten.

Sowenig sich heute kein Automotor mehr mit Werkzeug aus den 1960er-Jahren reparieren lässt, so wenig Hebelkraft bietet gewohntes Denken von einst gegen die Herausforderungen von heute. Diese Komplexität verlangt von jedem eine Anstrengung, nicht nur von Journalisten, sondern von allen Deutschen. Sich besser zu informieren, ein Zeitungsabo abzuschließen statt die Twitter-Timeline zu schlucken, das ist immer wünschenswert, aber realistischerweise wird nicht jeder die Zeit für die Lektüre auch nur des Allerwichtigsten haben.

Was deswegen mindestens genauso wichtig ist wie eine Informationskultur, ist unsere Art zu streiten. Demut, Augenmaß und Empathie in der Debatte werden schneller zu neuen Erkenntnissen führen als Emotionen und Härte. Höflichkeit spart Zeit und geistige Energie. Sie ist deshalb die Sekundärtugend der Vernunft.

Dabei ließe sich eines durchaus vom Gestern lernen: Die Demokratie braucht sehr wohl eine gewisse Betriebstemperatur, damit sie flüssig bleibt. Wer jede Meinungsverschiedenheit zur Störung des politischen Friedens aufmotzt, der lässt den Treibstoff der Demokratie, den offenen Diskurs, verdicken. Und wer Andersdenkende vorschnell als Demokratiefeinde denunziert, der verunreinigt diesen Treibstoff. Die Demokratie verbrennt dann schmutzig, ihre Leistung lässt nach. Nur die Wut nimmt weiter zu.

Demokratie lebt vom Zweifel, nicht an ihrem Wesen, aber an ihren Inhalten. Zu wenige qualifizierte Zweifel *in* ihr haben dazu geführt, dass zu viele unqualifizierte Zweifel *an* ihr gewachsen sind. Reißen wir das Ruder herum.

Danksagung

Bücher über öffentliche Debatten zu schreiben, ist eine heikle Angelegenheit, denn öffentliche Debatten haben die Angewohnheit, sich schneller zu bewegen, als Bücher gedruckt werden. Mein Dank gilt deswegen den Mitarbeitern der Edition Körber, die mir halfen, die Ursprungsidee ebenso zügig in ein Konzept zu verwandeln wie das Konzept in ein Manuskript und das Manuskript in ein Buch, ohne dass die Gründlichkeit leiden musste. Bernd Martin, der Leiter der Edition, ist ein Lektor, wie ihn sich jeder Autor nur wünschen kann, kritisch, fair und offenherzig. Sacit Dizman und Matthias Bernhard Schmidt haben, sehr zu meiner Erleichterung und Erleuchtung, das Islamkapitel mit vielen hilfreichen Anmerkungen versehen. Mein geschätzter ZEIT-Kollege Martin Machowecz, Leiter unseres Leipziger Redaktionsbüros, weiß hundertmal mehr über Ostdeutschland als ich – dass er das Ost-West-Kapitel durchgesehen hat, ließ mich ruhiger schlafen. Für die besten Perspektiven von allen aber danke ich dir, Kristina.

Anmerkungen

1 Der Autor verzichtet bei Gruppenbegriffen aus Gründen der Lesbarkeit auf gendergerechte Suffixe. Gemeint ist immer die gesamte Gruppe jedweden Geschlechts.
2 Vgl. etwa Schacht, Ulrich; Schwilk, Heimo: Für eine Berliner Republik, Stuttgart 1997 oder die ab 1999 erschienene Zeitschrift Berliner Republik
3 Tweet von @katarinabarley am 18.11.2018, 13.29 Uhr
4 Illinger, Patrick: Kapitulation vor der Wissenschaftsfeindlichkeit, Süddeutsche Zeitung vom 17.11.2018, siehe auch: https://www.sueddeutsche.de/wissen/fachzeitschrift-anonymes-publizieren-1.4212143, zuletzt abgerufen am 14.01.2019
5 Ein Beispiel: Im November 2018 regte der Kandidat für den CDU-Vorsitz, Friedrich Merz, eine Debatte darüber an, ob das Grundrecht auf Asyl in der bestehenden Form weiter gelten könne. Viele Journalisten und Vertreter anderer Parteien warfen ihm darauf, in teils entrüstetem Tonfall, vor, das Asylgrundrecht abschaffen zu wollen. Tatsächlich hatte Merz von einer Abschaffung nie geredet, sondern gefragt, ob das Asylgrundrecht »in seiner gegenwärtigen Form fortbestehen kann«. https://www.youtube.com/watch?v=Eja2de0d4gQ, zuletzt abgerufen am 16.01.2019
6 Mill, John Stuart: Gesammelte Werke, Band 1, Leipzig 1969, S. 27
7 Friedmann, Thomas L.: Die Welt ist flach. Eine kurze Geschichte des 21. Jahrhunderts, Berlin 2008
8 Vance, James David: Hillbilly-Elegie. Die Geschichte meiner Familie und einer Gesellschaft in der Krise, Berlin 2017, S. 218
9 Mance, Henry: Britain has had enough of experts, says Gove,

Financial Times vom 03.06.2016, siehe auf: https://www.ft.com/content/3be49734-29cb-11e6-83e4-abc22d5d108c, zuletzt abgerufen am 14.01.2019

10 ZDF-Wahlstudio, Sendung zur Wahl in Bayern am 14.10.2018, siehe: https://www.zdf.de/politik/wahlen/wahl-in-bayern-100.html, zuletzt abgerufen am 14.01.2019

11 Luce, Edward: The Retreat of Western Liberalism, London 2017, S. 120

12 Buchsteiner, Jochen: Bürger beurteilen Demokratien äußerst kritisch, FAZ vom 22.06.2016, siehe auch: https://www.faz.net/aktuell/politik/ausland/buerger-beurteilen-demokratien-aeusserst-kritisch-15652765.html, zuletzt abgerufen am 14.01.2019

13 Bundestagswahl 2017, Umfragen Wähler nach Altersgruppen, hier: zur AfD, in: tagesschau.de vom 24.09.2017, siehe: https://wahl.tagesschau.de/wahlen/2017-09-24-BT-DE/umfrage-afd.shtml, zuletzt abgerufen am 16.01.2019

14 Goodhart, David: The Road to Somewhere, London 2017

15 Sylvester, Rachel: The Tories have stopped caring about voters, The Times vom 02.10.2018, siehe auch: https://www.thetimes.co.uk/article/the-tories-have-stopped-caring-about-voters-7zn87kth5, zuletzt abgerufen am 14.01.2019

16 Güsten, Susanne: Clinton schwächt Schmähung der Trump-Anhänger ab, Tagesspiegel vom 11.09.2016, siehe auch: https://www.tagesspiegel.de/politik/us-praesidentschaftswahl-clinton-schwaecht-schmaehung-der-trump-anhaenger-ab/14529080.html, zuletzt abgerufen am 14.01.2019

17 Was verbindet, was trennt die Deutschen? Werte und Konfliktlinien in der deutschen Wählerschaft im Jahr 2017, Forschungsförderung-Report Nr. 2, hrsg. von der Hans-Böckler-Stiftung, 2018

18 Fücks, Ralf: Freiheit verteidigen. Wie wir den Kampf um die offene Gesellschaft gewinnen, München 2017, S. 183

19 Gross, Neil: A class split over saving the planet?, New York Times vom 17.12.2018, siehe auch: https://www.nytimes.com/2018/12/14/opinion/sunday/yellow-vest-protests-climate.html, zuletzt abgerufen am 14.01.2019

20 Gauland, Alexander: Warum muss es Populismus sein?, Frankfurter Allgemeine Zeitung vom 06.10.2018, siehe auch: https://www.faz.net/social-media/instagram/alexander-gauland-warum-

muss-es-populismus-sein-15823206.html?premium, zuletzt abgerufen am 14.01.2019

21 Hitlerrede in Berlin/Siemensstadt am 10.11.1933, zitiert nach filmarchives-online.eu, Quelle: Erschließungsprotokoll Bundesarchiv Koblenz
22 Vogel, Hannes: Alte Kameraden, Die Zeit vom 12.09.2018, siehe auch: https://www.zeit.de/2018/38/bjoern-hoecke-afd-neonazi-freundschaft-rechtsextremismus, zuletzt abgerufen am 14.01.2019
23 Serrao, Marc Felix: Nazi! Selber Nazi!, Neue Zürcher Zeitung vom 27.05.2018, siehe auch: https://www.nzz.ch/international/nazi-selber-nazi-ld.1389199, zuletzt abgerufen am 14.01.2019
24 de Vries, Catherine; Hoffmann, Isabell: Globalisierungsangst oder Wertekonflikt? Wer in Europa populistische Parteien wählt und warum, Bertelsmann-Stiftung, 2016, siehe: https://www.bertelsmann-stiftung.de/fileadmin/files/user_upload/EZ_eupinions_Fear_Studie_2016_DT.pdf, zuletzt abgerufen am 14.01.2019
25 Rinke, Andreas: Trump lässt grüßen – CSU beginnt Kampf um Europa, Reuters vom 15.06.2018, siehe auch: https://de.reuters.com/article/deutschland-fl-chtlinge-union-idDEKBN1JB1R9, zuletzt abgerufen am 14.01.2019
26 Krăstev, Ivan: Europa, von Osten aus gesehen, Die Zeit vom 04.07.2018, siehe auch: https://www.zeit.de/2018/28/osteuropa-reformen-eu-europa, zuletzt abgerufen am 14.01.2019
27 Zu den Visegrád-Staaten zählen Polen, Tschechische Republik, Slowakei und Ungarn.
28 Bittner, Jochen: … jetzt auch noch die Tschechen, Die Zeit vom 18.10.2017, siehe auch: https://www.zeit.de/2017/43/tschechien-parlamentswahl-europa-andrej-babis-migranten, zuletzt abgerufen am 14.01.2019
29 Unser Rendezvous mit der Globalisierung, Interview mit Wolfgang Schäuble, Passauer Neue Presse vom 04.02.2016, siehe auch: https://www.bundesfinanzministerium.de/Content/DE/Interviews/2016/2016-02-04-PNP.html, zuletzt abgerufen am 14.01.2019
30 Lochocki, Timo: Die Vertrauensformel. So gewinnt unsere Demokratie ihre Wähler zurück, Freiburg 2018, S. 76

31 Krăstev, Ivan: Europadämmerung, Berlin 2017, S. 69
32 »We do not want our own colour, traditions and national culture to be mixed with those of others«, zitiert nach einer Übersetzung der ungarischen Regierung, abrufbar unter miniszterelnok.hu, Prime Minister Viktor Orbán's speech at the annual general meeting of the Association of Cities with County Rights, 08.02.2018
33 Bundesagentur für Arbeit, Sozialversicherungspflichtige Bruttoarbeitsentgelte (Jahreszahlen), Stichtag 31.01.2016, siehe auch: https://statistik.arbeitsagentur.de/Navigation/Statistik/Statistik-nach-Themen/Beschaeftigung/Entgeltstatistik/Entgeltstatistik-Nav.html, zuletzt abgerufen am 14.01.2019
34 9,1 Fälle auf 10 000 kaskoversicherte Autos in Sachsen, 1,5 Fälle im Saarland; Deutschlandkarte: Autodiebstähle, Zeit-Magazin 02/2018, Quelle: Gesamtverband der Deutschen Versicherungswirtschaft
35 Angaben zur Bundestagswahl 2017, siehe: https://wahl.tagesschau.de/wahlen/2017-09-24-BT-DE/index.shtml, zuletzt abgerufen am 14.01.2019
36 Müller-Hilmer, Rita; Gagné, Jérémie: Was verbindet, was trennt die Deutschen? Werte und Konfliktlinien in der deutschen Wählerschaft im Jahr 2017, hrsg. von der Hans-Böckler-Stiftung, Februar 2018, S. 12, siehe auch: https://www.boeckler.de/pdf_fof/99690.pdf, zuletzt abgerufen am 14.01.2019
37 Krăstev, ibid., S. 61
38 Ostdeutsche wurden »nicht fair behandelt«, SpiegelOnline vom 03.10.2018, siehe: http://www.spiegel.de/politik/deutschland/tag-der-deutschen-einheit-ralph-brinkhaus-viele-ostdeutsche-wurden-nach-1990-nicht-fair-behandelt-a-1231359.html, zuletzt abgerufen am 14.01.2019
39 Bennhold, Katrin: One Legacy of Merkel? Angry East German Men Fueling the Far Right, New York Times vom 05.11.2018, siehe auch: https://www.nytimes.com/2018/11/05/world/europe/merkel-east-germany-nationalists-populism.html, zuletzt abgerufen am 14.01.2019
40 Bereits 160 Risiko-Hochhäuser in Großbritannien entdeckt, FAZ vom 01.07.2017, siehe auch: https://www.faz.net/aktuell/gesellschaft/ungluecke/nach-brand-in-london-bereits-160-risiko-

hochhaeuser-in-grossbritannien-entdeckt-15086300.html, zuletzt abgerufen am 14.01.2019

41　Diekmann, Florian: Wer profitiert wirklich vom deutschen Dauerboom?, SpiegelOnline vom 28.09.2018, siehe auch: http://www.spiegel.de/wirtschaft/soziales/wohlstand-in-deutschland-wer-profitiert-wirklich-vom-dauerboom-a-1230464.html, zuletzt abgerufen am 14.01.2019

42　Lilie, Ulrich: Unerhört! Vom Verlieren und Finden des Zusammenhalts, Freiburg 2018, S. 28

43　Jeden dritten Deutschen werfen ungeplante Ausgaben von 1000 Euro aus der Bahn, FAZ vom 23.04.2018, siehe auch: https://www.faz.net/aktuell/wirtschaft/mehr-wirtschaft/armut-in-deutschland-jeder-dritte-hat-nicht-mal-1000-euro-15553142.html, zuletzt abgerufen am 14.01.2019

44　Ist Deutschland ein ungleiches Land, Böckler Impuls 7/2017, S. 7, siehe: https://www.boeckler.de/Impuls_2017_07_gesamtausgabe.pdf, zuletzt abgerufen am 14.01.2019

45　Innovation am kurzen Zügel, Böckler Impuls 6/2017, S. 3, siehe: https://www.boeckler.de/Impuls_2017_06_gesamt.pdf, zuletzt abgerufen am 14.01.2019

46　Aktuelle Entwicklungen in der Zeitarbeit: Blickpunkt Arbeitsmarkt, hrsg. von der Bundesagentur für Arbeit, Juli 2018, siehe auch: https://statistik.arbeitsagentur.de/Statischer-Content/Arbeitsmarktberichte/Branchen/generische-Publikationen/Arbeitsmarkt-Deutschland-Zeitarbeit-Aktuelle-Entwicklung.pdf, zuletzt abgerufen am 14.01.2019

47　Rövekamp, Marie: Befristete Arbeitsverträge steigen auf Rekordhoch, Tagesspiegel vom 03.07.2018, siehe auch: https://www.tagesspiegel.de/wirtschaft/arbeitsmarkt-in-deutschland-befristete-arbeitsvertraege-steigen-auf-rekordhoch/22762322.html, zuletzt abgerufen am 14.01.2019

48　Heisterhagen, Nils: Die liberale Illusion. Warum wir einen linken Realismus brauchen, Bonn 2018, S. 69

49　Bach, Stefan; Beznoska, Martin; Steiner, Viktor: Wer trägt die Steuerlast in Deutschland? Verteilungswirkungen des deutschen Steuer- und Transfersystems, Deutsches Institut für Wirtschaftsforschung, Politikberatung kompakt 114, Berlin 2016

50　3,2 Millionen Menschen haben mehrere Jobs, SpiegelOnline vom

13.10.2017, siehe auch: http://www.spiegel.de/wirtschaft/soziales/minijobber-arm-trotz-arbeit-3-2-millionen-menschen-haben-mehrere-jobs-a-1172698.html, zuletzt abgerufen am 14.01.2019

51 Göbel, Heike: Anstieg der Wohnkosten verstärkt Ungleichheit, FAZ vom 22.10.2018, siehe auch: https://www.faz.net/aktuell/wirtschaft/arm-und-reich/steigende-mieten-verstaerken-ungleichheit-in-der-gesellschaft-15849609.html, zuletzt abgerufen am 14.01.2019

52 A Manifesto for renewing Liberalism, The Economist vom 13.09.2018, siehe: https://www.economist.com/leaders/2018/09/13/a-manifesto-for-renewing-liberalism, zuletzt abgerufen am 16.01.2019

53 Reckwitz, Andreas: Gesellschaft der Singularitäten. Zum Strukturwandel der Moderne, Berlin 2017, S. 275

54 Berbner, Bastian; Stelzer, Tanja; Uchatius, Wolfgang: Zur Wahl steht: Die Demokratie, Die Zeit vom 19.01.2019, siehe auch: https://www.zeit.de/2017/04/rechtspopulismus-demokratie-wahlen-buergerversammlungen-politisches-system-griechenland, zuletzt abgerufen am 14.01.2019

55 Lilie, ibid., S. 17

56 Lilie, ibid., S. 76

57 Alle Zitate aus: Koreas, Olivia: »Ich bin keine Flüchtlingshilfe«, Die Zeit vom 01.03.2019, siehe auch: https://www.zeit.de/2018/10/tafel-essen-joerg-sator-deutschland-fluechtlinge-ehrenamt, zuletzt abgerufen am 14.01.2019

58 Kaiser, Stefan: Warum die Deutsche Bank die Boni vervierfacht, SpiegelOnline vom 16.03.2018, siehe auch: http://www.spiegel.de/wirtschaft/unternehmen/deutsche-bank-vervierfacht-die-boni-a-1198318.html, zuletzt abgerufen am 14.01.2019

59 Kaiser, Stefan, ibid.

60 Der Slogan »It's the economy, stupid!«, also der Hinweis darauf, dass die meisten Wähler ihre Entscheidung nach wirtschaftlichen Kriterien ausrichteten, wurde 1992 zur Kurzzusammenfassung von Bill Clintons Wahlkampfstrategie, vgl. etwa: Huber, Peter: »It's the economy, stupid« – Ein Spruch macht Geschichte, Die Presse vom 06.11.2012, https://diepresse.com/home/wirtschaft/hobbyoekonom/1308933/Its-the-economy-stupid_Ein-Spruch-macht-Geschichte, zuletzt abgerufen am 16.01.2019

61 Lilla, Mark: The End of Identity Liberalism, New York Times vom 18.11.2016, siehe auch: https://www.nytimes.com/2016/11/20/opinion/sunday/the-end-of-identity-liberalism.html, zuletzt abgerufen am 14.01.2019

62 Rothwell, Jonathan: Mythos of the 1 Percent: What Puts People at the Top, New York Times vom 17.11.2017, siehe auch: https://www.nytimes.com/2017/11/17/upshot/income-inequality-united-states.html, zuletzt abgerufen am 14.01.2019

63 Lilla, Mark: The Once and Future Liberal. After Identity Politics, New York 2017, S. 9 f. und 67

64 Luce, Edward: The Retreat of Western Liberalism, London 2017, S. 26

65 Rodrik, Dani: Straight Talk On Trade. Ideas for a Sane World Economy, Princeton 2018, S. 67

66 Zahl der offenen Stellen auf Höchststand, ZeitOnline vom 06.03.2018, siehe auch: https://www.zeit.de/wirtschaft/unternehmen/2018-03/arbeitsmarkt-offene-stellen-baubranche-verarbeitendes-gewerbe, zuletzt abgerufen am 14.01.2019

67 Jungholt, Thorsten; Niewendick, Martin; Schuster, Jacques: Lindner nimmt AfD-Wähler in Schutz, Die Welt vom 30.09.2018, siehe auch: https://www.welt.de/politik/deutschland/article181713072/FDP-Chef-Lindner-nimmt-AfD-Waehler-in-Schutz.html, zuletzt abgerufen am 14.01.2019

68 We Are Social (Hrsg.): 2018 Global Digital Yearbook

69 Fake News, CBS-Sendung 60 Minutes vom 26.03.2017

70 Flake, Jeff: Conscience of a Conservative. A Rejection of Destructive Politics and a Return to Principle, New York 2017, S. 67 und 93

71 Menasse, Eva: Rede zur Eröffnung des Internationalen Literaturfestivals in Berlin 2018, zitiert nach Wenzel, Tobias: Eva Menasse warnt vor Radikalisierung von Jubel und Hass, Deutschlandfunk Kultur vom 05.09.2018, siehe auch: https://www.deutschlandfunkkultur.de/eroeffnung-literaturfestival-berlin-eva-menasse-warnt-vor.1013.de.html?dram:article_id=427371, zuletzt abgerufen am 14.01.2019

72 Lanier, Jaron: Zehn Gründe, warum du deine Social Media Accounts sofort löschen musst, Hamburg 2018, S. 23 f.

73 Geyer, Christian: Lust aufs Tribunal, FAZ vom 16.07.2018, siehe

auch: https://www.faz.net/aktuell/feuilleton/debatten/wie-twitter-die-oeffentlichkeit-veraendert-15692153.html, zuletzt abgerufen am 16.01.2019

74 »And the more you are in the right, the more natural that everyone else should be bullied into thinking likewise«, Orwell, George: Lear, Tolstoi, and the Fool, in: Essays, London 2014

75 »While every one well knows himself to be fallible, few think it necessary to take any precautions against their own fallibility.« Mill, John Stuart: On Liberty, London 1859, S. 28

76 Foa, Roberto Stefan; Mounk, Yascha: The Danger of Deconsolidation, Journal of Democracy, Volume 27, Number 3, July 2016

77 Watkins, Derek; Lai, K. K. Rebecca; Bradsher, Keith: The World, Built by China, New York Times vom 18.11.2018, siehe auch: https://www.nytimes.com/interactive/2018/11/18/world/asia/world-built-by-china.html, zuletzt abgerufen am 14.01.2019

78 Grußwort des EU-Botschafters Michael Clauß anlässlich des Tags der Deutschen Einheit am 3. Oktober 2018 in Brüssel, siehe: https://bruessel-eu.diplo.de/eu-de/-/2143346, zuletzt abgerufen am 14.01.2019

79 McMaster, H. R.; Cohn, Gary D.: America First Doesn't Mean America Alone, The Wall Street Journal vom 30.05.2017, siehe auch: https://www.wsj.com/articles/america-first-doesnt-mean-america-alone-1496187426, zuletzt abgerufen am 14.01.2019

80 The Rebirth of Eurafrica, Charlemagne-Kolumne, The Economist vom 22.09.2018, siehe auch: https://www.economist.com/europe/2018/09/20/why-europe-should-focus-on-its-growing-interdependence-with-africa, zuletzt abgerufen am 14.01.2019

81 Faigle, Philip: Im Land der christlich-nationalen Abschottung, ZeitOnline vom 02.10.2016, siehe auch: https://www.zeit.de/politik/ausland/2016-10/ungarn-referendum-fluechtlinge-orban-asyl, zuletzt abgerufen am 14.01.2019

82 MacIntyre, Alasdair: Der Verlust der Tugend. Zur moralischen Krise der Gegenwart, Frankfurt am Main 1987, S. 98

83 Siehe: http://www.bamf.de/SharedDocs/Anlagen/DE/Downloads/Infothek/Statistik/Asyl/hkl-antrags-entscheidungs-bestandsstatistikl-kumuliert-2018.pdf?__blob=publicationFile und: http://www.bamf.de/SharedDocs/Anlagen/DE/Downloads/Infothek/Statistik/Asyl/hkl-antrags-entscheidungs-bestandsstatistikl-kumuliert-2017.

pdf?__blob=publicationFile, beide zuletzt abgerufen am 14.01.2019

84 Der Autor hält den Begriff »Flüchtling« wegen des Verniedlichungssuffixes »-ling« für nicht ideal. Die Alternativen sind allerdings noch schlechter. »Flüchtende« ist eine substantivierte Verlaufsform, erfasst also nicht die, die schon an einem Zufluchtsort sind. Bei »Geflüchtete« stellt sich das umgekehrte Problem; der Begriff umfasst nicht die, die sich noch auf der Flucht befinden. Deshalb wird in dieser Form die gebräuchlichste, wenn auch nicht ideale Variante verwendet.
85 Zu den Efta-Ländern (Europäische Freihandelsassoziation) zählen das Fürstentum Liechtenstein, Island, Norwegen und die Schweiz.
86 Asylum Recognition Rates in the EU/EFTA by Country, 2008–2017, Migration Policy Institute, siehe: https://www.migrationpolicy.org/programs/data-hub/charts/asylum-recognition-rates-euefta-country-2008-2017, zuletzt abgerufen am 14.01.2019
87 MacGregor, Neill: Deutschland. Erinnerungen einer Nation, München 2017, S. 68
88 Tweet des Bamf vom 25.08.2018: »Dublin-Verfahren syrischer Staatsangehöriger werden zum gegenwärtigen Zeitpunkt von uns weitestgehend faktisch nicht weiter verfolgt.«
89 Bittner, Jochen: Papiere, bitte, Die Zeit vom 30.03.2017, siehe auch: https://www.zeit.de/2017/12/asylbewerber-deutschland-ausweisdokumente-fluechtlinge, zuletzt abgerufen am 14.01.2019
90 Bundesamt für Migration: Aktuelle Zahlen zu Asyl, hrsg. vom Bundesamt für Migration und Flüchtlinge, Ausgabe September 2018, siehe auch: http://www.bamf.de/SharedDocs/Anlagen/DE/Downloads/Infothek/Statistik/Asyl/aktuelle-zahlen-zu-asyl-september-2018.pdf?__blob=publicationFile, zuletzt abgerufen am 14.01.2019
91 CDU/CSU-Fraktion im Bundestag: Faktenblatt zu Fortschritten in der Asyl- und Flüchtlingspolitik, vom 18.07.2018, siehe auch: https://www.cducsu.de/sites/default/files/2018-07/Faktenblatt_Fluechtlingspolitik_2018.pdf, zuletzt abgerufen am 14.01.2019
92 Leubecher, Marcel: Was Schäuble in seiner Abschiebungsskepsis vergisst, Die Welt vom 29.09. 2018, siehe auch: https://www.welt.de/politik/deutschland/article181636358/Migration-Was-Wolfgang-

Schaeuble-in-seiner-Abschiebungsskepsis-vergisst.html, zuletzt abgerufen am 14.01.2019

93 Lau, Mariam: 350 000 abgelehnte Asylbewerber klagen derzeit gegen ihren Bescheid. Legt eine Anti-Abschiebe-Industrie den Rechtsstaat lahm?, Die Zeit vom 24.05.2018, siehe auch: https://www.zeit.de/2018/22/abschiebung-asylbewerber-deutschland-klagen-asylrecht?utm_medium=sm&utm_term=facebook_zonaudev_int&wt_zmc=sm.int.zonaudev.facebook.ref.zeitde.redpost_zei.link.sf&utm_content=zeitde_redpost_zei_link_sf&utm_source=facebook_zonaudev_int&utm_campaign=ref, zuletzt abgerufen am 14.01.2019

94 Walzer, Michael: Sphären der Gerechtigkeit. Ein Plädoyer für Pluralität und Gleichheit, Frankfurt am Main 2006, S. 92

95 Gabriel, Sigmar: Deutschland droht an der Flüchtlingsfrage irre zu werden, Tagesspiegel vom 16.06.2018, siehe auch: https://www.welt.de/politik/deutschland/article177666650/Sigmar-Gabriel-Deutschland-droht-an-der-Fluechtlingsfrage-irre-zu-werden.html, zuletzt abgerufen am 14.01.2019

96 Siehe: https://data2.unhcr.org/en/situations/syria, zuletzt abgerufen am 14.01.2019

97 Columbus, Courtney: The U.N.'s Terrible Dilemma: Who Gets To Eat?, NPR, 10.01.2018

98 Betts, Alexander; Collier, Paul: Gestrandet. Warum unsere Flüchtlingspolitik allen schadet – und was jetzt zu tun ist, München 2017, S. 81

99 Dreher, Axel; Fuchs, Andreas; Lang, Valentin; Langlotz, Sarah: Schaffen wir das, FAZ vom 10.09.2018, siehe auch: https://www.faz.net/aktuell/politik/die-gegenwart/axel-dreher-et-al-schaffen-wir-das-15779291.html, zuletzt abgerufen am 14.01.2019

100 Betts/Collier, ibid., S. 179 f., 197, 184

101 Locke, Stefan: »70 Prozent der Leute, die wir gerettet haben, kriegen Asyl«, Interview in der FAZ vom 03.08.2018, siehe auch: https://www.faz.net/aktuell/politik/inland/lifeline-sprecher-70-prozent-der-leute-die-wir-gerettet-haben-kriegen-asyl-15720044.html, zuletzt abgerufen am 14.01.2019

102 Crossing continents: Governments need better ways to manage migration, The Economist vom 25.08.2018, siehe auch: https://www.economist.com/briefing/2018/08/25/governments-need-

better-ways-to-manage-migration, zuletzt abgerufen am 14.01.2019

103 Langohr, Thomas G.; Lettisch, Alexander: Nur Wohlstand verhindert Migration, FAZ vom 03.08.2018, siehe auch: https://www.faz.net/aktuell/politik/ausland/armut-und-flucht-nur-wohlstand-verhindert-migration-15720148.html, zuletzt abgerufen am 14.01.2019

104 Gettleman, Jeffrey: Loss of Fertile Land Fuels »Looming Crisis« Across Africa, New York Times vom 31.07.2017, siehe auch: https://www.nytimes.com/2017/07/29/world/africa/africa-climate-change-kenya-land-disputes.html, zuletzt abgerufen am 14.01.2019

105 Grossarth, Jan: Die Landwirtschaft könnte Afrikas Hoffnung sein, FAZ vom 13.01.2017, siehe auch: https://www.faz.net/aktuell/wirtschaft/afrikas-landwirtschaft-muss-produktiver-werden-14604798.html, zuletzt abgerufen am 14.01.2019

106 Bundesamt für Migration und Flüchtlinge, Aktuelle Zahlen zu Asyl, Ausgabe November 2018, siehe: http://www.bamf.de/SharedDocs/Anlagen/DE/Downloads/Infothek/Statistik/Asyl/aktuelle-zahlen-zu-asyl-november-2018.pdf?__blob=publicationFile, zuletzt abgerufen am 14.01.2019

107 Bundeskriminalamt (Hrsg.): Polizeiliche Kriminalstatistik, Jahrbuch 2017, Band 2 – Opfer, S. 11

108 Zahlen sind hierfür nicht verfügbar, aber dass es sich um eine verbreitete Praxis handele, sagte dem Autor im August 2018 der Leiter der Abteilung für jugendliche unbegleitete Flüchtlinge der schwedischen Polizei. Viele Fälle dafür, mit welchen Versprechen junge Menschen nach Europa gelockt werden und wie sehr sie sich und ihre Familien dafür verschulden, dokumentiert etwa Ben Judah in: This is London. Life and Death in the World City, London 2016

109 Stichs, Anja: Wie viele Muslime leben in Deutschland? Eine Hochrechnung über die Anzahl der Muslime in Deutschland zum Stand 31. Dezember 2015, im Auftrag der Deutschen Islam Konferenz, hrsg: vom Bundesamt für Migration und Flüchtlinge, 2016

110 Deutsche Bischofskonferenz und EKD: Ökumenischer Bericht zur Religionsfreiheit von Christen weltweit 2017, S. 20

111 Jansen, Frank: Zahl der Salafisten in Deutschland hat sich verdoppelt, Tagesspiegel vom 04.04.2018, siehe auch: https://www.tagesspiegel.de/politik/extremisten-zahl-der-salafisten-in-deutschland-hat-sich-verdoppelt/21137968.html, zuletzt abgerufen am 14.01.2019

112 Roy, Olivier: Der islamische Weg nach Westen. Globalisierung, Entwurzelung und Radikalisierung, München 2006, S. 62 f.

113 Polka, Detlef; Müller, Olaf; Rosta, Gergely; Dieser, Anna: Integration und Religion aus der Sicht von Türkeistämmigen in Deutschland, Repräsentative Erhebung von TNS Emnid im Auftrag des Exzellenzclusters »Religion und Politik« der Universität Münster, Münster 2017, S. 14 f., S. 17

114 Garton Ash, Timothy: Redefreiheit. Prinzipien für eine vernetzte Welt, München 2016, S. 222

115 Aslan, Reza: Kein Gott außer Gott. Der Glaube der Muslime von Muhammad bis zur Gegenwart, München 2006, S. 276

116 Burger, Reiner: Hinter tausend Worten einen Sinn, FAZ vom 28.12.2015

117 Manji, Irshad: Allah, Liberty and Love, New York 2011, S. 26

118 Manji, ibid., S. 7 f.

119 Mazyek, Aiman: Wir Muslime müssen den Extremismus entlarven, FAZ vom 12.06.2017, siehe auch: https://www.faz.net/aktuell/politik/inland/terror-im-namen-des-islam-muslime-muessen-extremismus-entlarven-15056707.html, zuletzt abgerufen am 14.01.2019

120 Enghusen, Mareike: Mariams Leid, Die Zeit vom 07.04.2019, siehe auch: https://www.zeit.de/2017/15/konversion-islam-christentum-syrien-fluechtlinge-verfolgung, zuletzt abgerufen am 14.01.2019

121 Garton Ash, ibid, S. 108

122 Stahlhut, Marco: Die Illusion eines moderaten Islam, FAZ vom 17.02.2017, siehe auch: https://www.faz.net/aktuell/feuilleton/debatten/die-illusion-eines-moderaten-islam-in-indonesien-15452912.html, zuletzt abgerufen am 14.01.2019

123 Bittner, Jochen: Beschneidung überdenken!, Die Zeit vom 15.03.2018, siehe auch: https://www.zeit.de/2018/12/religionsfreiheit-beschneidung-grundgesetz-debatte, zuletzt abgerufen am 14.01.2019

124 Siehe: https://www.tierschutzbund.de/information/hintergrund/landwirtschaft/schaechten/, zuletzt abgerufen am 14.01.2019
125 Fücks, Ralf: Freiheit verteidigen. Wie wir den Kampf um die offene Gesellschaft gewinnen, München 2017, S. 112
126 Politiker wünschen mehr Klarheit im Dialog mit Muslimen, ZeitOnline vom 28.11.2018, siehe auch: https://www.zeit.de/gesellschaft/zeitgeschehen/2018-11/islamkonferenz-horst-seehofer-dialog-muslime-deutschland, zuletzt abgerufen am 14.01.2019
127 82 anerkannte Moscheen in Belgien, Grenzecho vom 09.12.2015, siehe auch: http://www.grenzecho.net/region/82-anerkannte-moscheen-in-belgien, zuletzt abgerufen am 14.01.2019
128 BAMF: Jahreszahlen 2016, https://www.bamf.de/SharedDocs/Meldungen/DE/2017/20170111-asylgeschaeftsstatistik-dezember.html, zuletzt abgerufen am 16.01.2019
129 Länder stoppen Grundgesetzänderung, SpiegelOnline vom 14.12.2018, siehe auch: http://www.spiegel.de/lebenundlernen/schule/digitale-schule-laender-stoppen-grundgesetzaenderung-a-1243696.html, zuletzt abgerufen am 14.01.2019
130 Initiative Neue Soziale Marktwirtschaft, INSM-Bildungsmonitor 2018, S. 74 f.
131 Lau, Jörg: Gefährlicher Trotz, Die Zeit vom 20.04.2018, siehe auch: https://www.zeit.de/2017/17/deutschtuerken-tuerkei-referendum-waehler-recep-tayyip-erdogan, zuletzt abgerufen am 14.01.2019
132 Ali Ertan Toprak im Gespräch mit dem Autor am 14.05.2018
133 Mansour, Ahmad: Klartext zur Integration. Gegen falsche Toleranz und Panikmache, Frankfurt am Main 2018, S. 118
134 Mansour, ibid., S. 274
135 Tibi, Bassam: Leitkultur als Wertekonsens. Bilanz einer missglückten deutschen Debatte, Aus Politik und Zeitgeschichte (B 1-2/2001), Bundeszentrale für Politische Bildung
136 Leserbrief in der FAZ vom 12. November 2000
137 »Deutsche Leitkultur«: Unwort des Jahres, Tagesspiegel vom 15.11.2000, siehe auch: https://www.tagesspiegel.de/politik/deutsche-leitkultur-unwort-des-jahres/179180.html, zuletzt abgerufen am 14.01.2019
138 Zitiert nach Tibi, ibid.

139 Strenger, Carlo: Zivilisierte Verachtung. Eine Anleitung zur Verteidigung unserer Freiheit, Berlin 2015, S. 12
140 Fraenkel, Ernst: Deutschland und die westlichen Demokratien, Stuttgart 1964, S. 68
141 McGregor, Neill: Deutschland, Erinnerungen einer Nation, München 2017, S. 139
142 Acemoglu, Daron; Robinson, James A.: Why Nations Fail. The Origins of Power, Prosperity and Poverty, London 2013, S. 213 ff.
143 Pew Research Center: Muslims and Islam: Key findings in the U.S. and around the world, August 2017, siehe: http://www.pewresearch.org/fact-tank/2017/08/09/muslims-and-islam-key-findings-in-the-u-s-and-around-the-world/, zuletzt abgerufen am 14.01.2019
144 Özoğuz, Aydan: Leitkultur verkommt zum Klischee des Deutschseins, Tagesspiegel vom 14.05.2017, siehe auch: https://causa.tagesspiegel.de/gesellschaft/wie-nuetzlich-ist-eine-leitkultur-debatte/leitkultur-verkommt-zum-klischee-des-deutschseins.html, zuletzt abgerufen am 14.01.2019
145 Keilani, Fatina: »Deutsche Flagge nicht erwünscht«, Interview mit Theresa Hartmann im Tagesspiegel vom 15.10.2010, siehe auch: https://www.tagesspiegel.de/berlin/unteilbar-demo-in-berlin-deutsche-flagge-nicht-erwuenscht/23188978.html, zuletzt abgerufen am 14.01.2019
146 Beesley, Arthur: Higgins reelected as Irish President, Financial Times vom 28.10.2018, siehe auch: https://www.ft.com/content/313e2298-da2a-11e8-9f04-38d397e6661c, zuletzt abgerufen am 14.01.2019
147 Eurobarometer: Rekord-Zustimmung zur EU, Europäisches Parlament, Mai 2018, siehe: http://www.europarl.europa.eu/germany/de/presse-veranstaltungen/eurobarometer-september-2018, zuletzt abgerufen am 14.01.2019
148 Brandanschlag in Escheburg: Bewährungsstrafe für 39-Jährigen, Schleswig-Holsteiner Zeitungsverlag vom 11.05.2015, siehe auch: https://www.shz.de/regionales/luebeck/brandanschlag-in-escheburg-bewaehrungsstrafe-fuer-39-jaehrigen-id9679886.html, zuletzt abgerufen am 14.01.2019
149 Stenner, Karen: The Authoritarian Dynamic, Cambridge University Press, Cambridge 2005

150 Auf seiner Kampagnen-Website hieß es: »Donald J. Trump is calling for a total and complete shutdown of Muslims entering the United States until our country's representatives can figure out what is going on«, nach: Muslim ban language suddenly disappears from Trump campaign website after Spicer questioned, Washington Post vom 09.05.2017

151 Wachstum der Landlust-Auflage ebbt ab, Meedia vom 20.01.2014, siehe auch: https://meedia.de/2014/01/20/wachstum-der-landlust-auflage-ebbt-ab/, zuletzt abgerufen am 14.01.2019

152 de Fries, Catherine E.; Hoffmann, Isabell: The Power of the Past. How Nostalgia Shapes European Public Opinion, europinion/Bertelsmann-Stiftung vom 05.11.2018, siehe: https://www.bertelsmann-stiftung.de/fileadmin/files/BSt/Publikationen/GrauePublikationen/eupinions_Nostalgia.pdf, zuletzt abgerufen am 14.01.2019

153 Goodhart, ibid., S. 115

154 Bennhold, Katrin: One Legacy of Merkel? Angry East German Men Fueling the Far Right, New York Times vom 05.11.2018, siehe auch: https://www.nytimes.com/2018/11/05/world/europe/merkel-east-germany-nationalists-populism.html, zuletzt abgerufen am 14.01.2019

155 Janker, Karin: Braucht Deutschland ein Heimatministerium?, Süddeutsche Zeitung vom 08.02.2018, siehe auch: https://www.sueddeutsche.de/politik/leserdiskussion-braucht-deutschland-ein-heimatministerium-1.3859220, zuletzt abgerufen am 14.01.2019

156 Bennhold, ibid.

157 Beard, Mary: Frauen & Macht, Frankfurt am Main 2018, S. 26

158 Gerhard, Ute: Frauenbewegung und Feminismus. Eine Geschichte seit 1789, München 2018, S. 13

159 Bundeskriminalamt: Partnerschaftsgewalt, Kriminalstatistische Auswertung, Berichtsjahr 2017, November 2018

160 Spitzenverband Deutsche Gesetzliche Unfallversicherung: Statistik Unfallgeschehen 2016, Berlin 2017, S. 16

161 Gerhard, ibid, S. 27

162 Gerhard, ibid, S. 6

163 Beard, ibid, S. 44

164 Tweet von @sibelschick vom 14.08.2018, 23.44 Uhr, vgl. auch Schick, Sibel: Männer sind Arschlöcher. Ein Gedicht, Missy

Magazin vom 07.08.2018, siehe: https://missy-magazine.de/blog/2018/08/07/maenner-sind-arschloecher/, zuletzt abgerufen am 14.01.2019

165 Gleichberechtigung in Deutschland, Infratest Dimap, Umfrage im Auftrag der Deutschen Welle, März 2010

166 Bittner, Jochen: Schleier des Nichtwissens, Die Zeit vom 08.02.2018, siehe auch: https://www.zeit.de/2018/07/kopftuch-pflicht-iran-frauen-protest-deutschland-feminismus, zuletzt abgerufen am 14.01.2019

167 Vgl. etwa: SPD liebäugelt mit Quote für den Bundestag, FAZ vom 15.09.2018, siehe auch: https://www.faz.net/aktuell/wirtschaft/mehr-wirtschaft/spd-liebaeugelt-mit-frauenquote-fuer-den-bundestag-15789547.html; Frauenanteil im Bundestag: Grüne wollen gesetzliche Quote, ZeitOnline vom 12.11.2018, siehe auch: https://www.zeit.de/news/2018-11/12/frauenanteil-im-bundestag-gruene-wollen-gesetzliche-quote-181112-99-774559, beide zuletzt abgerufen am 14.01.2019

168 SPD übergeht SH-Spitzenkandidaten, Kieler Nachrichten vom 19.11.2018, siehe auch: http://www.kn-online.de/Nachrichten/Politik/SPD-Vorstand-uebergeht-Spitzenkandidaten-Enrico-Kreft-fuer-Europawahl-2019, zuletzt abgerufen am 14.01.2019

169 Nord-SPD: Gegenwind für die Groko, Kieler Nachrichten vom 03.11.2018, siehe: http://www.kn-online.de/Nachrichten/Schleswig-Holstein/SPD-will-Bundesparteitag-vorziehen-und-stellt-Weichen-fuer-Europawahl, zuletzt abgerufen am 16.01.2019

170 Lehmann, Timo: FDP-Männer offen für Frauenquote, Spiegel-Online vom 20.10.2018, siehe auch: http://www.spiegel.de/politik/deutschland/geschlechter-fdp-maenner-zeigen-sich-offen-fuer-frauenquote-a-1234128.html, zuletzt abgerufen am 14.01.2019

171 Wittl, Wolfgang: Die CSU soll jünger, grüner, weiblicher werden, Süddeutsche Zeitung vom 19.11.2018, siehe auch: https://www.sueddeutsche.de/bayern/markus-soeder-wahl-csu-chef-1.4217098, zuletzt abgerufen am 14.01.2019

172 Götz, Sören: Nur jeder vierte Direktkandidat ist weiblich, ZeitOnline von 11.09.2017, siehe auch: https://www.zeit.de/politik/deutschland/2017-09/bundestag-wahl-kandidatur-parteien-mehrheit-maenner, zuletzt abgerufen am 14.01.2019

173 World Economic Forum: The Global Gender Gap Index 2018, siehe: http://www3.weforum.org/docs/WEF_GGGR_2018.pdf, zuletzt abgerufen am 14.01.2019

174 Eia, Harald: Gehirnwäsche. Das Gleichstellungsparadox, abrufbar auf YouTube, https://www.youtube.com/watch?v=3OfoZR8aZt4, zuletzt abgerufen am 14.01.2019

175 Brooks, David: Sundar Pichai should resign as Google's C.E.O., New York Times vom 11.08.2017, siehe auch: https://www.nytimes.com/2017/08/11/opinion/sundar-pichai-google-memo-diversity.html, zuletzt abgerufen am 14.01.2019

176 Flaßpöhler, Svenja: Die potente Frau. Für eine neue Weiblichkeit, Berlin 2018, S. 16

177 Köcher, Renate: Mehrheit fühlt sich über Flüchtlinge einseitig informiert, FAZ vom 16.12.2015, siehe auch: https://www.faz.net/aktuell/politik/fluechtlingskrise/allensbach-umfrage-zu-medienberichterstattung-in-fluechtlingskrise-13967959.html, zuletzt abgerufen am 14.01.2019

178 Köcher, ibid.

179 Schlussbericht des Parlamentarischen Untersuchungsausschusses IV zu dem Auftrag des Landtags Nordrhein-Westfalen vom 27.01.2016 Drucksache 16/10798, Düsseldorf, 23.03.2017, S. 15

180 Lauer, Rita: Zwei Jahre und 36 Verurteilungen später, ZeitOnline vom 31.12.2017, siehe auch: https://www.zeit.de/gesellschaft/zeitgeschehen/2017-12/koelner-silvesternacht-2015-sexuelle-uebergriffe-ermittlungen, zuletzt abgerufen am 14.01.2019

181 Haller, Michael: Die »Flüchtlingskrise« in den Medien – Tagesaktueller Journalismus zwischen Meinung und Information, Otto-Brenner-Stiftung 2017

182 Bittner, Jochen: Mit dem Strom, Die Zeit vom 20.07.2018, siehe auch: https://www.zeit.de/2017/30/fluechtlinge-medien-berichterstattung-studie, zuletzt abgerufen am 14.01.2019

183 Siehe etwa Plickert, Philip: CDU-Wirtschaftsrat attackiert Merkels Flüchtlingspolitik, FAZ vom 06.12.2015, siehe: https://www.faz.net/aktuell/wirtschaft/wirtschaftspolitik/cdu-wirtschaftsrat-attackiert-merkels-fluechtlingspolitik-13951649.html oder Maron, Monika: Merkels kopflose Politik macht die Rechten stark, FAZ vom 14.01.2016, siehe: https://www.faz.net/aktuell/politik/fluechtlingskrise/monika-maron-merkels-kopflose-politik-

macht-die-rechten-stark-14012515.html, beide zuletzt abgerufen am 14.01.2019
184 Köcher, ibid.
185 »Wie soll das vom Social Team der Grünen getoppt werden?«: Die euphorischen Parteitags-Tweets der ARD-Journalistin Tina Hassel, meedia.de vom 29.01.2018, siehe: https://meedia.de/2018/01/29/wie-soll-das-vom-social-team-der-gruenen-getoppt-werden-wie-begeistert-duerfen-ard-journalisten-von-parteitagen-twittern/, zuletzt abgerufen am 14.01.2019
186 Broadcasting Authority of Ireland: Code of Fairness, Objectivity & Impartiality in News and Current Affairs, Section 42 (1) und (2)
187 Abortion sometimes »far worse« than rape for women, Catholic bishop claims, The Independent vom 11.05.2018, siehe: https://www.independent.ie/irish-news/abortion-referendum/abortion-sometimes-far-worse-than-rape-for-women-catholic-bishop-claims-36898069.html, zuletzt abgerufen am 14.01.2019
188 NWDR: Nordwestdeutscher Rundfunk, Vorläufer der 1955/56 gegründeten selbständigen Rundfunkanstalten WDR und NDR.
189 Zitiert nach Garton Ash: ibid, S. 309
190 Restle, Georg: Plädoyer für einen werteorientierten Journalismus, WDRprint, Juli/August 2018, S. 44 f., siehe: http://print.wdr.de/2018-07_08/44-45/, zuletzt abgerufen am 14.01.2019
191 Siehe Video unter https://www.youtube.com/watch?v=0EDNyKSzdak, zuletzt abgerufen am 14.01.2019
192 BVerfGE 20, 120, Rn. 35
193 Hawkins-Gaar, Katie: Should journalists protest in Trump's America?, Poynter vom 31.01.2017, siehe: https://www.poynter.org/ethics-trust/2017/should-journalists-protest-in-trumps-america/, zuletzt abgerufen am 14.01.2019
194 Steindl, Nina; Laurer, Corinna; Hanitzsch, Thomas: Journalismus in Deutschland – Aktuelle Befunde zu Kontinuität und Wandel im deutschen Journalismus, Institut für Kommunikationswissenschaft und Medienforschung, Publizistik (2017) 62, S. 401–423
195 Tweet von @dlfkultur vom 07.01.2019, 19.34 Uhr. Hintergrund war eine Flut von Beleidigungen und Drohungen, die die ZDF-Journalistin Nicole Diekmann erhalten hatte. Sie hatte am Neujahrstag die beiden Worte »Nazis raus« getwittert. Gefragt, wer denn für sie ein Nazi sei, hatte sie geantwortet: »Jede/r,

der/die nicht die Grünen wählt.« Die Ironie erschloss sich vielen Usern nicht, und eine Welle von Beschimpfungen und Vergewaltigungsdrohungen brandete Diekmann entgegen. Aus Solidarität twitterten daraufhin zahllose Journalisten und Politiker #Nazisraus.

196 Steindl et al., ibid, S. 411
197 https://www.djv.de/startseite/profil/der-djv/djv-profil.html, zuletzt abgerufen am 14.01.2019
198 Steindl et al., ibid, S. 421
199 Lochocki, ibid, S. 132
200 Stephens, Bret: Don't Dismiss President Trump's Attacks on the Media as Mere Stupidity, Daniel Pearl Memorial Lecture, Time vom 26.02.2017, siehe auch: http://time.com/4675860/donald-trump-fake-news-attacks/, zuletzt abgerufen am 14.01.2019